HERMES

COLLANA DI STUDI COMPARATISTICI E INTERCULTURALI

Diretta da *Gianni PUGLISI*

D1726408

© ARMANDO EDITORE. La fotocopia non autorizzata è reato.

Piero Alberti

I PORCELLINI D'INDIA
E IL PASTORELLO

Personaggi dei Promessi Sposi *di Manzoni:*
fine di un messaggio cattolico

Prefazione del Prof. Dr. Friedrich Wolfzettel

**ARMANDO
EDITORE**

© ARMANDO EDITORE. La fotocopia non autorizzata è reato.

ALBERTI, Piero
I porcellini d'India e il pastorello. Personaggi dei *Promessi Sposi* di Manzoni: fine
di un messaggio cattolico;
Roma: Armando, © 2001
287 p.; 22 cm. ; (Hermes)

ISBN 88-8358-238-1

1. Manzoni 2. Letteratura

CDD 808.81

© 2001 Armando Armando s.r.l.
Viale Trastevere, 236 - 00153 Roma
Direzione - Ufficio Stampa
06/5894525
Direzione editoriale e Redazione
06/5817245
Amministrazione - Ufficio Abbonamenti 06/5806420
Fax 06/5818564
Internet: http://www.armando.it
E-Mail: armando@palomar.it

21-15-009

I diritti di traduzione, di riproduzione e di adattamento, totale o parziale, con
qualsiasi mezzo (compresi i microfilm e le copie fotostatiche), in lingua
italiana, sono riservati per tutti i paesi.

L'editore potrà concedere a pagamento l'autorizzazione a riprodurre una
porzione non superiore a un decimo del presente volume. Le richieste di
riproduzione vanno inoltrate a: Associazione Italiana per i Diritti di
Riproduzione delle Opere dell'ingegno (AIDRO), Via delle Erbe 2, 20121
Milano, tel. e fax 02/809506.

SOMMARIO

© ARMANDO EDITORE. La fotocopia non autorizzata è reato.

A mio padre

© ARMANDO EDITORE. La fotocopia non autorizzata è reato.

PREFAZIONE

Quest'opera, nata all'interno di una serie di seminari presso la Goethe-Universität di Francoforte, per la sua straordinaria compiutezza, determinata anche da un instancabile processo di analisi profonda del testo estesa alle più sottili sfumature stilistiche, può senz'altro definirsi un lavoro originalissimo di uno scrittore maturo.

La tesi dell'ispirazione poetica universale, cioè non religiosa né tanto meno confessionale, del Manzoni, affrontata da un'angolazione del tutto nuova, viene sviluppata con convinzione, chiarezza, sorprendente precisione e anche con grande eleganza espressiva, cosa che dà allo scritto pregevole qualità letteraria.

Senza lasciarsi intimidire da una lunga tradizione critica, Piero Alberti mette in discussione dalle fondamenta l'immagine del Manzoni che la storia della letteratura ha cristallizzato.

Il romanzo storico del Manzoni, apparso sempre ancorato saldamente al concetto di Provvidenza e a finalità di edificazione morale, si presenta qui subito sotto una luce del tutto nuova, direi, postmoderna. Dinanzi a sé ha solo dei campi illimitati che, non a caso, rimandano sempre più alle notissime categorie bachtiniane.

Sbalordisce come l'autonomia dei personaggi, così come in quest'opera viene evidenziata, sia in effetti molto vicina all'autonomia dell'écriture, e – verificata esatta la tesi del nostro autore – veste il contesto storico del "romanzo risorgimentale" di una straordinaria modernità. Il Manzoni cattolico della tradizione lascia posto, in questa prospettiva, a un "Manzoni moderno" che si accosta alla concezione dell'opera aperta di Umberto Eco.

Senza voler discutere le convinzioni religiose del Manzoni come uomo, il nostro autore è determinato invece a porre come punto cardine la

© ARMANDO EDITORE. La fotocopia non autorizzata è reato.

libertà del singolo dinanzi a Dio. Il Manzoni, narratore onnisciente e creatore, rispetta dunque come Dio stesso la libertà di pensiero e di azione dei suoi personaggi e come Dio stesso non conosce alcuna differenza di rango o di status. Con questa tesi l'Alberti non solo abbatte *dalle fondamenta la solita interpretazione parenetica, persuasoria, dei* Promessi Sposi, *ma rovescia pure la tipica gerarchia dei personaggi in quanto adesso ogni figura del mondo del romanzo, anche la più modesta e apparentemente priva di significato, rappresenta la concezione globale che ha l'autore intorno alla pari dignità umana.*

La nuova e riscoperta finalità del Manzoni, diametralmente opposta al taglio consueto del cliché *del "romanzo storico" come genere letterario, contrassegna l'originalità del presente lavoro, che, additando nuovi orizzonti, ha in tal senso senz'altro influenzato anche la successiva summa epica de* Les Misérables *di Victor Hugo, nonostante divergenze ideologiche di fondo.*

In polemica con i più autorevoli nomi della critica manzoniana, l'estensore della presente opera pertanto chiarisce il suo deciso concetto antifunzionale e antitipologico del personaggio, precisando, senza lasciare dubbi, che non si tratta di un'ennesima monografia sui personaggi dei Promessi Sposi, *bensì di uno "studio del personaggio" come tale. Ne consegue che al centro dell'interesse del Manzoni non può sussistere una rinnovata struttura sociale dei personaggi in azione, bensì un esame strutturale del personaggio con riferimento alla concezione della libera iniziativa, dell'autonomia dell'Io e delle sue inerenti contrapposizioni – una concezione che appare un po' meno inconsueta qualora si voglia tener presente il fatto che Manzoni, in spettacolare rottura con la prassi letteraria del romanzo dell'epoca, sceglie a "protagonisti" del suo romanzo storico proprio due cosiddetti* nobody *campagnoli. Procedimenti tradizionali come la distanza epico-ironica del narratore nei confronti delle sue creature appaiono da questo punto di vista sotto altra luce e di conseguenza mettono in evidenza il carattere di antiromanzo di questo classico della letteratura italiana.*

Confrontandolo con la forma ancor più convenzionalmente romanzata del Fermo e Lucia *e basandosi particolarmente sul noto paragone dei porcellini d'India del cap. XI, l'Alberti rende perciò valida la sua tesi che* I Promessi Sposi *sono un romanzo senza protagonisti, che non vi sono voci privilegiate, che possano fungere da "portavoce" dell'autore, e che Manzoni, come si evince da una sua lettera al Fauriel del 1822, non voleva scrivere né un romanzo storico tradizionale, né un romanzo religioso, né ancor meno un vero e proprio romanzo puntando nella raffigurazione autonoma del personaggio allorché l'autore ne ribadisce la libertà, «adattandosi al loro genio». E qui sta il nucleo della metafora contenuta nel titolo, ove il pastorello-autore si "adatta al genio" dei suoi porcellini d'India-personaggi. Il nostro saggista può quindi dichiarare che «un romanzo si configura come un romanzo impossibile». A questo punto è lecito chiedersi se l'atteggiamento del Manzoni di rifiuto del romanzo come genere letterario, che fino ad oggi non ha trovato una spiegazione, non possa essere chiarito attraverso la luce nuova e più chiara di una tale prospettiva.*

In ogni caso è auspicabile che l'impegno e l'intelligenza di questo lavoro incontri per le sue straordinarie tesi un interesse tale da avviare la ricerca manzoniana, attraverso il suo apporto, verso prospettive nuove e fertili.

Prof. Dr. Friedrich Wolfzettel
Ordinario di Lingue e Letterature Romanze
presso la Goethe-Universität di Francoforte sul Meno

© ARMANDO EDITORE. La fotocopia non autorizzata è reato.

INTRODUZIONE

Il tessuto connettivo dei *Promessi Sposi* sembra che sia costituito da una *fabula*, i cui protagonisti sono presenti nel titolo e da un'ispirazione artistico-poetica, che la tradizione critica fa coincidere con la *fabula*. Giovita Scalvini, in uno scritto del 1829[1], partendo dal presupposto che ogni opera d'arte debba avere un'ispirazione, «un qualcosa che sia [...] in cima d'ogni nostro pensiero», riponeva nella religione la fonte principale dell'ispirazione del romanzo di Alessandro Manzoni e quindi il centro della *fabula*. Da qui tutto l'arco della critica manzoniana si estende su nomi che, ruotando intorno a speciose varianti, oscillano assemblati tutti o per attrazione o per repulsione all'interno della medesima piattaforma ideologica. Tra questi Luigi Russo[2]. In un saggio sui personaggi dei *Promessi Sposi*, correndo sul filo dell'ispirazione religiosa e morale del Manzoni in parallelo alla propria tesi dell'inesistenza del personaggio come tale in quanto veicolo dei motivi lirici dell'autore, confermava quella prima asserzione dello Scalvini addirittura ipostatizzando, identificando nella figura di padre Cristoforo la moralità cattolica e religiosa del Manzoni.

Religione, morale e storia sarebbero, a parere del Russo, in cima al pensiero di Manzoni con l'intento di passare sotto torchio lo spirito del Seicento contrassegnato, a parere del Russo secondo il Manzoni, da corruzione, ignoranza, superbia, fasto, onore e ipocrisia. Romanzo dunque ove la *fabula*, l'ambientazione e l'ispirazione sono funzione pura al servizio di un obiettivo parenetico morale e cattolico. Il Manzoni, pertanto, anche con il suo romanzo avrebbe confermato la propria vocazione di divulgatore e celebratore della religione e dottrina cattolica. La *fabula*

© ARMANDO EDITORE. La fotocopia non autorizzata è reato.

[1] Giovita Scalvini, pubblicato in *Foscolo, Manzoni, Goethe*, Torino, Einaudi, 1948.
[2] Luigi Russo, *Personaggi dei Promessi Sposi*, Bari, Editori Laterza, 1979[11]. Prima Edizione presso Edizioni Italiane, Roma, 1945.

dei *Promessi Sposi* con i suoi personaggi svolgerebbe così il ruolo di cassa di risonanza dell'ideologia o, meglio, del pensiero dell'autore costituendo la finalità "poetica" del suo romanzo *storico*.

Il nostro lavoro si inserisce in questo tessuto connettivo con l'intento di evidenziare la non coincidenza della *fabula* con le finalità del romanzo, mettendo così in discussione la cosiddetta ispirazione cattolica che nel giudizio dei critici ha attraversato pressoché intatta il corso di molti, troppi anni (quasi duecento!) fino ad oggi.

Prendendo come punto di partenza non la macrostruttura, ma il personaggio con la sua microstruttura, ci proponiamo di risalire la corrente alla ricerca di un'ispirazione artistica e poetica diversa da quella tradizionale, la quale, così com'è, alla luce delle analisi da noi effettuate sul documento testuale, ci lascia perplessi per le molte crepe che essa presenta.

Partire dunque dal personaggio per arrivare alla globalità del romanzo. Decliniamo come inutile ogni descrizione dei personaggi, del loro status e della loro singola fisionomia indipendente dal contesto, estranea alla vita di relazione con gli altri personaggi che popolano il palcoscenico della realtà del romanzo.

L'invariata subordinazione critica del personaggio alla lettura globale del romanzo ha cristallizzato il "messaggio ideologico" e sul piano dell'osservazione diretta del personaggio ha invece posto i suoi limiti nell'evidenziare ed esaltare solamente qualità realistico-scenografiche di personaggi-tipo imprigionati nella rete appariscente d'una trama labile, espressione conclamata del sentimento storico e morale con cui il Manzoni sarebbe andato dipingendo di tinte più o meno fosche lo spirito dell'epoca. Questo potrebbe chiarire come mai, nonostante la bibliografia su Manzoni sia praticamente sterminata, le opere che parlano già nel titolo di "personaggi" dei *Promessi Sposi* si contino paradossalmente sulle dita di una mano.

Si è pensato che l'ideologia si potesse coniugare dogmaticamente con la poesia. La "poeticità" dell'opera allora risiederebbe nella "qualità" ideologica dei singoli episodi e l'originalità realistica nella loro descrizione. Lanfranco Caretti, entro questi termini, riferisce che l'attuale prassi ermeneutica nei riguardi del romanzo di Alessandro Manzoni lascia «confluire ogni tipo d'indagine verso il suo centro di accensione ideologica e di forza rappresentativa, laddove per il passato – aggiunge – si tendeva a procedere su distinti territori: la lingua; la storiografia e il sistema morale; i personaggi, come tipologie irrelate da giudicarsi secondo la maggiore o minore verosimiglianza quotidiana»[3]. Fino a questo momento ai personaggi dei *Promessi Sposi*, quando non li si voleva intendere esplicitamente come parte attiva e integrante di un qualche fine parenetico, esortativo si concedeva la (innocua) possibilità di essere dei "tipi" in virtù del loro forte (manzoniano) realismo, senza però beninteso che ci si spostasse di un'acca dall'interpretazione religiosa e (storico-)morale del romanzo. L'interpretazione dei *Promessi Sposi*, dai primissimi giudizi e valutazioni a caldo fino alle posizioni attuali "consolidate", è corsa sempre attraverso filtri strutturali e funzionali con la conseguenza, da un lato, che i personaggi esprimono e veicolano finalità globali che non possono non condurre per necessità logica all'ispirazione poetica dell'autore; dall'altro lato, se non si vuole evidenziare questa via, non si può che ridefinire la tipologia umana del personaggio più o meno rispondente alla grande varietà umana presente nei personaggi, equivalente al tipo *irrelato*, alla "monade" respinta decisamente dal Russo. Abbiamo così il personaggio-tipo con implicito giudizio morale: don Abbondio, la maschera del pauroso ignavo; Azzeccagarbugli, il parassita spregevole; Ferrer, il politico ipocrita; e poi don Rodrigo, il satiro che molto realisticamente impersonerebbe la rozza e sozza codardia d'un secolo prepotente, fiero e vacuo; mentre sulla riva opposta compie le sue gesta il santo antagonista, il cappuccino padre Cristoforo, armato di inesausta fede cattolica, dispiegata col vessillo d'una Provvidenza tanto misericordiosa quanto implacabile che a tempo e luogo può, cristianamente, dell'umile oppresso farsi anche vindice («Verrà un giorno...!»).

Tenendo dietro a un intreccio, il tipo e la maschera darebbero vita più ancora che ad una *fabula*, a un'intera commedia dell'arte che va dipanandosi sotto il manto d'un moralismo un po' cristiano ed un po' bigotto, un po' indignato ed un po' paternalista e sempre in ogni caso odorante di sagrestia. È questa l'interpretazione globale del romanzo dei *Promessi Sposi* letto con l'occhio bonaccione dell'ideologo ma severo del moralista. Ed è la logica del discorso, attualissimo per quanto sia lontano nel tempo e nonostante l'estemporanea sua smentita, di Benedetto Croce, il quale, rilevando nei *Promessi Sposi* solamente l'«accensione ideologica», chiudeva ogni possibile spiraglio all'arte e ancor di più alla poesia.

---

[3] Lanfranco Caretti (a cura di), *I Promessi Sposi*, Torino, Einaudi, 1971, p. XXXIV, *passim*.

© ARMANDO EDITORE. La fotocopia non autorizzata è reato.

L'osservazione del Caretti viene confermata da Leopoldo Rigoli che sosterrà che la «religiosità spontanea, di cui i *Promessi Sposi* sono permeati, non scaturisce da un contenuto religioso di asserzioni del cardinale Federigo, del padre Cristoforo o di altri [...]. La religiosità cattolica di quel libro è invece diffusa come una linfa entro un tessuto vivo, in modo così sottile e spontaneo che non ne viene alterata o condizionata o sminuita né struttura né forma, che sono esistenti validamente per sé»[4]. Qui per Rigoli i personaggi svaniscono come ombre nella nebbia dell'indistinto, prospettandoci la possibilità di un fantomatico romanzo religioso senza personaggi, un vero trattato di teologia. Ed una conferma viene anche da Enzo Noè Girardi, che, in tempi a noi ancor più vicini, 1994, meno perentoriamente dichiarerà che la componente oratoria – espressione, come dice, di interessi morali e religiosi del Manzoni – «è il fondamento stesso del romanzo come opera d'arte»[5]. I due, incuranti di ripetere interpretazioni arcinote e mummificate dal tempo, testimoniano se non altro la tenacia dell'interpretazione parenetica del romanzo che travolge la lettura diretta del personaggio.

Identità tra personaggi, pianificazione dell'opera, ispirazione e finalità dell'autore così come l'aveva formulata Attilio Momigliano molti anni fa[6], è dunque un'accezione tanto consolidata che parrebbe del tutto inutile parlarne ancora.

Attraverso la nostra indagine sul personaggio la *fabula*, ancorata saldamente a un presunto messaggio religioso, acquista invece una forma priva di qualunque contenuto, è essa soltanto il piano della collocazione della religiosità cattolica tradizionale, di cui si faranno testimoni e carico tutti i personaggi ecclesiastici e i religiosi laici e il popolo fedele e credente. Non messaggio ma *forma* del credo tradizionale di alcuni uomini. Allora la *tipologia irrelata*, così definita dal Caretti, diventa di fatto un gioco da letterati o da educatori.

Studiando il "carattere letterario" in generale dei personaggi di un

---

[4] Leopoldo Rigoli, *Momento di nascita dei "Promessi Sposi" entro un romanzo storico*, in *Atti dell'XI Congresso Nazionale di Studi Manzoniani*, Lecco 29 Settembre – 3 Ottobre 1976, a cura del Comune di Lecco, Novembre 1982, pp. 258-259, *passim*.

[5] Enzo Noè Girardi, *Struttura e personaggi dei Promessi Sposi*, Milano, Editoriale Jaca Book, 1994, pp. 13-14, *passim*.

[6] Nel 1919, cfr. *Alessandro Manzoni*, in *I classici italiani nella storia della critica*, opera diretta da Walter Binni, vol. II, Firenze, La Nuova Italia, 1973, p. 457.

romanzo, che peraltro ha una lunga tradizione, recentemente il narratologo Matthias Meyer rifiuta, in consonanza col Russo, la definizione classica del personaggio come "tipo" alla quale conduce la componente tematica implicita nella rappresentazione del personaggio, e respinge pure la componente mimetica, che porterebbe ad un carattere vero coincidente con la realtà, dal Russo fermamente respinta. Lo studioso tedesco indugia invece su una terza componente, quella cosiddetta artificiale, ma non in quanto "componente", bensì perché, sostiene, tutti i caratteri letterari sono artificiali e «pertanto le altre categorie, in particolare quella mimetica, sono una costruzione inutile ed alienante»[7]. E conclude con l'affermare che un carattere letterario è «incompleto e relativamente illogico finché non è innestato all'interno di un contesto narrativo»[8]. Il carattere letterario del personaggio sarebbe quindi da un lato un'invenzione dello spirito, dall'altro, però, deve aderire al contesto narrativo. Ciò spiega perché non si è mai riusciti a "staccare" l'azione del personaggio dei *Promessi Sposi* dall'intenzione del suo autore. Vedere i personaggi avulsi dal contesto narrativo ha significato o l'inutile descrizione caratteriale del "tipo" o il suo annullamento nella cosiddetta ideologia dell'autore. La ricerca e la verifica della presenza di una struttura caratteristica del personaggio è invece presupposto della valutazione globale dell'opera. Un procedimento alla rovescia porta ad un'arrampicata sugli specchi.

Ma se noi distanziamo l'azione del personaggio dalla determinazione del narratore entriamo appunto invece nel contesto narrativo *in toto* e il personaggio acquista una sua personale dignità narrativa ed epica, acquista cioè la libertà con l'assumersi la responsabilità delle proprie azioni, del proprio pensiero, delle proprie parole. È quella che con altre parole chiamiamo autodeterminazione, autonomia, che è condizione necessaria e sufficiente per entrare nella comunità epica dell'universalità umana. Sono concetti contenuti *in nuce* nella metafora dei «porcellini d'India e del pastorello», che, vedremo più avanti in un suo capitolo a parte, ci fornisce lucide informazioni sull'ispirazione e finalità del romanzo.

Nei *Promessi Sposi* per arrivare a codesti esiti bisogna superare prima

© ARMANDO EDITORE. La fotocopia non autorizzata è reato.

---

[7] Matthias Meyer, *Struktur und Person im Artusroman*, in *Erzählstrukturen der Artusliteratur*, a cura di Friedrich Wolfzettel unter Mitwirkung von P. Ihring, Tübingen, Niemeyer Verlag, 1999, p. 145 e sgg.

[8] *Ibid.*

17

il muro eretto da una lunga tradizione critica a senso unico (sia i fautori che i denigratori hanno sempre avuto in comune l'affermazione di finalità oratorie e parenetiche), che si basa esclusivamente sull'identità tra personaggio ed autore; poi bisogna entrare in un percorso impervio per attraversare e superare passi in cui l'apparenza è più forte della realtà narrativa intrinseca.

Ed in effetti i richiami e il ricorso alla Provvidenza, alla carità cristiana, a Dio da parte dei religiosi e dei fedeli devoti sono innumerevoli e frequenti e culminano con l'episodio della conversione del criminale assassino incallito che appare, data la sua scellerata fama, indiscutibile opera miracolosa. Il cappellano crocifero annunzierà agitato: «haec mutatio dexterae Excelsi»[9].

Questo complessivo, fabulistico carattere edificatorio del racconto – che noi potremmo *tout court* far corrispondere alle avventure dei romanzi di Walter Scott – con al centro la lunga biografia di sapore panegirista del cardinale, con il commento moraleggiante dei passi migliori degli Evangeli sciorinato dallo stesso cardinale al pavido parroco e con la prosa cosiddetta agiografica del padre Cristoforo, attirò nel 1948 persino gli interessi diretti della chiesa cattolica attraverso la penna di un arcivescovo, che, nella prefazione del commento ai *Promessi Sposi* di Luigi Nicoletti scritto per un'Istituzione religiosa[10], così si esprimeva: «Ho pensato sovente che il Manzoni avesse riempita una grande deficenza della nostra cultura, o almeno nella osservazione e valutazione dei fatti della vita umana. È canone della sapienza cristiana che l'uomo si muove e Dio lo conduce, e cioè che la Provvidenza divina ha il governo delle cose terrene e le fa svolgere in guisa da raggiungere i suoi reconditi e ineffabili fini. [...] Ecco dunque il Nicoletti seguire da vicino questa scia, percorrere lo stesso cammino ideale e spirituale percorso dal Manzoni, annotare sagacemente le orme della Provvidenza operante nel romanzo, cantarne i trionfi»[11]. Qualche anno prima lo stesso Nicoletti aveva pubblicato una galleria di ritratti dei personaggi dei *Promessi Sposi*, annunziando subito nella prefazione che il suo lavoro era stato scritto per studenti, dati i fini didascalici e di edificazione morale che si propone[12].

---

[9] *Promessi Sposi* (che d'ora innanzi andremo abbreviando in PS), cap. XXIII.

[10] *Meditazioni Manzoniane*, Cosenza, Istituto Missionario Pia Società San Paolo, 1948.

[11] *Ibid.* pp. 6-7.

[12] Luigi Nicoletti, *I Personaggi dei Promessi Sposi con uno studio sul mondo poetico, morale e religioso del Manzoni*, Firenze, Le Monnier, 1970.

Il Manzoni quindi è stato "indubitabilmente", secondo una tale tradizione critica, autore di un'opera cristiano-cattolica, identica a quelle altre sue precedenti, gli *Inni Sacri*, l'*Adelchi* e le *Osservazioni sulla morale cattolica*. Se quella prefazione l'avesse scritta un critico letterario, per quanto filo-cattolico, la cosa sarebbe rimasta nell'ambito della storia della letteratura, ma che un arcivescovo si appropri del romanzo per farne un'opera di dottrina cattolica in nome della chiesa ci lascia semplicemente sbalorditi e pensierosi.

Ma cos'è che abbia potuto coinvolgere in prima persona addirittura anche la chiesa cattolica e non solo l'intera tradizione critica? Probabilmente tutto quanto il discorso diretto di quei personaggi che esprimono proposizioni nettamente religiose; e poi certamente gli "interventi" in prima persona dello stesso narratore, che costituiscono l'evidenza *a priori* della predicazione per il lettore ideologizzato e comunque parziale.

Uno di questi lettori, decisamente anticattolico, Mario Miccinesi, si è accorto però anche che c'è "contraddittorietà" tra la rappresentazione di alcuni personaggi che si richiamano ripetutamente alla provvidenza e la descrizione di molti eventi durante i quali non si parla affatto di provvidenza, e osserva: «Da una parte, fintanto che si rimane nell'ordine della narrazione fattuale, finché si espongono, cioè, i vari episodi dei quali consta la vicenda, impera il ricorso a Dio e viene conclamata ripetitivamente la presenza della Provvidenza. Si tende cioè a prospettare la visione di un mondo retto da una entità trascendente la quale tutto vede, tutto regola, fino alle inezie. Dall'altra, quando l'autore, dimenticando i suoi personaggi, si imbarca nella descrizione di avvenimenti storici, [...] affiora una concezione così radicalmente pessimistica da negare qualunque intervento della Provvidenza». E «Per uno scrittore che quando fa parlare ed agire i suoi personaggi non si esime dall'infarcire i loro discorsi di invocazioni alla Provvidenza [...] e l'averne taciuto il nome per pagine e pagine per interi e lugubri episodi, costituisce una inammissibile contraddizione». Non riuscendo a spiegarsi questa "contraddizione" conclude affermando che «si è quasi indotti a credere che dal romanzo emergano due personalità distinte ed opposte: una tutta chiesa e Provvidenza che crea personaggi i quali vivono nell'ambito di una ristretta e soffocante concezione religiosa [...] e l'altra che sciorina le più tremende sciagure [...]»[13]!

_____

[13] Mario Miccinesi, *Invito alla lettura di Manzoni*, Milano, Mursia, 1985, pp. 187-188 e 197 *passim*.

© ARMANDO EDITORE. La fotocopia non autorizzata è reato.

Miccinesi segue il suo discorso da buon anticattolico per svalutare l'opera del (presunto) cattolico Manzoni. In questa sua requisitoria contro la "logicità" delle situazioni egli, oscurato dal pregiudizio ideologico, non poteva leggere ciò che lì era scritto a chiare lettere. Gli risultava pertanto solo un'«inammissibile contraddizione». Ma cosa c'è scritto a chiare lettere? Perché questa *inammissibile contraddizione*? Ci sono veramente nel romanzo due anime *distinte e opposte*?

Consideriamo i seguenti passi: [corsivi nostri]

a) Cap. XI. Renzo entra a Milano. La strada era deserta. [...] Andando avanti, senza saper cosa si pensare, vide per terra certe strisce bianche e soffici, come di neve; ma *neve non poteva essere; che non viene a strisce*, né per il solito in quella stagione. Si chinò sur una di quelle, guardò, toccò, e trovò ch'era farina.

b) Cap. XVII. Renzo nel momento di dare i suoi ultimi spiccioli in elemosina esclama: " La c'è la Provvidenza! " E il narratore aggiunge: [...] Perché, se a sostenere in quel giorno que' poverini che mancavano sulla strada, la Provvidenza aveva tenuto in serbo proprio gli ultimi quattrini d'un estraneo, fuggitivo, incerto anche lui del come vivrebbe; chi poteva credere che volesse poi *lasciare in secco* colui del quale s'era servita a ciò, e a cui aveva dato un sentimento così vivo di se stessa, così efficace, così risoluto? Questo era, a un di presso, il pensiero del giovine; però men chiaro ancora di quello ch'io l'abbia saputo esprimere.

c) Cap. IV. Lodovico in seguito al suo omicidio ha già preso il saio e va a chiedere perdono al fratello dell'ucciso. Manzoni narra: Traspariva ancora un'umile e profonda compunzione del male a cui la remissione degli uomini non *poteva* riparare.

Se nell'esempio **a)** scorgiamo una narrazione di tipo "verista"(!), in cui il narratore si esprime attraverso il pensiero del personaggio, o meglio apre al personaggio la libera facoltà di esprimere se stesso, anche la "certezza" che neve non può essere perché non viene a strisce!;
se nell'esempio **b)** avvertiamo la stessa tecnica, con il personaggio che narra se stesso (e siamo ancora nel primo quarto dell'Ottocento!) e riconosciamo in quel *«lasciare in secco»* una tipica espressione del livello linguistico diastratico popolare che pertiene a Renzo, come pure la

formulazione di quel semplicistico sillogismo (ma il Manzoni ad ogni buon conto per non togliere meriti a nessuno e per evitare confusione tra personaggio ed autore aveva sentito lo scrupolo di precisare che «era, a un di presso, il pensiero del giovine»);

se nell'esempio **c)** intravediamo in quell'imperfetto in corsivo, *poteva*, il racconto del pensiero e dello stato d'animo di Lodovico in quel momento, in quella particolare situazione, ove il passato di un verbo è un tutt'uno con il passato della narrazione, in cui esso esprime una contingenza storica, non una massima valida al di fuori di ogni tempo;

è possibile ancora, edotti da questo "stile", parlare di «inammissibile contraddizione»? Sull'esempio c), sopra riportato, possiamo notare che se l'autore avesse scritto

*a cui la remissione degli uomini ***non può*** riparare

avrebbe abusato della libertà pretestuosa di arrogarsi la facoltà e il compito di giudicare se la remissione degli uomini ripara o no un male! Pur sapendo con certezza che un male, addirittura un omicidio, non può senz'altro essere rimesso dagli uomini, il Manzoni si guarda bene dal pronunziare opinioni che possano rivelare in qualche modo il suo proprio pensiero e contemporaneamente deprivare il personaggio della sua propria libertà.

Al Miccinesi, che sulle orme profonde di Benedetto Croce affermava che Manzoni aveva scritto «un'opera didascalica, di insegnamento morale»[14], sottoponiamo adesso il seguente brano:

Cap. IV. Raccontando di padre Cristoforo quando era ancora Lodovico, che aveva trovato scampo in un convento vicino poco dopo l'uccisione del suo odiato avversario, il narratore dice: Riflettendo quindi a' casi suoi, sentì rinascere più che mai vivo e serio quel pensiero di farsi frate, che altre volte gli era passato per la mente: gli parve che Dio medesimo l'avesse messo sulla strada, datogli un segno del suo volere, facendolo capitare in un convento, in quella congiuntura; e il partito fu preso[15].

Pensa ancora effettivamente che il riferimento a Dio sia di pertinen-

---

[14] *Ibid.*
[15] Cap. IV.

© ARMANDO EDITORE. La fotocopia non autorizzata è reato.

za dell'autore? Se così fosse c'è da credere che Manzoni ritenesse effettivamente Dio programmatore di un delitto per dare, mostruosamente, un segno del suo potere! Vedremo più avanti come l'analisi linguistica chiarisca inequivocabilmente le intenzioni e i pensieri dell'autore.

Studiando la raffigurazione del personaggio la *contraddizione* risulta del tutto apparente. L'esame profondo, microanalitico del personaggio, ci fa luce chiara su due distinti ruoli. Da un lato il personaggio di una *fabula*, che racconta, obiettivamente e indipendentemente da qualunque istruzione o direttiva, la propria vita ed il proprio credo, la propria libertà di agire, pensare, decidere e dire come un uomo della realtà che non è legato a nessuna predeterminazione; dall'altro lato c'è il narratore che racconta fatti veri o verosimili ed osserva l'incontrarsi e/o lo scontrarsi di quei personaggi tra di loro, religiosi, non religiosi, nobili, contadini, malfattori altolocati e no e gente comune. E il racconto procede con la massima obiettività, quasi come un documentario, dove un cameraman va a seguire le azioni spontanee degli uomini standosene in disparte, qualche volta usando lo *zoom*, qualche volta dietro le quinte ma sempre poeticamente all'interno dello spirito proprio, originale e diversissimo di ogni personaggio.

E nella realtà della vita degli uomini la conclamata Provvidenza e l'invocato aiuto divino rivelano qua e là apporti alquanto deludenti. Solo se la Provvidenza viene circoscritta nella *fabula*, e quindi in bocca solo ai personaggi, può con molto, solito, realismo presentare anche le sue (gravissime) incrinature. Viceversa non sarebbe ammissibile se l'autore fosse anche lui personalmente coinvolto in quel credo. E di fatto il povero Renzo crede fermamente nella Provvidenza e invoca l'aiuto del cielo quando si trova in difficoltà e pensa che sia stata la Provvidenza a trarlo in salvo. La Provvidenza è assente però nell'azione drammatica del rapimento di Lucia e nell'azione un po' sprovveduta di Renzo ad un passo dalla forca; inutile nell'azione proditoria del vecchio servitore; deleteria nella rivelazione "innocente" del barrocciaio, ma disponibile però al servizio di don Abbondio vile e meschino!

Pertanto a livello di *fabula* la cosiddetta Provvidenza per le sue contraddizioni palesi deve cedere il passo, senza discutere, alla casualità, molto più credibile, che è quella che salva Lucia dal tentato rapimento (v. Ambrogio), e cedere anche all'azione altrettanto casuale dell'uomo (v. il Nibbio e lo sviluppo della crisi personale dell'innominato) che salva Lucia dal riuscito rapimento. È il caso e la natura umana o la Provvidenza (!) che spinge Renzo a mettersi nei guai in mezzo al tumulto? È il caso e la natura umana o la Provvidenza (!) che spinge don Rodrigo a voler dare saggio della sua scellerata potestà?

La nostra indagine ci conduce verso un sentimento "religioso" del Manzoni esclusivamente universale, nel senso di un poeta che è entrato con il suo spirito ed il suo cuore nell'animo umano, ne ha sceverato le mille e mille particolarità e sfaccettature, attraverso un procedimento di scomposizione prismica all'infinito del proprio spirito invadendo le miriadi di pieghe del personaggio, di ognuno dei suoi personaggi restituendoceli nitidi ed autonomi, impastati certamente, per la loro parte, di religione cattolica tradizionale, ma nello stesso tempo vivi e vitali, responsabili delle proprie idee, delle proprie azioni, delle proprie parole, che esprimono ognuno caratteristiche uniche e contemporaneamente di pertinenza esclusiva dell'uomo, universali appunto, i quali personaggi, per la loro struttura letterario-linguistica ci presentano un Manzoni del tutto estraneo alla crosta di dottrinarismo cattolico con la quale per quasi due secoli è stato colpevolmente strozzato e soffocato.

A ciò si aggiunga che Manzoni, nell'intento di voler descrivere la realtà umana in tutto ciò che non sia avventura – vedi lettera al Fauriel[16] – ha automaticamente dissolto nel nulla ogni trama. I personaggi con la loro autonomia e realismo non concorrono né all'intreccio né alla soluzione di nessuna trama. Lo stesso Renzo, ritenuto il protagonista, il personaggio numero uno, è in realtà un granello di sabbia involto dagli eventi. Non fa nulla per contrastare il suo cosiddetto antagonista, il quale a sua volta è più trascinato a giostrare attorno al simulacro della propria vacua fierezza blasonata sotto i fili d'un astuto burlone, che non interessato nei fatti a insidiare la tipica romanzesca pulzella. Un romanzo quindi senza primi attori e senza registi perché in effetti non è un romanzo[17]. C'è un acuto e distaccato operatore che osserva e riprende obiettivamente lo scorrere della vita di un paio di poverelli, che per caso s'incrocia con quella di qualche altro non meno disgraziato di loro (v.

---

[16] 29 maggio 1822.

[17] Ciò collima perfettamente con i convincimenti letterari e l'ispirazione poetica del Manzoni così come espressi nella citata lettera al Fauriel: «*In tutti i romanzi che ho letto mi sembra di scorgere un impegno per stabilire relazioni interessanti e imprevedibili tra i diversi personaggi, per presentarli insieme sulla scena, per trovare avvenimenti che influiscono contemporaneamente e in modo diverso sui destini di tutti, in sostanza una unità artificiale che non si trova nella vita reale*» [Traduz. dal francese].

© ARMANDO EDITORE. La fotocopia non autorizzata è reato.

la monaca di Monza o l'Innominato). Il caso muove e investe e travolge gli atti di tutte le figure che passano davanti all'obiettivo della cinepresa curiosa dei particolari più minuti e più strani (le carte a forma di coppo degli avventori balordi o la punta della tunica che sparisce come la coda d'un serpente). È ricerca di realismo che può coniugarsi solo con una concezione letteraria ed artistica fatta esclusivamente di autonomia e di autodeterminazione. Quel giorno quando il poeta "cineoperatore" si attarda nei saloni di donna Prassede e ha descritto costei e ha parlato anche del marito, trovandosi codesto per caso a passare di lì, la curiosità documentaria del *reporter* va subito d'istinto dietro don Ferrante iniziando una lunga digressione che, pur non avendo niente a che vedere con la *fabula*[18], ha fatto che anche qui il nostro Manzoni fosse additato a moralista castigatore della cultura vuota, gonfia e futile del Seicento[19]. Niente di tutto questo. L'ironia per la cultura fatua di quell'uomo imbelle è solo un accidente contingente. In nessun punto c'è la gravezza della reprensione moralista. L'interesse principale è l'uomo, la sua seria convinzione, la felicità soddisfatta, l'orgoglio comprensibile d'un sapere ritenuto vasto e raro. È un *excursus* che si giustifica da sé con il solo piacere di descrivere l'animo ed il comportamento d'un uomo del Seicento e contemporaneamente impastato di epopea umana. La stessa identica gioia e soddisfazione che prova Gervaso nel sentirsi indispensabile e scelto per un'impresa fuori del comune c'è in don Ferrante, che si sente indispensabile quando si tratta di scrivere una lettera importante ed era anche fiero di una cultura "non comune" in alcune parti della quale, come la scienza cavalleresca, sapeva, e gli facevano intendere, di «meritare e godere il titolo di professore»[20]!

L'unica predeterminazione che il personaggio dei *Promessi Sposi* presenta è quella di essere, come una persona, un uomo della vita reale, privo di qualunque ruolo, come le creature umane che nascono al mon-

---

[18] PS., cap. XXVII: «Don Ferrante passava di grand'ore nel suo studio, dove aveva una raccolta di libri considerabile, poco meno di trecento volumi: tutta roba scelta, tutte opere delle più reputate, in varie materie». Dal confronto tra le *varie materie* e la *roba scelta*, si potrà arguire la "qualità" della cultura di codesto studioso. Ma già quell'espressione «di grand'ore» ci vuol subito suggerire la fierezza di quest'uomo quasi come se fosse lui stesso a ritenere "grandi" ma anche "molte" le sue ore passate tra quella roba di "prima scelta".

[19] *Ibid.*: Don Ferrante si dice fra l'altro che sa descrivere "esattamente" «le forme e le abitudini delle sirene e dell'unica fenice» (!). *Ibid.*

[20] *Ibidem.*

do libere, indipendenti e prive di qualunque ruolo e di qualunque forma di predestinazione se non quella della morte naturale. Intima appartenenza quindi alla realtà della natura umana.

Prendiamo un ulteriore modello.

Se noi consideriamo l'atteggiamento di frate Fazio, potremmo pensare, come dicono molti critici, che questo frate sia lì per mettere in risalto come una controluce la figura di frate Cristoforo e l'illuminata liberalità di questi. Così il personaggio avrebbe un suo ruolo. Se commentiamo il suo comportamento avremo un frate gretto ed un po' ottuso, ligio alle regole, un'anima povera di spirito, che non è in grado nemmeno di immaginare l'esistenza della bellezza di un'azione caritatevole. Qui saremmo su un altro piano. Ci dà sì qualche informazione sul carattere, ma potrebbe anche essere un "tipo". È ancora senza nessuna autentica personalità nel senso di originalità individuale. Ad un livello più profondo d'indagine si trova un frate Fazio che ha qualcosa di più, che è quello che lo rende un personaggio universale, un frutto della libertà creatrice che l'autore-creatore gli ha concesso al momento di adagiarlo sul palcoscenico della realtà del suo "romanzo". Qui è in atto la concezione "cattolica" universale del mondo, dell'uomo, della vita, quale risulta dalla microanalisi del testo, che abbiamo riportato nella seconda parte di questo lavoro nel capitolo relativo. Egli presenta ed esprime in un particolare momento, di fronte ad una particolare situazione e dinanzi al suo naturale interlocutore una, quella parte dell'uomo, che lo rende uguale a tutti gli uomini, chi più chi meno, ed è qui la sua universalità e la sua autonomia. Frate Fazio in un preciso momento non può contenere la paura. Si contraddice, cercando *in extremis* ancora di impedire l'ospitalità delle due donne, contestando e giudicando "irregolare" l'operato di padre Cristoforo. Ma che si sia contraddetto, lo si evince solo dalla minuta analisi del testo. La lettura del libro del Manzoni è come la lettura dell'animo umano. Abbiamo cognizioni ma non conoscenze. Frate Fazio appare così. Così ci sembra che sia stato raffigurato. Così risulta ai nostri occhi. Se questo sia in definitiva quello che esattamente aveva in testa o nell'animo il Manzoni all'atto del concepimento della sua creatura è impossibile dirlo. La scintilla che infiamma l'atto creativo è e resta un mistero, spesso anche per il poeta medesimo.

Frate Fazio, personaggio per niente *irrelato* agisce e reagisce in un contesto psicologicamente, socialmente ed umanamente reale entro il quale l'autonomia del personaggio trova la sua realizzazione e la conferma della sua universalità. Non può pertanto definirsi personaggio se-

© ARMANDO EDITORE. La fotocopia non autorizzata è reato.

condario perché la sua "azione", o meglio il suo dato distintivo di autonomia, non è parte di un intreccio. La nostra analisi circoscrive la sua struttura umana e non il suo ruolo. Ecco perché, esteso questo discorso a tutti gli altri personaggi, non vi troviamo nel romanzo dei *Promessi Sposi* né personaggi maggiori, né personaggi minori né tanto meno protagonisti, onde l'effettiva constatazione che non vi è realmente nessun personaggio che svolge un'azione tesa ad atti risolutori finali. In alcuni passi il confronto quasi sinottico del nostro romanzo con la sua prima versione-bozza conosciuta col titolo di *Fermo e Lucia* ci dà delle sbalorditive conferme.

All'interno quindi della lettura del testo e tra le sue pieghe il personaggio dà atto della sua propria e piena autonomia e della sua personalità e libertà come individuo creando uno spazio di "dialogicità", che si può mettere anche in relazione con la nota teoria di Bachtin sulla struttura polifonica del romanzo dostoevskijano. Quella libertà che i personaggi dello scrittore russo troverebbero, secondo Bachtin[21], nel "tu" del dialogo, la trovano già nel romanzo di Alessandro Manzoni, nel loro essere uomini creati liberi anche di soffrire, per esempio, all'avvertimento della propria innata debolezza (don Abbondio), ove si studi il personaggio in quello che esso ha di assolutamente indipendente da qualsiasi compito funzionale se non quello di rappresentare se stesso nella vita relazionale del romanzo. Vedasi, per esempio, la situazione drammatica in cui viene a trovarsi l'amico di Renzo non tanto per il venir meno di tutti i suoi cari portati via dalla peste, quanto, si evince dall'analisi contrastiva del testo, per il venir meno del contatto e del riconoscimento umano.

Quando, grazie all'evidenza della realtà e dei fatti anche linguistici, avremo mostrato, attraverso la microanalisi testuale che tra il comportamento, le parole, le affermazioni di padre Cristoforo e il pensiero dell'autore corre un abisso tanto incolmabile quanto ignorato dalla storia della critica, avremo dimostrato che i *Promessi Sposi* non solo non sono un romanzo cattolico, ma che il cattolicesimo tradizionale con tutta la sua dottrina di predestinazione e predeterminazione è stato dallo stesso Manzoni fortemente ridimensionato e circoscritto all'interno d'una credenza popolare fatta anche di superstiziose contraddizioni come quella plateale d'un don Abbondio che crede che il Cielo debba essergli debitore a causa delle sue "sofferenze"; ovvero quella del bar-

---

[21] Cfr. Michail Bachtin, *Estetica e romanzo*, Torino, Einaudi, 1979³.

rocciaio, che da un lato dichiara la sua cattolicissima fede e ne rende atto di carità, dall'altro lato la smentisce affermando nello stesso tempo e involontariamente la sua appartenenza alla comunità universale fatta di umanissima debolezza, oppure quell'altra del vecchio servitore, il cui atto proditorio è rivolto in prima istanza alla salvezza egoistica della propria anima e non a quella disinteressata dell'inerme Lucia. Ed è proprio un tale egoismo, ignorato dalla critica cattolica, che fa di questo personaggio una persona del consorzio universale umano. È il suo soffrire per il timore di non poter raggiungere la salvazione, lo stesso *leitmotiv* di padre Cristoforo, che fa anche di quest'uomo un personaggio senza ruolo.

Allorché noi rivolgiamo l'indagine alla determinazione delle caratteristiche descrittive e rappresentative del personaggio – e ribadiamo ancora che il nostro non è una galleria di personaggi ma lo studio *del* personaggio – approdiamo a esiti che ci portano sorprendentemente e finalmente fuori da quella piattaforma ideologica anzidetta. L'analisi del personaggio, ovvero la microanalisi del romanzo, è il pilastro interpretativo dell'ispirazione artistica e poetica dell'autore, della sua concezione della vita e del mondo. Da un cattolicesimo tradizionale prenderà nettamente le distanze una "cattolicità" intimamente suggestiva, un sentimento universale insito nella natura umana e presente nello spirito del poeta già al concepimento del romanzo sotto forma di bozza, il *Fermo e Lucia* – come vedremo –[22] e maturatasi nel corso della sua elaborazione fino alla forma quasi praticamente definitiva dell'edizione del 1827. Il distacco del Manzoni dal mondo ideologico della produzione in versi apparirà tanto più evidente quanto più ci addentreremo nella profondità delle pieghe della rappresentazione del personaggio.

Se il ridimensionamento dell'azione della Provvidenza, operato da Manzoni molto realisticamente all'interno della "sua" *fabula*, coincida con un ridimensionamento effettivo del suo proprio credo personale, diremo "privato", è qualcosa che non sapremo mai. Fatto sta che l'analisi del personaggio, della biografia, dell'azione, delle parole dirette ed indirette porta automaticamente a ridefinire il concetto di cattolicesimo che finora è stato attribuito al Manzoni autore dei *Promessi Sposi, Storia milanese del XVII Secolo*. Questa è l'evidenza del testo.

C'è dunque nella descrizione dei personaggi e degli eventi un piano della religiosità cattolica tradizionale che resta a livello di credenza per-

---

[22] Vedi p. 139.

© ARMANDO EDITORE. La fotocopia non autorizzata è reato.

sonale da parte delle figure presenti nella *fabula*, dall'altro lo spettacolo della realtà della vita, fatta soprattutto di casualità, ma anche fortemente determinata dalla volontà e dall'iniziativa dell'individuo singolo, sia che sia mosso da un intraprendente ottimismo (vedi spesso Renzo), sia che sia mosso da cogente paura (vedi anche il *principe padre* di Gertrude o la *vecchia del castello*).

Il propagarsi della peste sarà un fenomeno casuale, ma sarà anche "favorito" dalla volontà (insipiente) dell'uomo. Sono tutti comunque elementi umani che determinano, in un verso o nell'altro, l'appartenenza di questo o quel personaggio all'universalità degli uomini. Fra Galdino con il suo racconto di miracoli leggendari perpetua e rafforza credenze popolari, però – e lo si rileva attraverso la microanalisi del suo comportamento e delle reazioni degli altri personaggi –, testimonia a sua volta anche l'orientamento epico universale del narratore: la dipintura di Galdino mostra chiaramente un irrefrenabile gusto per la comunicazione di tipo affabulatorio del tutto indipendente dal contenuto. Volendo riprendere Bachtin e le sue idee sulla cultura popolare del Medioevo e del Rinascimento[23], potrebbe il nostro Galdino essere bene un personaggio di Rabelais. Questo frate laico non è portatore di nessun ruolo, c'è in lui preminente, invece, il suo chiacchierare gioviale, spensierato, allietante, che lo rende immediatamente personaggio autonomo e universale. Così, come vedremo, per altri personaggi.

L'abbandono del vincolo funzionale religioso e l'evidenziazione dell'autonomia di ogni singolo personaggio, appoggiata dall'inesistenza di una qualche trama di carattere melodrammatico-avventuroso, rende il romanzo un *non*-romanzo e tutti i personaggi riacquistano la loro fisionomia di persone umane della vita reale con le loro fisime e le loro debolezze, con i loro pregiudizi e i loro affanni, con le loro ansie e le loro aspettazioni, con i loro vizi e i loro abbandoni e quasi sempre sospinti, menati e amareggiati da una paura atavica, congenita, universale.

Così il nostro lavoro, filtrando l'effettiva finalità artistica e poetica di Alessandro Manzoni, vuole evidenziare il rapporto diretto tra autonomia e sentimento poetico, sottolineando sia il radicale ridimensionamento dell'interpretazione religiosa cattolica che si è sempre fatta del Manzo-

---

[23] Michail Bachtin, *L'opera di Rabelais e la cultura popolare*, Torino, Einaudi, 1995.

ni, sia soprattutto il nuovo interesse del Manzoni per l'uomo, per la sua universalità e non più per la sua religiosità.

Il cattolicesimo tradizionale, di cui Alessandro Manzoni è stato considerato l'alfiere, deve considerarsi concluso con l'*Adelchi* e la *Pentecoste*. Con la sua opera in prosa il Manzoni, tendendo a «considerare nella sua realtà il modo di agire degli uomini»[24], ci darà un luminosissimo saggio della sua universale visione della vita e del mondo, di cui i suoi personaggi nello splendore della loro autonomia ne sono gli interpreti e il frutto. La metafora dei porcellini d'India e del pastorello, raccontataci dal Manzoni nel capitolo XI del suo romanzo, ne è il simbolo.

* * *

Nella Prima Parte del nostro lavoro si discorrerà del percorso critico che ha costituito la storia e la "fortuna" dei *Promessi Sposi* nel tempo e se ne discuteranno gli approdi.

Nella Seconda Parte si scenderà all'interno di quattordici personaggi in parte presi tra i cosiddetti "religiosi" in parte tra il popolo credente, in parte tra i nobili, come cavie da anatomizzare. Sono stati preferiti numericamente i personaggi cosiddetti minori sia perché sempre trascurati dalla critica, sia perché, data la loro relativamente breve presenza sul palcoscenico del romanzo, possono essere studiati nella loro completezza, dal momento che i risultati raggiunti con loro possono essere ritrovati per linea induttiva nei personaggi cosiddetti tradizionalmente "maggiori". Ciò è conforme alla nostra tesi dell'inesistenza di differenze umane in personaggi autonomi. Prevalgono, sempre numericamente, personaggi che hanno a che fare direttamente o indirettamente con la religione solo perché la nostra tesi principale volge soprattutto all'analisi della legittimità dell'attribuzione al Manzoni di scrittore cattolico e, attraverso lo studio del personaggio alla sua demolizione. Una trattazione completa ed esaustiva di tutti i personaggi può risultare efficace solo immaginandosela, piuttosto che realizzarla materialmente, dal momento che i caratteri esemplari e paradigmatici dei personaggi da noi scelti per questo lavoro danno metodologicamente modo di scoprire e gustare l'infinita varietà umana presente in tutti gli altri.

Sicché nonostante la logica della nostra tesi volesse una distribuzione e un elenco casuale dei personaggi, proprio come casualmente si è andata fissando la telecamera del cronista su questo o quel personaggio

---

[24] Lettera al Fauriel, cit.

© ARMANDO EDITORE. La fotocopia non autorizzata è reato.

seguendo la propria curiosità di *reporter* realista (non si dimentichi l'Introduzione al romanzo in cui si parla di *Relatione*), per motivi di dimostrazione tematica essi seguiranno la successione che abbiamo stabilito per loro come campioni da laboratorio.

* * *

Un particolare, profondo riconoscimento va al Professore di Lingue e Letterature Romanze della Goethe-Universität di Francoforte sul Meno Prof. Dr. Friedrich Wolfzettel per la sua preziosa consulenza, per il suo instancabile sostegno e il continuo e generoso incoraggiamento ad intraprendere e portare a termine questo lavoro.

Francoforte sul Meno, settembre 2001

Parte prima

ITINERARIO CRITICO

© ARMANDO EDITORE. La fotocopia non autorizzata è reato.

Capitolo primo

IL PERSONAGGIO E IL SUO AUTORE.
IDENTITÀ INFONDATA

Il discorso sui personaggi dei *Promessi Sposi* è strettamente connesso, direi interdipendente, con quello del cattolicesimo del loro autore, o meglio con la connotazione religiosa che il Manzoni "godeva" e che ha goduto nel corso dei decenni fino ad oggi. Posizione della critica, situazione storica del Manzoni e rappresentazione del personaggio interagiscono così strettamente da costituire un *continuum*.

La storia della critica manzoniana dei *Promessi Sposi* (che spesso abbreviamo in PS) dalle primissime recensioni a oggi è stata ed è, quando più quando meno, profondamente legata al giudizio di funzione religiosa e morale dell'opera. Il giudizio di Benedetto Croce – «Opera letterariamente bella ma didascalica e oratoria»[1] – ha avuto il suo notevole peso ai danni di una spassionata interpretazione del romanzo, ma contemporaneamente ha avuto un significativo valore sia presso coloro che non solo hanno accettato ma hanno esaltato la funzione educativa del libro, sia presso coloro che proprio per questo motivo hanno dichiarato l'opera priva di qualunque pregio artistico.

Di questa *bivalente validità* si fa carico Luigi Russo che, prima di accettare la tesi dei PS come opera oratoria sintetizza le due posizioni antitetiche ma convergenti sostenendo che «da un lato il lettore giacobino potrebbe polemicamente gioire di questo limite dell'opera manzoniana

© ARMANDO EDITORE. La fotocopia non autorizzata è reato.

---

[1] In *Poesia e non poesia*, Bari, Laterza, 1942, p. 127. Questo giudizio del Croce ha fin'oggi un suo notevole carico. Che molti anni dopo, poco prima della sua scomparsa, il Croce rivedesse la sua posizione parlando finalmente di opera di poesia e non oratoria (Cfr. Benedetto Croce, *Alessandro Manzoni*, Bari, Laterza, 1930) non esclude che non abbia voluto intendere "opera di poesia *religiosa*".

e potrebbe ripetere con voluttà la frase di Giovita Scalvini che nei *Promessi Sposi* "t'accorgi spesso di non essere sotto la gran volta del firmamento che cuopre tutte le multiforme esistenze, ma bensì di essere sotto quella del tempio che cuopre i fedeli e l'altare", dall'altro lato il lettore piagnone potrebbe compiacersi che così sia, esaltando nel Manzoni l'artista che ha saputo mettere l'arte al servizio del bene e della fede, *ad maiorem Dei gloriam*»[2]. [corsivo dell'autore]

La citazione dello Scalvini riportata dal Russo[3] deve essere integrata. In quello stesso luogo il critico contemporaneo del Manzoni nel 1829 scriveva: «Nel suo [*sc.* di Alessandro Manzoni] libro è un non so che d'austero, quasi direi di uniforme, d'insistente senza alcuna tregua», e con implacabile precisione continuava: «Una dottrina che non solo ispira, ma obbliga; ingiunge di credere e di far credere; si fa norma d'ogni pensiero, non che d'ogni atto, e ne prefigge normalmente lo scopo; sovrasta agli uomini con gli spaventi e con le promesse, una tale dottrina, diciamo, se dall'un lato giova l'ingegno sublimandolo, potrebbe, sott'altri aspetti, torgli di sua libertà, vietargli di usare pienamente le sue forze, condurlo a riprodurre l'uomo non intero qual è, comparato al vero, ma quale debb'essere, comparato alla fede»[4].

Benedetto Croce, uno dei tali suddetti *giacobini*, in un altro saggio sul Manzoni, consoliderà attorno all'autore, al romanzo e ai suoi personaggi l'aspetto e la funzione religiosa e morale dell'opera. Intendendo teorizzare il carattere oratorio e parenetico dei PS, si rifà alle osservazioni di Giovita Scalvini con l'illustrar quel senso di "uniforme" e di "insistente", che lo Scalvini diceva di aver provato con grande molestia alla lettura del romanzo, con la trovata, in verità non originale e solo affermata, che tutti i sentimenti presenti nel romanzo sono mediati dalla «saggezza del moralista che non vede se non il bianco e il nero, di qua la giustizia di là l'ingiustizia. [...] Il mondo così vario di colori e di suoni [...] s'impoverisce, e di tutte le innumeri corde dell'anima qui vibra una sola, quella che per essere sola dava allo Scalvini l'impressione dell'insistente e dell'uniforme»[5]. Con queste parole lo Scalvini aveva anticipato di più di un secolo parte degli approdi di Luigi Russo per il qua-

---

[2] Luigi Russo, *op. cit.*, p. 31.

[3] V. Giovita Scalvini in *Foscolo, Manzoni, Goethe*, Torino, Einaudi, 1948, p. 220.

[4] *Ibidem.*

[5] Benedetto Croce, *Alessandro Manzoni, saggi ed osservazioni varie*, Bari, Laterza, 1942[20], pp. 7-9, *passim.*

le, come vedremo più avanti, il personaggio è, senza dubbi, veicolo del sentimento morale e del pensiero storico dell'autore.

Dietro queste orme si muoverà, però in senso opposto, Mario Sansone che, in tempi molto più recenti, quando la lettura del romanzo dovrebbe essere disgiunta da ogni tipo di connotazione ideologica, interpreta positivamente quelle che in realtà sono impressioni pesantemente negative sull'opera del nostro autore e tenta di giustificare le parole dello Scalvini con l'affermare che questi colloca la religiosità nello spirito dell'artista e dell'uomo: «La religione per il Manzoni non è episodio o risoluzione di un particolare problema, è il suo modo stesso di vedere il mondo, sta dentro l'anima del poeta e vi agisce come una sottile consunzione; governa l'uomo con una costante e solenne tirannia, lo solleva ad una meravigliosa altezza e commozione morale, ma gli scolorisce ed impoverisce la visione del mondo, e gli toglie la totale ingenuità della primitiva poesia: onde l'impressione di limitato, di uniforme, di insistente, che nasce dal libro»[6].

Tali autorevoli, anche se faziosi, giudizi hanno porto nel corso degli anni il destro alla critica anticattolica. Per tutti, lasciando Gramsci eccessivamente filtrato dall'ideologia, citiamo il Miccinesi, uno dei più convinti e sinceri *giacobini*: «Il romanzo ha l'intento di istruire, ammaestrare nella fede, è realizzato con intenti didascalici. [...]»[7]. E spiega: «Come sempre quando l'autore si lascia prendere dall'intento di presentarci un episodio come esemplare dal punto di vista della religione e dell'effetto che si suppone essa dovrebbe suscitare, la prosa decade, assume un tono tra il celebrativo e l'untuoso, addirittura gesuitico, come qualche commentatore ha osservato»[8]. Qui siamo sul piano della religione cattolica tradizionale, quella fervidamente predicata e messa

---

[6] Mario Sansone, *Alessandro Manzoni*, apud *I classici italiani nella storia della critica*, opera diretta da Walter Binni, vol. II, Firenze, La Nuova Italia, 1973, p. 433.

[7] Mario Miccinesi, *op. cit.*, p. 153.

[8] *Ibid.*, p. 150-151. Il Miccinesi in tutto il suo libercolo radicalmente antimanzoniano ha intelligentemente rilevato tutti i punti in cui la prosa cambia tonalità, ma altrettanto poco opportunamente non ha notato che proprio quei passi sono così perché realisticamente appartengono al personaggio e così dovevano essere. L'accento che il Manzoni pone in tutti quei luoghi ha per intento di dare il vivo sentimento della religiosità dell'epoca, allorché si dimostra, come dimostreremo, che l'autore è del tutto estraneo alle massime dei suoi personaggi.

© ARMANDO EDITORE. La fotocopia non autorizzata è reato.

anche in atto con le opere da parte di padre Cristoforo, conosciuto dagli altri personaggi come un santo vivente, ovvero quella più teologica ma non meno appassionata del cardinale Federigo o quella colma di slancio caritatevole di frate Felice, e in generale del credo religioso espresso quasi a ogni piè sospinto dal popolino (notevole il rifiuto della mancia da parte del barrocciaio che si aspetta invece un'altra ricompensa più grande..., o la "teoria" sulla Provvidenza illustrata da Renzo: «Se il Cielo mi ha aiutato fino a questo punto...»[9]).

Il cattolicesimo e la predicazione religiosa al suddetto livello, al livello dei personaggi in sé, nei PS c'è ed è indiscutibile. Il romanzo è ambientato nella prima metà del diciassettesimo secolo, e ci sembra ovvio che i personaggi rappresentanti della chiesa cattolica e il popolo credente presentino un tasso di fede religiosa che a noi oggi può sembrare anche eccessivo. Lo stesso Miccinesi aveva notato, ma per trarne conclusioni opposte: «Va ricordato che il romanzo si svolge in un'epoca controriformista e che la religiosità dei personaggi manzoniani è assai fedele ai dettati della Controriforma stessa. Le creature umane sono in balìa di un Dio che "vede tutto", ed è per loro motivo di gran conforto il credere che Dio pensi ai loro casi continuamente. Le creature manzoniane sono in uno stato di perenne sottomissione, non osano – si direbbe – essere se stesse, in quanto interamente si rimettono alla potenza del Dio che le travaglia ma alla misericordia del quale credono in modo cieco, senza dubitare»[10].

E questo mi sembra perfettamente normale per un credente che crede in una religione, checché ne abbia detto lo Scalvini che trova immorale una religione che «obbliga e ingiunge». Una religione ha delle regole, anche rigide, che devono essere rispettate, ha dei dogmi ai quali bisogna credere e ciecamente, ha delle funzioni cui nessun credente può sottrarsi. Quindi o si è dentro e si crede o si è fuori e basta.

Quel che non è affatto normale invece nel discorso del Miccinesi è sostenere che nel libro del Manzoni «manca del tutto la religiosità che si solleva dalla meschina e gretta sottomissione alla divinità, affermando – non foss'altro in nome del libero arbitrio che pure viene ammesso – l'autonomia del sentire e del volere dell'uomo»[11]. L'autore non ha fatto altro che donare al personaggio quell'indipendenza necessaria a rap-

---

[9] Cap. XVII.
[10] Mario Miccinesi, *op. cit.*, p. 153.
[11] *Ibid.*

presentare la propria religiosità come meglio crede, e in una religiosità fatta di dottrina – che qui è quella cattolica, come tutte le altre religioni fatte di dottrina – lo spazio per «l'autonomia del sentire e del volere dell'uomo» è, come in qualsiasi altra religione, ben poco. Il Miccinesi è entrato nella stessa sfasatura alla rovescia o "ibrida identità" tra personaggio e autore, in cui sono entrati quegli altri critici appartenenti al gruppo dei "piagnoni", la seconda categoria di cui parlava più su il Russo, che per opposte ragioni confondono l'autonomia o la libertà del personaggio di dire quel che vuole con la libertà dell'autore.

Tra codesti c'è in primo luogo Attilio Momigliano che credette di trovare la soluzione contro tutti coloro che vedevano nel carattere oratorio e parenetico del romanzo un limite alla fantasia manzoniana. Trovò, per mettere a tacere tutti, che la "fede" è «la sostanza e la ragione di tutta la poesia manzoniana, il palpito che trascorre in ogni sua pagina: persino nel grande temporale che spazza la peste e conclude le vicende dei *Promessi Sposi*»[12]. E citerà alcuni personaggi a sostegno della sua tesi. Il *vecchio servitore* è – secondo lui – «una grande, inavvertita figura, l'unica dei *Promessi Sposi* che non sia altro che uno strumento della Provvidenza»[13]. Senza alcuna diretta analisi testuale il critico oratore si abbandona sulle ali della trepida ansia religiosa diafanata dalla luce mistica celeste: «C'è una tale realtà nella vita di questo servitore, nel suo colloquio preciso ed ansioso con fra Cristoforo, che voi non vi sentite forzati da un disegno astratto e tendenzioso, ma vi arrestate con quella stessa pensosità arcana [il mistero della fede! – parentesi mia] colla quale considerate la vita quando uno spiraglio di luce si apre anche nell'abisso che non pareva poter generare altro che tenebre»[14]. Una serie di belle parole, ma solo parole, che con questo personaggio non hanno nulla a che fare. Alla luce dell'esame testuale il *vecchio servitore* non solo non può essere strumento della Provvidenza, ma è ben altro. La sua azione zelante non è mossa da ansia di disinteressata bontà e carità da poter essere in qualche modo connessa con un eventuale intervento provvidenziale, ma da ben altre motivazioni – che vedremo nel capitolo relativo – che normalmente esulano dai cosiddetti programmi della Provvidenza! Sono motivazioni molto più umane e quindi molto più valide, che da un lato sanciscono la tipicità religiosa dell'epoca, la

---

[12] Cfr. Mario Sansone, *op. cit.*, p. 456 e sgg.

[13] Momigliano Attilio, *Alessandro Manzoni*, Milano-Messina, Editrice Principato, 1955, p. 224.

[14] *Ibid.*

© ARMANDO EDITORE. La fotocopia non autorizzata è reato.

sofferenza dell'incerta salvazione, dall'altro lato contrassegnano una personalità autonoma fatta di individualità e contemporaneamente di universalità. Non c'è nessuna abnegazione in quest'uomo, anzi il contrario. C'è un egoismo così pressante e penetrante da fargli rischiare il collo e commettere un atto proditorio apertamente immorale. Lo stesso autore in quel momento, uscito dalla pelle del suo personaggio, fa una riflessione extradiegetica a tu per tu col lettore. Ma nemmeno questa basta agli ideologizzati come il Momigliano a superare l'*handicap*. Poi c'è anche padre Cristoforo il quale, secondo il Momigliano, avrà parole che *«esprimono la concezione manzoniana della vita e il suo ideale di felicità terrena* [corsivo nostro]: "Ringraziate il cielo che vi ha condotti a questo stato, non per mezzo dell'allegrezze turbolente e passeggere, ma co' travagli e le miserie, per disporvi *un'allegrezza raccolta e tranquilla* [corsivo dell'autore]"». [...] «Questo è il senso cristiano del romanzo» – esulta il nostro critico –, anche qui «la provida sventura». «Il dolore purifica ed eleva» – conclude sentenziando[15]. Il critico cita Ermengarda. Come si nota per questi cosiddetti "piagnoni" con i PS non c'è soluzione di continuità. Anzi, a detta del Momigliano, nei PS si sono materializzate le *Osservazioni* che «sono diventate creature, paesaggi, avvenimenti, un mondo vivo e luminoso; sono penetrate dovunque, hanno animato senza tregua la sua fantasia»[16].

Con tale procedura, identità tra pensiero dell'autore (*concezione manzoniana della vita*) con le massime dei personaggi, il Momigliano annega il romanzo nella religione, lo dichiara «poema religioso, in cui la sublime dominatrice è la Provvidenza»[17] ed «*epopea della Provvidenza*»[18], [corsivo dell'autore] e lo consegna alla letteratura parenetica vera e propria. Le due opere del Nicoletti[19], di cui abbiamo discorso nella nostra Introduzione, ne sono sconcertante esempio. I PS, sottratti al mondo dell'arte e della poesia, diventano catechismo e facile preda degli oppositori e detrattori della chiesa (ne è esempio il Miccinesi citato).

---

[15] *Ibid.*, p. 200.

[16] *Ibid.*, pp. 197-98.

[17] *Ibid.*, p. 221.

[18] *Ibid.*, p. 225.

[19] Nicoletti, Luigi, *I Personaggi dei Promessi Sposi con uno studio sul mondo poetico, morale e religioso del Manzoni*, Firenze, Le Monnier, 1970 e *Meditazioni Manzoniane* per l'Istituto Missionario Pia Società San Paolo, Cosenza, 1948, un lungo commento dei PS nella linea esclusivamente catechistico-oratoria.

Avevamo più su messo in corsivo l'affermazione del Momigliano secondo la quale le parole di padre Cristoforo ai due fidanzati che hanno sofferto e patito, fatte di totale spirito di rassegnazione al dolore e alle traversie e di altrettanta incondizionata fiducia nella provvidenza, «*esprimono la concezione manzoniana della vita e il suo ideale di felicità terrena*». Ciò non significa solo che le parole e i pensieri e le azioni dei personaggi coincidono *in toto* con quelli dell'autore, ma che egli ha in effetti addirittura consustanziato la fede, di cui è cosparso il mondo di alcuni pii e religiosi personaggi del mondo del romanzo, con l'essenza dell'ispirazione manzoniana. Atteggiamento critico alquanto rovinoso, peraltro, se si pensa che una tale "ispirazione" cade in un periodo di intensi fervori patriottici cui il Manzoni non era affatto indifferente!

Di padre Cristoforo si era servito anche Francesco De Sanctis per esemplificare una sua personale teoria dei personaggi dei PS a sfondo (ovviamente) morale. Egli parte dal presupposto assiomatico a priori che «l'ideale religioso e morale è la finalità del romanzo, l'ultimo suo risultato». Su questa base sviluppa tutta una teoria sulla "funzione morale" dei personaggi: personaggi ideali, personaggi reali e personaggi che calano l'ideale nel reale. L'episodio di Lodovico che chiede perdono al fratello dell'ucciso è per il nostro critico romantico «il primo trionfo dell'uomo ideale, cioè *rispondente al mondo religioso e morale del poeta*, sopra l'uomo mondano quale lo ha fatto la storia»[20]. [corsivo nostro]. Vogliamo qui notare come il De Sanctis ed il Momigliano *espressamente* parlino di coincidenza tra moralità del personaggio e moralità dell'autore. Noi diciamo che senza dubbio padre Cristoforo ha una sua *funzione morale, ma e soltanto* nell'interno del romanzo, nell'ambito dell'azione narrata, in quanto egli è lì un religioso che, con convinzione e perfetta autonomia, predica e diffonde la religione cui egli fermamente crede ed in mezzo, come deve essere, alla gente del romanzo con cui egli entra in contatto, nei confronti della quale deve necessariamente e realisticamente avere una funzione morale e solo nella realtà del mondo della *fabula*. È un insopportabile, inaudito arbitrio vedere nei principi comportamentali di un personaggio lo specchio delle idee personali dell'autore.

Con De Sanctis siamo ancora molto lontani dall'eventualità che si immagini un rapporto zero tra personaggio e suo autore, se una tale teoria

© ARMANDO EDITORE. La fotocopia non autorizzata è reato.

---

[20] Francesco De Sanctis, *Manzoni*, a cura di Carlo Muscetta e Dario Puccini, Torino, Einaudi, 1983, pp. 87-91, *passim*.

del Manzoni moralista applicata per intero su personaggi ideali, sarà anche nei nostri giorni "corretta e migliorata" da Mario Sansone[21] nel senso che questi non vede nell'ideale morale così formulato dal De Sanctis un ente reale esterno all'autore come esterno è il mondo reale, che "restringerebbe" la visione globale dell'autore. Crede invece di poter affermare che l'ideale morale del Manzoni è «la condizione, la forma dell'ispirazione del Manzoni, più semplicemente, il suo stato d'animo poetico: e cioè il reale visto nella luce di una provvidenza religiosa»[22]. In altre parole il personaggio veicolerebbe il sentimento dell'autore, del poeta. Se il personaggio è un predicatore e diffusore della fede cristiana, ecco che il romanzo è opera oratoria e parenetica. Il procedimento del Sansone, che consustanzia la moralità e la religione dei personaggi con il pensiero dell'autore e addirittura con la sua ispirazione poetica non è né più né meno che lo stesso di quello di Momigliano che aveva "consustanziato" la fede di cui sarebbe cosparso il romanzo con l'essenza dell'ispirazione manzoniana.

Prima di esaminare dettagliatamente la posizione di Luigi Russo che crede di trovare una soluzione al "problema" del carattere oratorio del romanzo, dobbiamo dare uno sguardo retrospettivo sul tema della notorietà del Manzoni negli anni tra la fine delle opere in versi e l'inizio della stesura del romanzo.

I PS, pubblicati nel 1827, uscivano alcuni anni dopo gli *Inni Sacri* e l'operetta apologetica *Osservazioni sulla morale cattolica* (pubblicata, la I parte, nel 1819). Il Manzoni doveva già godere fama di fervente cattolico se nell'aprile del 1823 poteva indirizzare una supplica al Papa Pio VII nei termini seguenti: «Beatissimo Padre, Alessandro Manzoni Milanese Autore degli *Inni Sacri* e delle *Osservazioni sulla Morale Cattolica* in risposta alla *Storia delle Repubbliche Italiane* di Sismondi ha bisogno pe' suoi continui studj di ritenere e leggere Libri nell'Indice de' Proibiti. Umilmente supplica Vostra Santità perché gli sia concessa la suddetta Licenza»[23].
Manzoni ha bisogno di quella "Licenza" e sciorina le sue "creden-

[21] In *Alessandro Manzoni*, apud *I classici italiani nella storia della critica*, opera diretta da Walter Binni, vol. II, Firenze, La Nuova Italia, 1973, pp. 411-489.
[22] Cfr. *ibid.*, p. 446.
[23] Alessandro Manzoni, *Tutte le lettere*, Tomo I, p. 304, Milano, Adelphi Edizioni, 1986.

ziali". Il riferimento all'opera del Sismondi è voluto. Quest'opera aveva attribuito alla morale cattolica il degrado morale degli Italiani. Nell'Introduzione alle *Osservazioni*, rivolgendosi al lettore, il Manzoni vi afferma che «la morale cattolica è la sola morale santa e ragionata in ogni sua parte; che ogni corruttela viene anzi dal trasgredirla, dal non conoscerla, o dall'interpretarla alla rovescia»[24]. È noto però come a scrivere quest'opera sia stato spinto dal padre spirituale della famiglia e che da questo stesso sia stato costantemente pressato a portare a termine il libercolo. È una precisazione necessaria dato che fino a quel punto l'immagine di un Manzoni moralista e cattolico è indiscutibile. All'esterno c'è quindi lo scrittore cattolico, teorizzatore e propagatore della fede e della morale cattolica. Che cosa c'è *all'interno*?

Noi vedremo più in là nell'esaminare il rapporto tra *Fermo e Lucia* (che abbrevieremo in FL) e *I Promessi Sposi* come il Manzoni cattolico tradizionale e moralista cessi in effetti con l'ultima delle sue opere in versi e come l'inizio del romanzo, 24 aprile 1821, cominci effettivamente un nuovo corso.

Dagli epistolari che anche Natalia Ginzburg ha utilizzato per la compilazione del noto *La Famiglia Manzoni*[25], si evince che le pressioni del padre Tosi alla stesura delle *Osservazioni* rasentarono i ricatti potendo far leva sulla fede cattolica della neo conversa Enrichetta Blondel e sulla sua incondizionata dedizione al marito Alessandro. A p. 47 del libro della Ginzburg leggiamo: «I passaporti non furono concessi. [...] Il canonico Tosi ne fu contentissimo. Aveva detto al Manzoni che quel viaggio era "un grandissimo errore". A qualcuno venne anche il sospetto che il canonico Tosi fosse andato a raccomandarsi alle autorità, perché negassero quei passaporti [...]. Egli sentiva che in lui [*sc.* in Manzoni] la fede s'era affievolita, s'era forse già spenta». Poco meno di due anni dopo il Manzoni pubblicherà la prima parte delle *Osservazioni*. Ma lo spirito, l'animo ed i nuovi sentimenti erano già tutti nell'ideazione del suo romanzo. Sentimenti non condivisi dal padre

---

[24] Alessandro Manzoni, *Osservazioni sulla morale cattolica*, Milano, Mondadori, 1997, p. 23. L'autore apre il breve discorso rivolto ai suoi lettori, spiegando che «questo scritto è destinato a difendere la morale della Chiesa cattolica dall'accuse che le sono fatte nel Cap. CXXVII della *Storia delle Repubbliche Italiane del Medioevo* dello storico svizzero Sismondo dei Sismondi, il quale in un luogo di quel capitolo intende provare che questa morale è una cagione di corruttela per l'Italia».

[25] Torino, Einaudi, 1983.

© ARMANDO EDITORE. La fotocopia non autorizzata è reato.

Tosi: «Io mi accorgo che voi soffrite nella salute – scriveva il canonico al Manzoni – occupandovi di certi lavori [*sc. I Promessi Sposi*], i quali vi obbligano a troppo intense meditazioni. Veggo poi che il frutto di tali lavori sarà ben poco, conoscendo che il mondo vi s'interessa per poco tempo [tipico argomento clericale di dissuasione!]; e può essere causa di vere e proprie inquietudini pei dispareri, la malignità e l'invidia dei letterati. Caro figlio, se dovete logorarvi, sia per cose che producano un frutto certo»[26].

Se codesto padre spirituale doveva ricorrere a tali argomentazioni è d'uopo pensare che le intime convinzioni del Manzoni autore delle *Osservazioni* non fossero così solide come hanno voluto credere i sostenitori di un Manzoni oratore estremamente cattolico.

All'interno c'è quindi un Manzoni che non solo ritenne le *Osservazioni* un dovere d'ufficio, come doveva osservare persino il Croce[27], che era dall'altra sponda, ma un Manzoni con una fede *affievolita se non spenta*. Questo però era un discorso intimo del Manzoni che allora il pubblico certamente non poteva conoscere.

Più in là, discutendo il rapporto tra FL e PS, vedremo che cosa ci racconterà la raffigurazione dei personaggi e quale sarà il corrispondente "pensiero religioso" del Manzoni autore dei *Promessi Sposi*, ove potremo trovare come conseguenza della raffigurazione del personaggio, una fede *più spenta che affievolita*.

Il 1827 è l'anno quindi di pubblicazione dei *Promessi Sposi*. Grande scalpore nella critica per la sua straordinaria audace novità: un romanzo storico alla Scott, ma che con Walter Scott non aveva niente a che vedere[28]. Il dibattito verteva inizialmente sul nuovo genere di protagonisti, gli "umili", sul rapporto storia-invenzione e verità storica e poesia.

Goethe riaffermava il principio dell'autonomia della poesia[29]. Tommaseo salvava il romanzo perché abbassava l'invenzione ad ufficio meramente strutturale pur non condividendo la scelta di protagonisti presi dal mondo contadino[30]. Lo Zaiotti vedeva nei PS non un romanzo stori-

---

[26] *Ibid.*, pp. 69-70

[27] *Apud* Malagoli *et al.*, *Civiltà Letteraria*, Milano, Signorelli, 1965, p. 428.

[28] Cfr. Mario Sansone, *Alessandro Manzoni*, in *I classici italiani nella storia della critica*, opera diretta da Walter Binni, vol. II, Firenze, La Nuova Italia, 1973, pp. 424-434.

[29] *Ibid.*, p. 428.

[30] *Ibid.*, p. 429.

co, ma un romanzo descrittivo, ove i luoghi ed i costumi venivano fedelmente descritti[31].

Francesco Salfi però sottolinea un nuovo aspetto: il rapporto tra intenzioni storiche e ragioni morali, rapporto tra poesia e moralità e tra poesia e religiosità: «Quale insegnamento si può trarre dalla rappresentazione di una società di signorotti e tirannelli ormai del tutto scomparsi? O forse l'autore mira a raggiungere il suo scopo attraverso la celebrazione delle virtù cristiane?»[32]. Qui si evince come profondamente radicato era il concetto di opera funzionale e l'unica apparentemente forte funzione sembrava essere quella parenetica o oratoria, secondo la nota definizione crociana di anni dopo.

Il discorso sulla religiosità del romanzo comincia a diventare preponderante con Étienne Delécluze (1828). Questi parla di suddivisione dei personaggi in tre classi: il popolo perseguitato e maltrattato, i nobili sopraffattori e gli ecclesiastici che proteggono gli oppressi, e sostiene che tale organizzazione toglie l'inaspettato, cioè il libero e impreveduto moto delle anime: «Qui tutto è affidato alla provvidenza e la fede è come una specie di fatalismo»[33]. Il critico pone le basi per un'interpretazione cattolica e deterministica del romanzo. A questo punto per lo Scalvini non potevano esserci dubbi: il cattolico Manzoni aveva scritto un'altra delle sue opere apologetiche. La connotazione era così forte che il libro non poteva essere letto altrimenti.

E, come abbiamo visto, questa posizione sarà destinata a mummificare l'interpretazione dell'ispirazione artistica e poetica del Manzoni nel sarcofago della celebrazione della chiesa cattolica.

La rappresentazione dei suoi personaggi che costituiscono il pilastro portante e l'anima del romanzo ci porterà invece ad una visione ben diversa.

Fino a questo punto abbiamo visto dei critici che unanimemente identificano le massime, i pensieri e le azioni dei personaggi dei PS con il loro autore. Il risultato è stato la dichiarazione del romanzo quale opera parenetica da respingere in blocco o da accettare in blocco.

Prima di trattare del Russo, il quale, se i critici precedenti si erano limitati a delle osservazioni, che per quanto articolate non avevano pretese di analisi testuale, esibirà una sua "dimostrazione" della moralità

© ARMANDO EDITORE. La fotocopia non autorizzata è reato.

---

[31] *Ibid.*
[32] *Ibid.*, pp. 430-431.
[33] *Ibid.*, pp. 431-432.

dell'autore quale movente della moralità del personaggio e quindi l'assoluta mancanza di autonomia di tutti i personaggi, vogliamo spendere quattro parole sulla "metodologia" dell'analisi testuale seguita da due grossi nomi della critica letteraria.

Il testo che prendiamo a modello, a cui quei due critici, con diverse ragioni, si rifaranno è il passo in cui (cap. XVII) Renzo fuggiasco trovasi nel territorio di Bergamo vicino al cugino Bortolo. Non volendo andarci digiuno e chiedere subito un ristoro, pensa bene di entrare in un'osteria che gli capita sott'occhio. All'uscita gli si presenta la scena di una famiglia intera che chiede l'elemosina.

"La c'è la Provvidenza! " disse Renzo; e, cacciata subito la mano in tasca, la votò di que' pochi soldi; li mise nella mano che si trovò più vicina, e riprese la sua strada.

La refezione e l'opera buona (giacché siam composti d'anima e di corpo) avevano riconfortati e rallegrati tutti i suoi pensieri. Certo, dell'essersi spogliato degli ultimi danari, gli era venuto più di confidenza per l'avvenire, che non gliene avrebbe dato il trovarne dieci volte tanti. Perché, se a sostenere in quel giorno que' poverini che mancavano sulla strada, la Provvidenza aveva tenuto in serbo proprio gli ultimi quattrini d'un estraneo, fuggitivo, incerto anche lui del come vivrebbe; chi poteva credere che volesse poi lasciare in secco colui del quale s'era servita a ciò, e a cui aveva dato un sentimento così vivo di se stessa, così efficace, così risoluto?

Questo è il testo fino a questo punto. Giovanni Getto nelle sue *Letture Manzoniane*[34], spiega: «Di questo sentimento vissuto da Renzo si fa interprete il Manzoni in alcune *riflessioni* che sono *fra le più pensose ed alte* tra quante ha saputo ispirare la fede che illumina le pagine del romanzo» [corsivo mio]. Ma veramente il nostro Giovanni Getto ha letto queste righe come un fuggitivo. Non ha notato, che il sillogismo così ingenuamente formulato e la locuzione diastratica popolare *lasciare in secco* non possono esser stilemi dell'autore. Già questi due elementi gli avrebbero dovuto far capire che anche se non c'erano le virgolette del discorso diretto, quelli erano – grande anticipazione verghiana! – i pensieri (*riflessioni pensose e alte!*) del popolano Renzo. Ma il Manzoni, per i lettori che non avrebbero forse compreso queste sfumature, si era affrettato a fare subito dopo una precisazione. Infatti il testo appena

---

[34] Firenze, Sansoni, 1964, p. 283.

citato, continua con questa frase, che il Getto, arbitrariamente e tendenziosamente, ha ignorato e omesso:

> Questo era, a un di presso, il pensiero del giovine; però men chiaro ancora di quello ch'io l'abbia saputo esprimere.

Il distacco dal personaggio così apertamente voluto dall'autore ci dà un esempio illustre di autonomia e di indipendenza da ogni ruolo. Renzo non ha il compito di veicolare il sentimento e il pensiero dell'autore. Renzo esprime solo se stesso. L'autore è scomparso, dove?, ma nell'interno della psiche e della psicologia del personaggio popolano che, come tutti gli altri come lui in quell'epoca, come anche in questa nostra epoca, crede semplicemente in quello che la chiesa gli predica perché è naturale che l'uomo semplice, come il bambino, ha bisogno sempre di sentirsi protetto per suo istintivo conforto. E con queste caratteristiche unite ad una tenera fiducia nel domani pur incerto («*gli era venuto più di confidenza per l'avvenire*») Renzo si presenta nel mondo della rappresentazione universale, nel fondo della poetica del Manzoni. Il cattolicesimo di Renzo rientra nella cattolicità, nella concezione universale della vita e del mondo del poeta, impregnata di epica realtà umana.

Per il lettore scevro da parzialità ideologica diciamo che questo è uno dei modi più espliciti con cui il Manzoni dei PS prende sempre attente distanze dal proprio personaggio per confermarne senza stancarsi l'indipendenza. Già il notissimo «Addio, monti...» (cap. VIII), che ci narra i pensieri e le emozioni di Lucia, si conclude con questa precisazione, simile a quella dianzi:

> Di tal genere, se non tali appunto, erano i pensieri di Lucia, [...].

E va ricordato che Manzoni qui aveva fatto questa precisazione subito dopo che Lucia ha "pensato":

> Chi dava a voi tanta giocondità è per tutto; e non turba mai la gioia de' suoi figli, se non per prepararne loro una più certa e più grande.

Lucia, è ovvio, come Renzo vive nel suo animo le convinzioni religiose assunte per tradizione e per consuetudine in ambiente di devozione parrocchiale e conventuale comune peraltro a tutti i pii e gli umili. Le

© ARMANDO EDITORE. La fotocopia non autorizzata è reato.

45

mutilazioni come quelle del Getto o le deformazioni come quelle del Momigliano sono veri e propri atti proditori.

Ma c'è qualcosa di più. Il secondo grosso nome cui avevamo accennato è Giuseppe Petronio il quale proprio dalle due precisazioni che il Manzoni esplicita per affermare vieppiù la propria distanza dal pensiero e dalle parole dei suoi personaggi, formula invece un'illazione che ci ha sbalordito: «A differenza di quanto poi fecero i veristi, il Manzoni non si trasferisce lui sul piano dei suoi personaggi [e questo non è vero se si ritorna a leggere il sovrastante "pensiero" di Renzo], ma trasporta quelli sul suo, e fa sì che essi parlino e pensino per interposta persona, attraverso il pensare e l'esprimersi di quell'Alessandro Manzoni che è il loro storiografo e interprete. Esempio tipico l'addio di Renzo e Lucia ai loro monti [che in effetti è poi solo di Lucia!] una pagina di eloquenza voluta [...] con un'elevatezza di affetti, una perspicuità di parola, una forza di lirismo, che non poteva essere loro. [...] Il Manzoni scrive così, trasferendo i pensieri e gli affetti e i discorsi dei vari personaggi sul piano intellettuale e morale dell'autore. [Ciò] significava impedirsi di vedere i personaggi nella loro autonomia»[35]. È un discorso chiaramente infarcito di ideologia. Se solo il Petronio leggesse con volontà esegetica il romanzo, troverebbe in ogni rigo che non c'è nessun luogo in cui il Manzoni «trasferisce la lingua dei suoi personaggi sul proprio piano»[36]. Anzi al contrario (vedasi nella Seconda Parte l'analisi linguistica che abbiamo condotto parlando di padre Cristoforo). Nel testo di Renzo («*La c'è la Provvidenza!*») la "perspicuità di parola" dov'è? Nell'«Addio monti...» la forza di lirismo non fa altro che riprodurre semplicemente la sensazione del turbamento che poteva essere presente nell'animo disorientato di Lucia. Non si tratta banalmente di ricreare con le parole una situazione verista. Si tratta di una perfetta corrispondenza tra un sentimento muto ed un'espressione verbale. Proprio come un musicista esprime con la sua musica il turbamento arcano del suo animo che non potrebbe esprimere con le parole.

Il Petronio non dovrebbe dimenticare che già qualche anno prima della pubblicazione dei PS, edizione 1827, il Manzoni scriveva a Monsieur Chauvet[37], fra l'altro, le seguenti parole:

[35] Giuseppe Petronio, *L'attività letteraria in Italia*, Firenze, Palumbo, 1981, p. 624.

[36] *Ibid.*

[37] Del 1820.

Tout ce que la volonté humaine a de fort ou de mystérieux, le malheur de religieux et de profond, le poète peut le deviner; ou, pour mieux dire, l'apercevoir, le saisir et le rendre.

È proprio quell'*apercevoir* che il Petronio, ideologizzato, non ha inteso.

Il discorso sulla Provvidenza, casualità e azione dell'uomo è in questo romanzo tracciato con suprema evidenza. Il passaggio sulla fede di Renzo, maltrattato dai due critici parziali, è uno degli snodi principali alla comprensione dell'ispirazione poetica di tutto il libro. Si ribadisce il credo nella Provvidenza da parte del personaggio e contemporaneamente l'estraneità dell'autore a tale credo. Il personaggio creato dall'autore è libero di credere quel che vuole. Bisogna vedere e riconoscere obiettivamente l'autonomia del personaggio, la sua totale indipendenza dal ruolo e dalla funzione, l'estensione della fede cattolica tradizionale attestata da molti personaggi in pieno periodo storico di controriforma e la continua instancabile attenzione dell'autore a segnalare ogni minimo particolare che evidenziasse la propria estraneità alle azioni degli uomini-personaggi, responsabili in prima persona di quello che fanno allorché parallelamente la religione costituisce un apparato di consuetudini e abitudini che col destino dell'uomo non ha nulla a che vedere. La distanza dell'autore dal suo personaggio, e quindi da una fede in un'entità, la cui azione presenta gravi crepe, ne è un caposaldo.

Bàrberi-Squarotti osserva che se la Provvidenza riceveva da don Abbondio, al capitolo XXXVIII, quella nota "apologia" nell'essersi servita della peste, sciagurato malanno dell'umanità, per spazzar via il suo nemico o il suo oggetto di paura, «il romanzo non ha assolutamente da essere letto in tale chiave»[38]. Nello stesso capitolo don Abbondio commenta tra sé: «Se la peste facesse sempre e per tutto le cose in questa maniera, sarebbe proprio peccato il dirne male: quasi quasi ce ne vorrebbe una, ogni generazione». È questa, ci vogliamo domandare, la luminosa *epopea della Provvidenza* del Momigliano? Si dirà che quella è una massima di don Abbondio, ma si è detto anche, in tutto l'arco della critica manzoniana dei *Promessi Sposi*, che in questo libro il Manzoni moralista è da identificare col suo personaggio. *Aut aut.*

Un'altra *crepa* la rileviamo nell'azione del barocciaio. Il quale, come

---

[38] Giorgio Bàrberi-Squarotti, *Le delusioni della letteratura*, Rovito (CS), Marra Editore, 1988, p. 113, *passim*.

© ARMANDO EDITORE. La fotocopia non autorizzata è reato.

abbiamo accennato, è un personaggio che testimonia, molto grossolana-
mente da par suo peraltro, la fede nella Provvidenza, dall'altro conferma
la sua autonomia e lo svincolo da ogni ruolo – se il ruolo è quello di ribadire il credo nella Provvidenza – nel momento in cui vanifica con la sua
azione individuale e personalissima la stessa provvidenza cui mostra di
voler credere. Al cap. XI il "devoto" barrocciaio di ritorno al suo paese
«s'abbatté, prima d'arrivare a casa, in un amico fidato, al quale raccontò
in gran confidenza, l'opera buona che aveva fatta, e il rimanente». Di questo personaggio, per la critica tradizionale "minimo" se non ignorato –
non se ne trova traccia quasi in nessun commentatore – è di fatto invece
la negazione della Provvidenza. Il suo comportamento che fra l'altro lo
rende pari, come dignità di personaggio manzoniano dei PS a tutti gli altri, porterà Lucia ad un passo dalla catastrofe. Si dirà che la Provvidenza
farà in modo che così non fosse, ma allora che bisogno c'era di farla soffrire tanto? Momigliano direbbe che questo le spalanca meglio le porte del
paradiso, e così di seguito con la storia che si conosce. Noi diciamo, primo, che Manzoni vuole ribadire la sua estraneità a questo credo e riaffer-
mare la distanza abissale dalle famigerate *Osservazioni*; secondo, che il
personaggio agisce in seguito ad un impulso caratteristico della universalità umana, la vanteria. Lui sa di avere fatto un'*opera buona*, ma non si
rende conto che questa per essere veramente tale deve comportare il silenzio, cosa dura, se quest'uomo, come un po' tutti gli uomini, per andare avanti ha bisogno del riconoscimento del proprio lavoro ed in genere
della propria opera. Quell'«in gran confidenza» dipinge nella sua pienezza l'uomo anche vanitoso che si compiace di mostrarsi più importante che
può. Qui sono i tratti dell'universalità della rappresentazione manzoniana
del personaggio, il segno inequivocabile della sua "cattolicità". Questo
stesso tratto umano universale lo rinveniamo, *mutatis mutandis*, ma il
nocciolo è identico, nel conte zio sia durante l'abboccamento con il nipote conte Attilio, il quale astutamente sfrutterà proprio questa umana debolezza, sia durante il colloquio con il padre provinciale.

Nel 1945 esce il saggio di Luigi Russo, citato, dedicato espressamente ai personaggi (quattro) dei PS. Nella Prefazione aveva scritto che
«attraverso l'apparente ricostruzione di quattro personaggi, l'innominato, il cardinale, don Rodrigo, fra Cristoforo» sarebbe andato cogliendo
«i motivi fondamentali di tutto il capolavoro manzoniano»[39]. Quali sono questi *motivi fondamentali*?

_____

[39] Luigi Russo, *op. cit.*, pp. 11-12.

In questo saggio, in verità abbastanza articolato e ricco per altri versi di innumerevoli suggestioni, il Russo cerca innanzi tutto di dare una sistemazione strutturale al problema annoso della religione dei PS inventando una soluzione "logica" e mediatrice. Dopo aver affermato che nelle liriche e nelle tragedie «l'ispirazione passa attraverso tre momenti: un momento lirico, un momento meditativo o storicamente illustrativo, e infine un momento oratorio vero e proprio», sostiene che anche nei PS «abbiamo questa alternativa di momenti lirici e di momenti di raccoglimento riflessivo o storico ed altri spunti di parenetica cattolica o di persuasione morale», concludendo che «l'atteggiamento fondamentale è quello poetico, sorretto da un'arte e un equilibrio e armonia di gusto che tempera e governa a ogni momento il racconto»[40]. L'aspetto oratorio quindi non viene negato né spiegato, ma elevato a componente dell'ispirazione poetica dell'intero romanzo. E questo sarà uno dei motivi fondamentali. A questo sofistico errore sembra che il Russo fosse stato costretto quasi impercettibilmente a pervenire per non essere riuscito a superare le sabbie dell'interpretazione morale della concezione manzoniana del romanzo affermata già dal De Sanctis, ribadita dal Croce, esaltata dal Momigliano e risalente, come abbiamo visto, allo Scalvini. Noi crediamo invece che a quell'errore sia stato indotto piuttosto dalla propria personale convinzione. È egli infatti il primo e l'unico che sostiene che gli intenti moralisteggianti del Manzoni possa *dimostrarli* come se dalle *Osservazioni sulla morale cattolica* agli *Inni Sacri* e all'*Adelchi* e quindi poi ai *Promessi Sposi* si dovesse percorrere un'ampia e diritta autostrada senza stop e deviazioni. Tutto il suo saggio si snoda così nella ricerca ed evidenziazione di quei tre momenti nella descrizione dei personaggi manzoniani.

Il Russo sviluppa sillogisticamente due tesi parallele.

In polemica con la tradizione critica romantica, che dei personaggi per il loro spiccato realismo, ne aveva voluto fare dei "tipi", il Russo sostiene che «in un'opera d'arte non esistono personaggi ma stati d'animo lirici o oratori dello scrittore», e di cui essi, «fantasmi labili di un mondo di poesia», sono il veicolo. I personaggi sono, per lui, dunque, il sentimento del poeta, che è il "vero protagonista". Ma che comunque, se di un protagonista *sensibile* si vuol parlare – aggiunge – questo è il Seicento «come spirito, come logica, come gusto, come vita morale». Esso è il motivo lirico del romanzo, aggiungendo ancora che «il puntiglio e

© ARMANDO EDITORE. La fotocopia non autorizzata è reato.

_____
[40] *Ibid.*, pp. 32-33, *passim*.

l'orgoglio» sono «le vere divinità di quel secolo esteriore e farisaico»[41].
Pertanto quei quattro personaggi colorati dagli speciali effetti di tali *motivi fondamentali* storici e lirici sono dello *spirito del Seicento* la massima espressione funzionale. In esso i loro atti vi troverebbero la loro esaustiva giustificazione. Ne consegue che l'esistenza del "personaggio autonomo" viene decisamente negata[42].

La seconda tesi. Più avanti però, parallelo e complementare ad esso, il Russo ne ha un altro di protagonisti che vive e si agita nel romanzo[43]: il mondo morale del Manzoni, che egli ricava dalla seguente deduzione "logica": Padre Cristoforo predicatore cattolico è un religioso moralista; l'autore «*in parecchi punti,* approva la moralità che muove fra Cristoforo» [corsivo nostro]; *ergo* l'autore è un moralista da identificare col personaggio, che così risulta «l'incarnazione ipostatica degli ideali e dei sentimenti del Manzoni uomo». E così il Russo desume questa conclusione: «Manzoni quindi oltre che artista, nel suo romanzo, ci si presenta come moralista e come oratore di quella sua moralità»[44]. Onde tra pensiero dell'autore – secondo il Russo – e sentenze del personaggio non v'è soluzione di continuità. Le prediche del frate "sono" le stesse prediche del Manzoni. I PS è un romanzo religioso con finalità parenetiche e di diffusione della religione cattolica. Abbiamo quindi la Moralità interpretata o meglio personificata nei personaggi religiosi e soprattutto in padre Cristoforo e nel cardinale Federigo col ruolo di fustigatori morali, assieme alla Storicità veicolata da tutti quei personaggi, compresi ovviamente i religiosi, che esprimono lo *spirito del Secolo*, cioè il puntiglio, l'onore e l'orgoglio. Nella rappresentazione della figura di padre Cristoforo in particolare, religioso e *santo*[45], si aggiunge così anche il quadro storico. Padre Cristoforo diventa con il Russo, che dall'altro lato però dichiarava di detestare le tipologie (!), il cappuccino tipico del Seicento, e tutta la biografia del frate precedente l'assunzione dell'abito è agli occhi del nostro critico né più né meno che il sentimento della storicità dell'autore. Soprattutto l'episodio del duello è per il Russo espressione del sentimento del Manzoni «tremendamente corrosivo di tutta l'impalcatura etico-politica del Seicento» […] e «appassionato evocatore di ribelli

---

[41] *Ibid.,* pp. 24-26, *passim.*
[42] Cfr. *ibid.,* p. 21.
[43] *Ibid.,* p. 29.
[44] *Ibid.,* p. 340, *passim.*
[45] *Ibid.,* p. 337.

[*sc.* fra Cristoforo], sia pure castigati, in un secondo momento, dalla riflessione cristiana»[46].

Partendo da questo presupposto, per la ragione della logica russiana, i personaggi risultano in tutto veicolo dei sentimenti lirici dell'autore, incanalati nella condanna del vizio del secolo fastoso e bugiardo del Seicento, marionette sponsorizzate dalla dottrina morale cattolica, di cui il Manzoni si sarebbe proclamato alfiere.

Il Russo dal punto di vista religioso, come si vede, non ha fatto grossi passi avanti rispetto al Momigliano, la cui tesi massimalista, chimicamente decantata, l'ha "versata" nell'alambicco della sua teoria dello "spirito del Secolo", ottenendo quel co-protagonista morale, complementare, col risultato che i PS "sono" un romanzo storico che vuole bollare gli aspetti negativi della corrotta nobiltà secentesca attraverso la morale cattolica, che così risulta affermata, confermata, celebrata e predicata: «Il Seicento se dà pretesto al Manzoni per effondere il suo argutissimo gusto storico, e il suo gusto ironico per la stampa antica, si offre poi propizio – parole del Russo – perché l'artista vi intessa la trama dei suoi sentimenti morali e religiosi»[47]. Il critico quindi dipanerà tutto il suo discorso esaltando man mano ed evidenziando tutti gli aspetti storici e morali delle varie gesta dei personaggi, dopo avere sarcasticamente criticato tutti coloro che si sono soffermati a creare dei "tipi" dai personaggi, come se, fatti esseri umani – aggiunge con mordacia – potessimo immaginare ciò che potrebbero fare appena usciti di scena[48].

I fondamenti della deduzione sillogistica della moralità del Manzoni così come l'ha tratta il Russo pensando d'avere fatto con la pretesa della dimostrazione un passo avanti rispetto ai suoi predecessori, siamo andati a cercarli in tutti quei luoghi in cui il critico ha creduto d'averli visti. Più dettagliatamente ne parleremo nella seconda parte nel capitolo dedicato a padre Cristoforo dal momento che il Russo, per dimostrare le finalità parenetiche del romanzo, si è servito del personaggio padre Cristoforo. Qui esaminiamo uno solo di quei presunti *parecchi punti* che illustra molto bene non solo la vacuità, la gratuità ed anche l'assurdità delle argomentazioni "logiche" del Russo, ma addirittura il contrario di quel che egli si proponeva: qui c'è la totale estraneità morale dell'auto-

© ARMANDO EDITORE. La fotocopia non autorizzata è reato.

---

[46] *Ibid.,* p. 319.
[47] *Ibid.,* p. 29.
[48] *Ibid.,* p. 20, parafrasi.

re, la distanza netta sul tema della provvidenza, la perfetta autonomia del personaggio.

L'esempio che segue possiamo senz'altro definirlo un'altra *crepa* nell'azione di quella entità, la Provvidenza, cui il cattolico crede e deve credere fermamente, che segna profondamente la personalità di Lodovico-Cristoforo e nello stesso tempo ribadirà ancora una volta instancabilmente il distacco dell'autore dai suoi personaggi. Ma qui bisogna ricorrere all'analisi linguistica testuale, quella opinata superflua sia dal Getto, che dal Petronio, che dal Momigliano e, come vedremo, in modo plateale, dal Russo.

Al cap. IV – passo citato nell'Introduzione ma con altri intenti – leggiamo:

> *gli parve* che Dio medesimo l'*avesse messo* sulla strada, e datogli un segno del suo volere

Qui c'è Lodovico che, rifugiatosi nel convento dopo l'uccisione dell'odiato rivale, riflette sul da farsi e su un antico pensiero di farsi frate. Ora, indipendentemente dall'analisi linguistica, se vogliamo prendere per buono il "segno" divino, dovremmo pensare – *absit iniuria verbis* – che Iddio, il quale nella sua onniscienza vede e provvede, abbia indotto l'impulsivo Lodovico al delitto al fine di dargli un segno del suo volere. Sarebbe stato meno crudele e senza spargimento di sangue fermare il giovane spadaccino come Paolo sulla via di Damasco! Ma riflettendo sulle forme linguistiche usate, il Manzoni, oltre che togliere raffigurazione autonoma al personaggio si sarebbe coperto di ridicolo ed avrebbe raffigurato un personaggio del tutto amorfo, se avesse scritto, come vogliono intendere i "moralisti": Dio medesimo l'*aveva* messo sulla strada, e *gli aveva dato* un segno del suo volere – confermando con l'indicativo che egli era dello stesso parere del personaggio: solo così il Russo avrebbe avuto ragione e questo sarebbe potuto essere uno di quei *punti* del Russo, in cui il Manzoni *approva la moralità che muove fra Cristoforo*.

La rappresentazione del personaggio autonomo è una logica necessità, un imperativo al quale il Manzoni ha creduto così fermamente da dipingere i suoi personaggi con colorazioni tanto forti che solo critici obnubilati dalla miope faziosità non riescono a vedere.

Il saggio del Russo attorno ai quattro personaggi scelti prosegue evidenziando tutti i luoghi caratteristici della "storicità" e della "moralità" del poeta a sostegno della sua tesi dei tre momenti citati – «un momento lirico, un momento meditativo o storicamente illustrativo, e infine un momento oratorio vero e proprio». Intorno a don Rodrigo scriverà che «la descrizione è riuscita una di quelle mirabili *stampe del Seicento* [corsivo dell'autore], che costituiscono il fascino più sottile e più aristocratico del romanzo, dove non c'è la semplice suggestione della poesia che rappresenta le passioni e le debolezze umane, ma anche la suggestione di un'arte, per dir così, dotta, un'arte *che risuscita le costumanze del secolo e ci rende il colore del tempo*»[49]. Più in là trascorrendo la biografia di Lodovico, leggiamo: «Ma dove questo colore del tempo è denso in ogni parte, è nella descrizione del duello»[50]. In un altro luogo, parlando del cardinale Federigo e seguendo il compito di evidenziare i suoi "tre momenti", troviamo: «Ma il meglio che si possa fare è di venir seguendo il cardinale nelle varie pagine a lui consacrate dal Manzoni, per rilevare quelle dove la trasfigurazione poetica è compiuta, e quelle altre dove il personaggio resta invece un simbolo morale, proposto quasi ai lettori, a scopo di edificazione cattolica, come un alto modello di vita»[51]. Più in là il Russo sente il bisogno ancora di chiarire: «Le pagine sulla riflessione seicentesca sono di profonda ed ironica riflessione storica, le pagine sulla giovinezza di Ludovico e sulla signora sono pagine bellissime di poesia. Bene: lo stesso non si può dire del capitolo dedicato al cardinale. Non si tratta né di pagine storiche né di pagine di poesia, ma di pagine di oratoria»[52].

Come si vede il Russo è coerente con le sue premesse solo che, per quanto riguarda la *storicità* in particolare, ci sembra che non sia una grossa scoperta della sagacia critica del Russo. Il Manzoni che si era proposto di scrivere un romanzo storico aveva anche precisato, scrivendo al suo amico francese Claude Fauriel, che si sarebbe allontanato dal modello "storico" dello Scott per seguire un concetto personale di "storicità": *à cet effet je fais ce que je peux pour me pénétrer de l'esprit du temps que j'ai à décrire, pour y vivre*[53]. Credo che mettere in evidenza i passi in cui i personaggi rispecchiano la compenetrazione nello spirito del tempo, che egli vuole rappresentare addirittura per viverci dentro, e

---

[49] *Ibid.*, p. 226.
[50] *Ibid.*, p. 316.
[51] *Ibid.*, p. 158.
[52] *Ibid.*, p. 162.
[53] A Claude Fauriel, Milano, 29 maggio 1822.

© ARMANDO EDITORE. La fotocopia non autorizzata è reato.

renderli più poeticamente possibile aderenti al vero, debba essere piuttosto il compito di un commentatore di un'edizione scolastica del romanzo che non la tesi di un critico.

La teoria dei personaggi quale sentimento e motivo lirico del Manzoni non poteva portare ad altro che alla definizione dello "spirito del Secolo" quale unico protagonista. Il romanzo, con personaggi funzione e veicolo, subisce una drastica riduzione valoriale. È stata messa in evidenza solo la cornice come costituente del quadro; e dov'è il quadro, la pittura, l'essenza, l'uomo? Manca nell'interpretazione del Russo l'universalità dell'uomo, che è a nostro avviso l'interesse primario del Manzoni. Nella stessa lettera al Fauriel testé citata, il Manzoni esplicita una sua fondamentale finalità: *considérer dans la réalité la manière d'agir des hommes*. E questo ci sembra il fine primo e ultimo. Che poi sia quest'uomo un uomo vissuto nel Seicento o in qualsiasi altra epoca, poco importa. Sarà certamente un uomo del Seicento, come lo sono *tutti* i personaggi dei PS, ma sarà soprattutto un uomo che non ha il compito di mostrare come è un uomo del Seicento se è un immorale da fustigare o un probo da glorificare; sarà insomma un uomo autonomo senza ruoli e portatore di valori e peculiarità universali *ab-soluti*.

La questione del cattolicesimo del Manzoni non poteva non passare, come si è visto, anche o soprattutto attraverso la figura di padre Cristoforo, la quale, per motivi ideologici, è stata sempre studiata con parzialità. L'interesse veniva rivolto solo alla seconda parte della vita di quell'uomo, quella del frate cappuccino, marcatamente religiosa, trascurando spesso l'altra componente, il Lodovico, nobile mancato. La prima parte di quella vita era spesso oggetto di curiosità socio-storiche e si sono sottolineati tutti i codici di cavalleria messi in atto per rappresentare anche storicamente il carattere del Secolo. Come che sia, tra le due parti si è potuto sempre avvertire l'innalzamento di una parete divisoria.

Nella realtà del testo e, corrispondentemente, nella realtà dell'ispirazione poetica del Manzoni autore non esiste infatti un padre Cristoforo disgiunto dal suo precedente "Lodovico". Appartengono alla stessa persona, ma non per sottolineare che il cappuccino conserverà la grinta del laico, cosa che ognun vede, e cosa che ognuno ha voluto finora evidenziare, ma perché lo stato esistenziale del prete è in effetti conseguenza diretta dello stato psichico del laico. Le turbe del giovane pseudo-nobile Lodovico saranno la base delle turbe del maturo religioso Cristoforo, come dettagliatamente mostreremo nel suo capitolo.

Nella seconda parte di questo lavoro nel capitolo dedicato a padre Cristoforo vedremo non solo la totale inesistenza della moralità come funzione, ruolo che il Russo ha visto nel personaggio padre Cristoforo, ma constateremo anche e soprattutto quanta illimitata e somma sia l'autonomia che esso ci dispiegherà, quanto profondo sia il sentimento epico dell'autore, quanto umano il dramma vissuto da questo frate, vittima due volte di vicende storiche e umane nemiche, queste per una falsa e micidiale educazione paterna che porta l'impulsivo Lodovico a credere fermamente di essere quel che non era, quelle per una religione controriformista che condannava il fervente Cristoforo fino all'atto supremo dell'ultimo sacrifizio a patire il dubbio delle pene dell'inferno per un'idea intransigente della salvazione.

Padre Cristoforo è un uomo che incarna l'universalità della sofferenza del dubbio, del credo fanatico unito all'incertezza del proprio destino nella salvazione. Uno squilibrio psicologico che sconvolgerà la vita di quest'uomo fattosi religioso in seguito ad un omicidio scambiato per "segno divino"! È lontano le mille miglia dal veicolare anche il più sparuto sentimento morale o messaggio religioso dell'autore.

La storia della critica dei PS si può definire la storia dell'identità infondata o arbitraria tra autore e personaggio, la quale, come abbiamo visto, porta a delle conclusioni al di fuori della realtà testuale, nel campo più del dibattito ideologico che della ricerca letteraria. Riconosciuta l'autonomia ai personaggi e di conseguenza l'estraneità dell'autore ai loro pensieri e parole, il problema dei PS, romanzo oratorio sì, oratorio no, non ha ragione di esistere.

Il personaggio manzoniano dei PS, ribadiamo in sintesi, è concepito in prima linea come essere umano indipendente, senza nessuna funzione o ruolo se non quello di rappresentare se stesso nella sua autonomia. Esso presenta una personalità ed individualità che rispecchia l'individualità e l'universalità della persona umana, di cui l'autonomia è costituente essenziale. Non si può parlare di personaggi minori né maggiori né tanto meno di "protagonisti", così come nella natura umana non ci sono uomini "minori" né "maggiori" né tanto meno "protagonisti", se ogni personaggio rispecchia l'individualità dell'universalità umana priva di ruoli. In assenza di ruoli il romanzo è in effetti un romanzo impossibile, è il poema della vita dell'uomo di tutti i giorni. L'assenza del ruolo nel personaggio riflette in parallelo e determina per l'uomo l'inesistenza di qualunque tipo di predeterminazione e la vita ha un senso solo

© ARMANDO EDITORE. La fotocopia non autorizzata è reato.

nel microcosmo della coscienza di ogni individuo in assenza di una finalità esterna all'Io.

La religiosità cattolica tradizionale fatta di fede e provvidenza finisce conseguentemente con la data di inizio della prima stesura del suo romanzo allorché nel Manzoni si consolida una propria singolare ed eccezionale universalità ("cattolicità" in senso lato, originario), la quale non solo evidenzia la distanza del suo pensiero dalle parole, dal pensiero e dal comportamento del personaggio, ma dà alla rappresentazione dei tratti umani del personaggio anche la propria indelebile impronta.

Pertanto e per concludere, affermare l'identità tra le manifestazioni e i convincimenti dei vari personaggi con i sentimenti e le idee dell'autore risulta un atto velleitario di critica ideologica miope. Più avanti, nel capitolo su padre Cristoforo, avremo modo di scendere più in profondità nei dettagli del rapporto zero tra autore e personaggio quando rileveremo attraverso la microanalisi del testo l'intento del Manzoni chiaro e deciso di rafforzare la parete divisoria tra autore e personaggi anche e soprattutto dove poteva esserci rischio di fraintendimenti.

Capitolo secondo

I PORCELLINI D'INDIA E IL PASTORELLO. IDENTIFICAZIONE NATURALE

Andando all'interno del testo, nei PS leggiamo un episodio dal sapore aneddotico raccontatoci dall'autore in prima persona, che s'inserisce profondamente nel corpo della nostra tesi. Al capitolo XI, per illustrare il suo rapporto con il personaggio, il Manzoni ci descrive il comportamento d'un fanciullo nell'atto di voler mandare al coperto un suo gregge di porcellini d'India:

> Avrebbe voluto fargli andar tutti insieme al covile; ma era fatica buttata: uno si sbandava a destra, e mentre il piccolo pastore correva per cacciarlo nel branco, un altro, due, tre ne uscivano a sinistra, da ogni parte. Dimodoché, dopo essersi un po' impazientito, *s'adattava al loro genio*, spingeva prima dentro quelli ch'eran più vicini all'uscio, poi andava a prender gli altri, a uno a due, a tre come gli riusciva. Un gioco simile ci convien fare co' nostri personaggi: ricoverata Lucia, siam corsi a don Rodrigo; e ora lo dobbiamo abbandonare, per andar dietro a Renzo, che avevam perduto di vista. [corsivo nostro]

Qui prendendo alla lettera il paragone – né si può fare altrimenti – troviamo il Manzoni *adattarsi al genio* del personaggio. Qui possiamo liberamente parlare di "identificazione naturale" tra autore e personaggio. Osserviamo il fenomeno in controluce. Non c'è il personaggio funzione, subordine del pensiero dell'autore, ma perfettamente l'opposto. Con ciò si dice esplicitamente quel ch'egli intendeva sia per quanto riguarda le finalità narrative, che gli intenti metodologici, allorché espresse all'amico Fauriel il voler attenersi strettamente alla realtà ed entrare nel mondo del personaggio e "viverci dentro". Qui c'è da un lato la ricostruzione caratteriale e psicologica del personaggio connesso alla

© ARMANDO EDITORE. La fotocopia non autorizzata è reato.

realtà – derisa dal Russo e rifiutata dal Meyer – dall'altro c'è l'artificio, l'invenzione. Ma c'è soprattutto in quell'*adattarsi al loro genio* il proclama più luminoso della novità letteraria ed artistica che la rappresentazione del personaggio dei PS presenta. Non solo il personaggio risulterà autonomo, ma il poeta, funzione del suo personaggio, abbandonando, nel momento della creazione artistica, durante il supremo atto creativo, la propria natura ed entrando nel personaggio assume in sé poeticamente la natura del personaggio, la fa sua identificandola con la propria natura, facendosi uomo con lui medesimo, vivendolo e sentendolo come se stesso insieme e come altro da sé. Così gli porge la vita e il dono della propria universalità umana, gliene trasmette lo spirito, lo rende a sua volta universale. Ed è l'atto creativo del poeta. Non è quindi funzione o imitazione della realtà né artificio, è trasfigurazione del proprio io in una sintesi totale, creatore e creatura coincidono non identici ma identificati e partecipano di quelle caratteristiche che rendono l'uomo unico a se stesso e in pari tempo universale nel momento appunto in cui l'autore *si adatta al genio* del suo personaggio, ove per *genio* si intende l'intera personalità. Non si tratta quindi di vedere nei personaggi dei portavoce dell'autore, bensì vedere nel personaggio l'incarnazione della natura umana, unica nella sua infinita poetica molteplicità.

Durante tutto questo processo creativo nell'intero arco dei PS, il Manzoni ha deposto la religiosità cattolica tradizionale per vestirsi di una "cattolicità" più ampia, di una visione poetica universale dove l'uomo si scompone nelle sue migliaia di componenti per dileguarsi uno e molteplice nei molteplici personaggi, i quali presentano pertanto ognuno e singolarmente una caratteristica che da un lato ha la fisionomia della individualità in quanto è caratteristica propria di *quel* personaggio, dall'altro presenta il tratteggio variopinto della raffigurazione universale, ne fa un uomo appartenente non alla "comunità" dei personaggi di un romanzo ma alla comunità umana della vita reale composta di uomini diversissimi tra di loro, ognuno originale ed inimitabile, ma tutti con delle proprietà comuni a tutto il genere.

Il personaggio pertanto non ha nessun ruolo preciso se non quello di rappresentare se stesso come quell'uomo che al momento della creazione non ha trovato risposta alla sua domanda "Ed or, che faccio?". È illogico di conseguenza, ripetiamo, parlare anche di personaggi maggiori o minori e tanto meno di protagonisti. Ognuno di essi individualmente è partecipe di tratti universali. Si preferisce pertanto parlare *di* personaggio e non *dei* personaggi dei PS, se alla natura della realtà umana ogni funzione è ignota.

Lo stesso *vecchio servitore*, il quale secondo il Momigliano avrebbe il ruolo di personificare addirittura la Provvidenza, non è solo una figura ambigua che si muove strisciando le orecchie tra le ombre torbide dei bui corridoi, ma – lasciando perdere, per quanto riguarda la descrizione del personaggio, che il suo *aiuto provvidenziale* sortirà invece una catastrofe – è in effetti un essere umano autonomo. La sua azione è dettata da qualcosa che non ha nulla a che fare con una qualsiasi trama in senso stretto provocando così la disgregazione di qualunque ruolo anche apparente. Quando egli ci parla del suo intimo movente, per il quale vive in angoscia, e che esula anni luce dall'infondata quanto decantata sua "funzione" di salvare Lucia ovverosia di testimoniare l'esistenza della Provvidenza – cosa ancor più discutibile – abbiamo nitidissima una figura che nell'esprimere le ansie e le paure di quell'umanità dell'inizio del diciassettesimo secolo, presenta se stessa come membro a pieno titolo della universalità umana. È quella stessa ansia per la quale si muoverà padre Cristoforo, tradizionalmente ritenuto uno dei più "importanti" personaggi "principali". Il vecchio servitore e il padre Cristoforo presentano identità indiscusse. Non c'è tra di loro alcuna gerarchia. I due personaggi hanno *pari dignità*. E così sconfinano dall'angusto ambito "storico" in cui vogliono relegarli quei critici che parlano di perfetta aderenza storica o di spirito del secolo. Se fosse così questi personaggi si estinguerebbero col morire della loro epoca. Sconfinano però anche e soprattutto dalle angustie di una narrazione romanzesca come vogliono quei critici che parlano di "funzione". La loro effettiva, intima estraneità alla narrazione sgretola invece ogni trama narrativa determinando e definendo le linee del *romanzo impossibile*.

Il personaggio manzoniano dei PS non presenta nell'analisi della realtà testuale nessun ruolo tipico del romanzo d'avventura, la quale, convogliata ad altre, concorra a sviluppare una trama. Nessun personaggio opera attivamente in vista di un obiettivo finale. Ciascuno è coinvolto per caso o per insipienza in un evento qualsiasi della vita epicamente narrata. Ogni personaggio è mosso e fa quel che fa, giustifica in qualche modo la sua presenza, attraverso moventi che partono dall'individualità profonda di ciascun uomo. L'evento, il fatto, non ha una determinazione oggettiva. Lo stesso don Rodrigo non agisce seguendo il copione dello smargiasso insidiatore che muoverebbe l'azione. Lì è la presenza casuale del raffinato e impudente cugino Attilio a stabilire un rapporto biunivoco che indurrà volta per volta e senza nessun piano programmato, il cugino campagnolo rozzo ma vanesio ad inerpicarsi

© ARMANDO EDITORE. La fotocopia non autorizzata è reato.

ansante sull'erta del dirupo. E purtuttavia malgrado la chiarissima apparenza, nemmeno il conte Attilio si può dire che abbia un ruolo. Il suo atto, seguendo impulsi personalissimi, trova nella realizzazione di se stesso la sua ragione d'essere e la forma della totale autonomia. Per assenza di ruoli non c'è un "don Rodrigo" o un "padre Cristoforo" personaggio maggiore né un "conte Attilio" o un "frate Fazio" personaggio minore. L'assenza di ruoli toglie il senso a codesta distinzione.

Il discorso sul personaggio dei PS esula dalla descrizione tradizionale dei personaggi dei PS. Chi tenta di parlarne espressamente estrapola qualche "grosso nome" per attaccarci attorno nel corso del commento principale alcuni "piccoli nomi" con i quali quello entra in contatto venendone esaltato come ha fatto il Russo e come farà il Girardi[54]; oppure come l'Ulivi[55], che cerca di operare dei raggruppamenti per categorie descritte esteriormente attorno ad una parete dietro la quale la percezione di un'anima universale è inesistente.

L'evidenziazione di elementi, che noi andiamo via via tratteggiando che determinano l'autonomia del personaggio, da quello che appare come un lampo sulla scena della vita del romanzo a quello che vi si attarda più a lungo, rende automaticamente rilevante solo la "posizione" che il personaggio occupa nella società epica del romanzo senza però discrepanza con l'ispirazione poetica. Il cardinale Federigo Borromeo che gode addirittura di più che un capitolo nella economia del romanzo, come "uomo" autonomo invece presenta dei tratti personalissimi che esulano dalla sua posizione di "santo" vivente e carismatico da indurre alla conversione definitiva l'incallito criminale. Rapportato alla presenza del povero Abbondio il cardinale mostrerà su un piatto d'argento il suo tratto distintivo di indipendenza da qualunque ruolo e funzione. Proprio questo tratto "umano" caratteristico, che evidenzia il *modus* con cui il Manzoni esprime la propria poetica intrisa di universalità, si materializzerà a contatto con don Abbondio. Il cardinale non è in grado di valutare il gravissimo dramma di cui don Abbondio è portatore come uomo e non come religioso. Proprio l'incapacità di percepire lo sbalzo dei due piani è la caratteristica universale cui il cardinale si fa partecipe. È il punto focale dell'interesse dell'autore. La lunga relazione biografica,

---

[54] Enzo Noè Girardi, *op. cit.*

[55] Ferruccio Ulivi, *Figure e protagonisti dei Promessi Sposi*, Torino, ERI, 1967.

lungi dal rappresentare un veicolo del pensiero cattolico dell'autore, è semplicemente una ricostruzione dell'antefatto che automaticamente sfocia nell'atto di irrigidimento della personalità, unico elemento utile alla determinazione della caratteristica poetica del cardinale uomo e personaggio. Non c'è agiografia in quanto non c'è esaltazione, ammirazione incondizionata e quindi indiscussa identificazione e condivisione di quegli atti da parte dell'agiografo. Non è il caso del Manzoni, il quale ci porge la corretta chiave d'interpretazione nel momento in cui dice al cap. XXII: «Intorno a questo personaggio bisogna assolutamente che noi spendiamo quattro parole: chi non si curasse di sentirle, e avesse però voglia di andare avanti nella storia, salti addirittura al capitolo seguente». L'agiografo invece vorrebbe che "tutti" leggessero quegli atti ch'egli celebra perché ammira. Ciò significa a chiare lettere che la rappresentazione del personaggio è assolutamente necessaria ma solo al completamento obiettivo della struttura della personalità dell'uomo, e non ai fini della *storia*. Da un lato c'è dunque la *storia* irrilevante, dall'altro il "personaggio" ovvero l'uomo.

Della grande personalità più o meno storica, luce di apostolato non resta un bel nulla. Dura la nebbiosa rigidità dello spirito strettamente legata alla religiosità, e dura finché dura l'uomo. Finalità religiose, oratorie e agiografiche sono lontane dalle finalità dell'opera.

Un altro indizio in questa direzione, che è l'unico eccellentemente significativo del personaggio *cardinale-Federigo-Borromeo* al di là e al di fuori dello snodo creatosi a contatto con don Abbondio, l'unico insomma che ci parla dell'uomo e non del religioso, del quale il Manzoni non fa che riportare quasi per "dovere d'ufficio" la relazione della sua vita peraltro conosciuta, ce lo dà l'autore un po' più avanti durante il "colloquio" tra il cardinale predicatore e l'imbelle curato. Ad un certo punto della lunga, infaticabile, inalterata e inalterabile predica evangelica del porporato (cap. XXV) che senza interruzione si abbatteva a fiotti sull'indifferente capo del mite ma inetto Abbondio, l'autore sente il bisogno istintivo nonché l'obbligo di mettere sull'avviso i lettori, a scanso di false interpretazioni, con queste parole:

A una siffatta domanda ["Cosa v'ha ispirato il timore, l'amore? cosa avete fatto per loro? Cosa avete pensato?"], don Abbondio, che pur s'era impegnato a risponder qualcosa a delle meno precise, *restò lì senza articolar parola*. E, per dir la verità, *anche noi*, con questo manoscritto davanti, con una penna in mano, non avendo da contrastare che con le frasi,

© ARMANDO EDITORE. La fotocopia non autorizzata è reato.

né altro da temere che le critiche dei nostri lettori; *anche noi, dico, sentiamo una certa ripugnanza a proseguire*: troviamo un non so che di strano in questo mettere in campo, con così poca fatica, tanti bei precetti di fortezza e di carità, di premura operosa per gli altri, di sacrificio illimitato di sé. Ma pensando che quelle cose erano dette da uno che intanto le faceva, *tiriamo avanti con coraggio*[56]. [corsivi nostri]

Se poniamo particolare attenzione ai passaggi che abbiamo evidenziato troviamo il Manzoni che extradiegeticamente sguscia fuori dalla pelle del semplice curato dentro la quale si trovava nel creare progressivamente il suo personaggio, per informarci che («*anche noi*», «*anche noi*» – due volte!) c'era da provare *una certa ripugnanza*, il personaggio ad *articolare parola*, l'autore *a proseguire*. Che è appunto la medesima cosa. E la *ripugnanza* (termine molto grave!) resta, se, per *tirare avanti*, ci vuole *coraggio*.

Il religioso dunque, come tale è di scarsissimo interesse (altro che portavoce dell'ideologia dell'autore!!). Ancora meno, anzi nullo è il suo ruolo. L'aspetto oratorio appartiene e pertiene solo alla funzione ecclesiastica nell'ambito della gerarchia e lì dentro resta dal momento che nulla cambia nell'azione del romanzo: l'innominato, già convertito, andrà ad abbracciare solo il simulacro della fede religiosa dinanzi al quale si era già piegato nel formulare quella domanda fatale: *La morte! E poi?* Don Abbondio non solo proverà ripugnanza, ma dovrà ancora soffrire – ripetiamo, sempre a causa della rigidità religiosa del cardinale – le pene dell'inferno dietro al masnadiero.

Vanificato il ruolo, affiorano evidenti i tratti espressivi del personaggio autonomo alieno da ruoli, che possiamo trovare per altri versi e con altre tonalità, per esempio, in donna Prassede. La stessa identica chiusura mentale, tratteggio di natura umana, determinata dalla dottrina nel cardinale e da convincimenti distorti in questa donna – che poi, se vogliamo, "dottrina" e "convincimenti" intrinsecamente si assomigliano – ha ingolfato l'azione dei due, rendendoli personaggi "autonomi" e ponendoli di conseguenza sullo stesso piano.

La caratteristica umana ed universale di donna Prassede si "identifica" pertanto, dal punto di vista di una denotazione universale, con quella del cardinale Federico ed entrambi si identificano con l'infinita molteplicità del sentire universale del poeta loro autore e creatore.

---

[56] Cap. XXVI.

Capitolo terzo

FERMO E LUCIA E I *PROMESSI SPOSI*: PERSONAGGI A CONFRONTO

Percorrere l'itinerario critico intorno al personaggio dei *Promessi Sposi* significa anche precisare la "posizione letteraria" del cosiddetto *Fermo e Lucia* rispetto al romanzo noto col nome di *Promessi Sposi*. Cos'era il *Fermo e Lucia*, cos'è stato e che contributi può dare alla comprensione dei *Promessi Sposi* nella direzione del nostro discorso? È possibile ritrovare già i segni del definitivo abbandono del messaggio religioso? Dal confronto tra le due versioni ritroviamo conferme del sorgente interesse per la realtà umana con conseguente disfacimento di una qualunque trama o intreccio tipici dell'idea stessa di "romanzo"? Possiamo verificare in atto già la conversione dell'ideale poetico e artistico del Manzoni in opera d'arte tangibile ove il personaggio rappresenta solo se stesso e la sua propria caratteristica "universale" di uomo *reale*?

I Promessi Sposi, storia milanese del XVII secolo, uscito per la prima volta nel 1827, ha, come si sa – caso singolare nella storia della letteratura –, un "precedente". Il Manzoni aveva iniziato il suo romanzo il 24 aprile del 1821 e lo aveva "finito" nel settembre del 1823. Egli però non pubblicò mai questa versione, anepigrafa ma comunemente nota col titolo di *Fermo e Lucia*[57], (che potremo abbreviare in FL) di certo non solo perché la riteneva una "bozza", ma anche e soprattutto perché le divergenze tra

---

[57] Questo titolo è stato ricavato congetturalmente da un biglietto del 3 aprile 1822 di Ermes Visconti a Gaetano Cattaneo: «Non ci manca altro se non che Walter Scott gli traduca il romanzo di Fermo e Lucia quando l'avrà fatto». V. *Carteggio di A.M.,* II, Milano, Hoepli, 1921, p. 18, in *I Promessi Sposi,* a cura di Lanfranco Caretti, Torino, Einaudi, 1971, vol. I, p. XI.

© ARMANDO EDITORE. La fotocopia non autorizzata è reato.

le due versioni sono così rilevanti da fare pensare che già durante la stesura di quell'abbozzo le finalità che avevano ispirato l'autore alla creazione di quel lavoro, andavano man mano assumendo altre fisionomie. Prendevano corpo quegli intendimenti che in quei mesi erano nell'animo del Manzoni e che amichevolmente venivano confidati all'amico parigino Fauriel. Nella lettera del 29 maggio 1822, citata, scriveva che il modo migliore per intessere la trama del romanzo era quello di «descrivere semplicemente nella sua realtà il modo di agire degli uomini, e di considerarlo soprattutto in ciò che ha di opposto allo spirito romanzesco». Propositi integrati qualche mese prima (3 novembre 1821) dalla dichiarazione: «i romanzi storici li concepisco come una rappresentazione di un determinato stato della società per mezzo di fatti e di caratteri così simili alla realtà da poter essere creduti una vera storia da poco scoperta»[58].

Questo significa che se la realtà storica – fatta anche di poesia per le parti non documentabili, vedi lettera a M. Chauvet[59] – deve andar dietro alla realtà del modo di agire degli uomini che non si svolge in vista dello sviluppo di una trama o del raggiungimento di una qualche finalità, non può essere convogliata in un romanzo, ovvero un tale romanzo non è un romanzo. Ed infatti abbiamo visto che non lo è se il personaggio non fa che recitare la propria autonomia lasciando all'autore il semplice compito di "riferire" questa autonomia. Nell'introduzione ai PS si parlerà, già programmaticamente, di *Relatione*.

FL in sé ci presenta la bozza, il materiale narrativo, gli appunti grezzi. Il suo confronto con PS ci racconterà del processo di realizzazione delle sue finalità che adesso leggiamo negli epistolari. Il passaggio dal FL ai PS ci testimonierà del divenire e del maturarsi nei confronti del suo personaggio di un nuovo sentimento poetico del Manzoni, del suo credo nella responsabile universalità dell'azione dell'uomo.

Fermo e Lucia fu pubblicato parecchi anni dopo ed ha occupato molti critici nella disputa se debba ritenersi un'opera a parte, indipendente da PS o se debba ritenersi un semplice abbozzo dell'opera vera e propria. La polemica sulla autonomia o meno di FL rispetto a PS rinfocolata da più parti[60], alla luce del nostro discorso, appare del tutto sterile

---

[58] Alessandro Manzoni, *Tutte le lettere*, cit. [originale in francese]

[59] *"Lettre à M. C*** sur l'unité de temps et de lieu dans la tragédie"*, pubblicata dal Fauriel nel 1823.

[60] Girardi e Rigoli, per es., sostengono che FL debba considerarsi un abbozzo; mentre Varese e Caretti parlano di una vera e propria opera autonoma.

per un verso, ma utile per un altro. La diatriba sull'autonomia o no di FL rispetto a PS mette in evidenza degli aspetti che appoggiano e confermano la nostra tesi.

L'indagine che conduciamo sul personaggio ci porta a delle conclusioni che vanno al di là della semplice descrizione delle caratteristiche del personaggio sia visto esteriormente che inserito all'interno di una qualche trama. Vanno al di là perché le coloriture che PS presenta non sono le stesse di quelle di FL. Quando noi analizziamo la figura del Nibbio nella seconda parte di questo lavoro, vedremo che il rapporto tra questo personaggio e l'altro con il quale entra in contatto, l'innominato, apporta degli sviluppi significativi e sconcertanti che superano consolidati risultati critici a sfondo ideologico. La presenza di Lucia, per esempio, fino a oggi ritenuta di primo piano nella funzione di leva alla conversione dell'innominato, viene adombrata da quella del Nibbio. È in realtà il Nibbio a far traboccare la crisi, quel duro e spietato assassino che conosciamo e ben noto come tale al suo padrone. Questo passaggio, una vera e propria cerniera tra l'essere e il non essere, viene creato nei PS con estrema chiarezza e precisione come un minuto mosaico. Se facciamo il raffronto con FL, qui in questo luogo il Nibbio è quasi del tutto assente. È palese nel FL la rappresentazione della fanciulla pia e pietosa che non solo intenerisce il mostro che l'ha rapita, ma addirittura lo induce a diventare un mite agnello. È il luogo comune del romanzo d'avventura a sfondo oratorio-religioso. Nei PS nulla di tutto questo. La figura del Nibbio, che noi analizziamo in primo piano rispetto all'innominato e in stretta connessione con esso, ci fornisce una chiave di lettura del tutto diversa. Il Nibbio con la sua esternazione, immagine di un *deus absconditus*, istinto al bene congenito che troveremo in vari luoghi di PS, è il vero motore ed inconsapevole – cosa alquanto interessante – della metamorfosi del mostro.

Poi, per quanto riguarda, per es., la scintilla che avrebbe fatto scaturire l'azione di un romanzo di tipo alessandrino – tipologia desueta insieme ad un romanzo insolito! – mentre in FL ha tutte le coloriture di un'avventura con la dettagliata descrizione delle prodezze del prepotente, mezzo villano e mezzo dongiovanni, nei PS è ricamata sull'equilibrio tra le due diversissime personalità di Attilio e Rodrigo. Non c'è il movente di una trama, di un intreccio, ma il meccanismo di due personaggi autonomi che si incontrano e si scontrano per caso e precipitano entrambi nel turbine del crescendo delle passioni dell'uomo. Ognuno recita

© ARMANDO EDITORE. La fotocopia non autorizzata è reato.

se stesso ma in un continuo inaspettato divenire, non c'è in PS un ruolo programmato. Di converso nel FL don Rodrigo recitava in modo plateale la parte del donnaiolo, e del donnaiolo tipo come gli si conveniva con gli specifici dettagli lasciati riferire addirittura a Lucia! Mentre Attilio era un vero e proprio personaggio "secondario", da cornice, di irrilevante significanza. Il racconto d'avventura a fosche tinte melodrammatiche pur se inserito in un quadro storico più fedele possibile alla realtà era chiaramente all'origine del romanzo. Però questo stato di cose mutò ben presto.

Il passaggio dalla bozza al romanzo finito presenta dei cambiamenti di finalità radicali. Durante l'elaborazione della seconda versione l'interesse dell'autore si spostò profondamente e definitivamente. Innanzi tutto vengono abbandonate le sgargianti strutture melodrammatiche tipiche del romanzo d'avventura di cui FL era cosparso e che induceva il lettore a formulare dei paralleli con i romanzi di Walter Scott, i quali sembra che siano stati alla base del primissimo impulso per il Manzoni di scrivere un romanzo storico[61]. Nel passaggio dalla prima alla seconda stesura Enzo Noè Girardi ha notato un cedimento d'interesse da parte del Manzoni per l'aspetto ideologico, verificatosi con la soppressione di molte parti storico-critiche, in favore di quello artistico[62]. In altre parole il Manzoni avrebbe rovesciato le prospettive: non più l'arte in funzione del vero, ma è il vero a farsi supporto della bellezza.

E questa "verità" sta nella realtà dell'uomo.

Come esempio riprendiamo il discorso dianzi fatto sul cardinale Federigo e sul suo rapporto con don Abbondio. Parlando di don Abbondio vedremo più estesamente in qual modo la rigidità religiosa del cardinale cadrà come una mazza sull'animo tenero e debole del curato ed essa sarà la misura dell'autonomia del personaggio. Ci accorgeremo che questo passaggio che renderà evidente in don Abbondio la *sofferenza della paura*, la quale a sua volta segna di universalità don Abbondio liberandolo dalla logora figura stereotipata del pauroso *sic et simpliciter* dell'intera critica manzoniana, nel FL è inesistente. Come pure inesistente è nel FL (Tomo III, cap. IV) la notazione che più su abbiamo riportato e commentato sulla *ripugnanza* dinanzi alle prediche senza fine basate

---

[61] Cfr. Ihring, Peter, *Die beweinte Nation*, Tübingen, Niemeyer, 1999, p. 380 e sgg.

[62] *Il ritratto nei "Promessi Sposi" attraverso le tre stesure* in Atti del XIV Congresso Nazionale di Studi Manzoniani, Lecco, 10/14 ottobre 1990, Tomo Primo, Milano, 1991, pp. 147-162, v. in particolare p. 148 e sgg.

sulla parafrasi della lettura evangelica e della missione apostolica della chiesa. Non solo questo passaggio non c'è ma c'è dell'altro che nei PS non si trova eliminato per logicità interna. Nel FL (cit.) leggiamo: «Ma dalle dalle, la pioggia continua di quelle parole dopo d'avere sdrucciolato su quella terra arida, l'aveva pure penetrata: erano conseguenze impensate, applicazioni nuove. [...] ma il cardinale vide ch'egli [*sc.* don Abbondio] gli assentiva con l'animo». Nel FL dunque le parole del cardinale fanno breccia, sortiscono un effetto. Don Abbondio muta, c'è un cambiamento. Il cardinale ha compiuto il suo ruolo per questa parte. Don Abbondio ne dà conferma, è già crollato. Qualche rigo più avanti dirà don Abbondio "con voce commossa": «Monsignore, dinanzi a voi e dinanzi a Dio prometto di fare per essi tutto quello che potrò. Ma Vossignoria illustrissima pensi a mettere un buon guinzaglio a quel cane». Qui si realizza e si completa la maschera. Il pauroso "statico", come lo definirà il Russo[63], recita il suo ruolo entro cui c'è anche quell'emozione e quel cambiamento, offre il proprio contributo allo svolgimento della trama, dà attuazione allo stacco stereotipo della formula "superiore/subalterno" nella metafora della predicazione religiosa e oratoria che deve, anche nell'animo più sterile, come potrebbe essere quello di don Abbondio compreso esclusivamente dal proprio egoismo, infondere il calore dell'amore cristiano. Qui ci sono tracce di intrecci parenetici evidenti.

Ma molto più evidente è la finalità per la quale tutto ciò nei PS è sparito. Nei PS le due figure restano sui loro due piani paralleli senza toccarsi, senza sfiorarsi: don Abbondio non cambia e la predicazione dell'amore cristiano resta significativamente inascoltata. Il colloquio, se colloquio si può chiamare, si concluderà con un don Abbondio che «si sarebbe apertamente accusato, avrebbe pianto, se non fosse stato il pensiero di don Rodrigo»; e che «tuttavia *si mostrava* abbastanza commosso». [corsivo nostro]. «Si mostrava»! Don Abbondio non pensa ad altro che ritrovarsi finalmente nella "santa" quiete della propria pieve. Non desidera altro che quel predicozzo finisca. A fare diversamente dal volere di don Rodrigo non ci pensava nemmeno. Un richiamo alla protezione del cardinale, come nel FL, qui è del tutto escluso, non essendoci nessuna trama in cui debba inserirsi un qualsivoglia ruolo del cardinale, quand'anche ci fosse.

---

[63] Luigi Russo, *op. cit.*, p. 186.

© ARMANDO EDITORE. La fotocopia non autorizzata è reato.

Quella che Girardi chiama "bellezza"[64] – che gli varrebbe a dimostrare la tesi della provvisorietà della prima stesura rispetto a quella definitiva, di fronte ad accaniti oppositori che sostengono l'autonomia del FL rispetto ai PS – per noi invece non è un punto di approdo, ma il presupposto di una nuova attenzione del Manzoni al personaggio. Il personaggio risulta "bello", perché il Manzoni adesso vuole dire qualche altra cosa. L'aspetto ideologico passa dalle parti storico-critiche ad una concezione nuova dell'uomo e del suo destino, dalla quale scaturisce una religiosità più vera e profonda. La *fabula* perde i tratteggi qua e là foschi – cosa che aumenta ancor di più le distanze dal modello scottiano[65] – e parallelamente i personaggi si caratterizzano per raffigurazioni tanto verosimili da coincidere con la natura e la normalità della vita. Il discorso intellettuale, di cui è cosparso FL, scompare nella subordinazione a finalità artistiche ed estetico-liriche[66]. A ciò è conseguito per necessità di realizzazione pratica il capovolgimento del rapporto autore-personaggio, di cui Domenico De Robertis[67] si fa acceso sostenitore per dimostrare l'autonomia dei FL rispetto a PS – cosa questa che a noi, come abbiamo detto, non interessa granché.

Il passaggio da FL a PS che pone il personaggio in un'altra dimensione trasfigurandolo, ha evidentemente anche bisogno di una raffigurazione plastica molto diversa e più piena di quanto non fosse nel FL. Nei PS è essa fortemente intensa. Se n'è accorto Roberto Salsano[68] che ha evidenziato una gran quantità di casi con i quali il passaggio da FL a PS viene perfezionato non solo da uno straordinario realismo descrittivo e pittorico del personaggio, ma anche e soprattutto da un nuovo e vivo drappeggio psicologico che dà vesti umane ed autonomia al personaggio. Si vedano per esempio le affermazioni del dottor Azzeccagarbugli sottolineate dalla forchetta che il commensale parassita brandisce a mo'

---

[64] Girardi, *op. cit.*, *ibidem*. La polemica sull'autonomia o meno di FL rispetto a PS rinfocolata da più parti, alla luce del nostro discorso, appare del tutto sterile.

[65] Nel 1827, quando uscì il romanzo, la critica, Zajotti e Tommaseo in particolare, era molto impegnata a constatare lo scandalo di un romanzo "assurdo" ed assolutamente "insolito" a causa di quei due "contadinotti" che avrebbero messo in moto nobili e potentati: cfr. Elena Sala Di Felice, *I "Promessi Sposi" e la delusione del lettore* in *Teorie del romanzo nel primo Ottocento*, a cura di Bruscagli e Turchi, Roma, Bulzoni, 1991, pp. 69-103.

[66] Girardi, *op. cit.*, *ibidem*.

[67] *Il personaggio e il suo autore* in «Rivista di Letteratura Italiana», Giardini Editori e Stampatori in Pisa, 1988, VI, 1.

[68] *Ritrattistica e mimica nei Promessi Sposi,* Roma, Fratelli Palombi ed., 1979.

di spada per offendere, involontariamente, l'umile padre cappuccino, suo momentaneo interlocutore. Ma non c'è in questa nuova raffigurazione alcun intento moralistico, c'è l'uomo impudente e rozzo che non intende il grado di arroganza rappresentato dal conversare impugnando il simbolo del suo status. C'è il parassita, ma non c'è il *tipo* del parassita. C'è l'uomo impastato dell'obbrobrio del suo vivere servile, quello stesso uomo che ha cacciato Renzo sprotetto e sprovveduto, e che ora conferma al suo padrone la propria devozione con l'offendere chi può mettere in gioco la continuità del suo stato. Il Manzoni non prende il pennello dell'artista per meglio dipingere di realismo il suo personaggio. Egli, poeta, vi si butta dentro anima e corpo, diventa lui stesso un reprobo parassita e si presenta davanti al suo smargiasso anfitrione con la sua anima umana per rappresentare esclusivamente se stesso. Nel FL il Dottor Azzeccagarbugli (alias Dottor Duplica) è il classico "tipo" del cortigiano festaiolo, è una maschera. Nei PS è un uomo che partecipa dell'universalità con la quale ogni uomo si distingue da un altro.

L'attenzione diretta al personaggio ci dà molte informazioni sui motivi poetici ispiratori del romanzo e sulla visione del mondo e della vita dell'autore.

© ARMANDO EDITORE. La fotocopia non autorizzata è reato.

PARTE SECONDA

PERSONAGGI

© ARMANDO EDITORE. La fotocopia non autorizzata è reato.

PREMESSA

Nella lettera al Fauriel del 29 maggio 1822 parlando del suo romanzo a cui stava lavorando e del materiale storico oggetto della cornice, il Manzoni aveva voluto fare delle chiare precisazioni per quanto riguarda il metodo, le finalità e l'intento esplicito di voler scrivere un'opera originale, diversa, addirittura l'opposto di quel che si conosceva fino ad allora. E per descrivere il periodo storico avrebbe cercato – «per quanto posso» – di compenetrarsi nello spirito del tempo che deve rappresentare per viverci dentro[1]. Questo primo elemento è stato messo in risalto e straviato da Luigi Russo che addirittura aveva proclamato – come abbiamo evidenziato già nel corso di questo lavoro – essere lo *spirito del Secolo* il vero protagonista del romanzo, sicché il suo saggio si è poi risolto nel continuo commento intorno ai personaggi che lui ha toccato indagando sul grado di aderenza a tale *spirito del tempo*, cosa che peraltro, come abbiamo visto, era nelle intenzioni del Manzoni e che per questi costituiva anche una vera e propria fascinazione.

«Quanto allo svolgimento degli avvenimenti e all'intrigo - continua nei dettagli il nostro Manzoni in quella lettera - credo che il mezzo migliore per non fare come gli altri stia nel considerare nella sua realtà il modo di agire degli uomini, e di considerarlo soprattutto in ciò che ha di opposto allo spirito romanzesco»[2]. Con queste parole intendeva allontanarsi dai *best-seller* che Walter Scott scriveva con successo.

Come abbiamo visto infatti nel passaggio dal *Fermo e Lucia* ai *Promessi Sposi* la trama un po' avventurosa e un po' romanzesca tracciata con le forti tinte del melodramma fu presto abbandonata dopo averne preso qualche appunto, quasi come il "canovaccio" di quella che poi sarebbe stata la *fabula* tutta *sui generis* che leggiamo col titolo di *Promessi*

---

[1] Lettera al Fauriel, cit.
[2] *Ibid.*

© ARMANDO EDITORE. La fotocopia non autorizzata è reato.

Sposi. La mancanza di avventure romanzesche è la logica conseguenza dell'autonomia reale ed effettuale dei personaggi come risulta dalla nostra indagine. A questo punto noi vogliamo chiederci che cosa e come ha fatto per considerare il modo di agire degli uomini «soprattutto in ciò che ha di opposto allo spirito romanzesco».

Al cap. XIV Renzo viene definito «*quasi* il primo uomo della nostra storia». Ma se Renzo è *quasi* il protagonista, chi è il protagonista? Non è per ragion di logica nemmeno Lucia che, come Renzo, fa parte del titolo.

Luigi Russo credette di trovare la risposta a questa domanda in ciò che per il Manzoni era già naturale e chiaro e riguardava la cornice, *lo spirito del tempo*.

Se per "protagonista" si intende il conduttore di una trama o meglio chi con le sue azioni porta a compimento la trama intessendola o scucendola, troviamo che in questo senso **nessuno** dei personaggi del "romanzo" del Manzoni ha questo ruolo. Ne abbiamo parlato già in generale e lo vedremo adesso in dettaglio in singoli personaggi. Quando il Manzoni per «svolgimento di avvenimenti ed intrigo» intende il considerare «*nella sua realtà* il modo di agire degli uomini», troviamo che nella realtà di ogni uomo, da cui egli trae il modello, non c'è né trama né intrigo né tanto meno l'esplicazione di un ruolo che è la funzione che si addice esclusivamente ad un attore allorquando e solo allorquando consideriamo la vita degli uomini come un gioco, in cui chi nasce si dà ansioso un compito che lo salvi dalla noia e poi, quando il tutto, bello o brutto che sia, finisce perché il gioco è finito ed ognuno si è ritrovato a recitare una parte che in fondo non avrebbe voluto, calato il sipario, il gioco finisce senza nessuna conclusione, senza vinti né vincitori solo perdenti di fronte alla natura che si è servita anche dell'uomo per continuare il suo corso senza senso. Qui il Petronio direbbe, come ha detto, che c'è «l'epopea della Provvidenza, che persegue e raggiunge i suoi fini»! [...][3].

E questo «modo di agire dell'uomo nella sua realtà» è stato un metodo che il Manzoni ha costantemente perseguito e continuamente approfondito fin nei minimi dettagli, che è lo stesso metodo di ripresa cinematografica con il quale si è presentato subito in apertura del suo romanzo cominciando a riprender da lontano *Quel ramo del lago di Como* [...] per avvicinarsi sempre più a *Lecco, la principale di quelle terre* [...]

---

[3] Giuseppe Petronio, *op. cit.*, p. 621.

e poi sempre più vicino: *Dall'una all'altra di quelle terre correvano e corrono tuttavia strade e stradette* [...] ed ancora di più, ancora più vicino esattamente come un perfetto *zoom* fotografico: *Per una di queste stradicciole* [...]. Manzoni, la macchina da presa caricata su una spalla e l'occhio dentro l'occhio vitreo e attento dell'obiettivo, scruterà minuziosamente e minutissimamente l'azione spontanea, naturale, "reale" degli uomini. Ha scelto l'epoca ed ha scelto i luoghi. Si è servito dei documenti storici come materia, dell'arte come mezzo, della poesia come fine. Nella scelta dei personaggi avrebbe ripreso in pratica tutti coloro che si sarebbero presentati più o meno casualmente davanti alla sua macchina da presa, dopo avere deciso di seguire – proprio con curiosità, possiamo dire, "giornalistica" – il *caso Lucia*. La descrizione di don Ferrante, come abbiamo detto nell'Introduzione, è chiaro esempio d'un tale interesse generale per la vita reale dell'uomo ed una conferma per il Manzoni del principio della casualità che sembra regolare le azioni dell'uomo e quindi degli eventi del romanzo.

Che il Manzoni non sia un "regista" lo vediamo espressamente anche nell'uso dello stile narrativo che si sviluppa spesso attraverso le parole e i pensieri stessi dei suoi personaggi. Quando Renzo, per esempio, entra a Milano, dalle strisce di farina che sembrano neve, «ma che neve non può essere» e dal pane fresco e fragrante che trova per terra alla mischia nella rivolta popolare e alla fuga dalla forca rischiata fino alla notte ansante in cerca dell'Adda e l'angustia del triste letto di paglia dentro la quieta e desolata capanna e poi fino all'elemosina davanti all'osteria è tutto un susseguirsi frenetico di fotogrammi di azioni, di cose, d'immagini e di molti silenzi agitati.

Renzo non fa nulla per contrastare il, diciamo così, antagonista. Il quale a sua volta non è nemmeno un protagonista. Don Rodrigo non ha un piano. La macchina da presa s'è piazzata nei pressi della filanda dove lavorava Lucia ed ha ripreso la scena, tra il comico e lo squallido, del tentativo di abbordaggio. Ma in questa scena prevale l'audio. La sghignazzata del cugino Attilio. Don Rodrigo seguirà passo passo l'istigazione del cugino che non ha nessun ruolo, se non quello di rappresentare se stesso, che non ha la funzione dell'istigatore ma mette in evidenza una caratteristica umana purtroppo anche comune, il sollazzo tratto dai guai del prossimo. Per Attilio era un modo come un altro per rendere meno noiosa o più divertente la villeggiatura presso il cugino smargiasso.

La vita e il comportamento di tutte le figure che passano davanti all'obiettivo del nostro operatore racconteranno di esseri umani che si

© ARMANDO EDITORE. La fotocopia non autorizzata è reato.

ritrovano lì a fare quello che il caso, la pura coincidenza o un proprio istintivo impulso detta. L'autore non dà nessun ruolo da svolgere e di conseguenza nessuna istruzione, nessuna disposizione. Egli è intento e attento a tener sulla spalla la sua macchina. Or segue questo or segue quell'altro, andando spesso con tutto il suo bagaglio all'interno del cuore e dell'animo di chi ha dinanzi, correndo e scorrendo nelle sue vene, facendosi sangue e spirito che dà la vita. Ed il personaggio ha quell'autonomia e quell'universalità che il poeta lì dentro vi trova e che ci racconta.

Lucia si ritroverà ad incontrare per caso la monaca di Monza. Il poeta-operatore è entrato con il suo obiettivo dentro l'anima di questa donna. Apparentemente sembra che la monaca abbia avuto il ruolo di mettere sulla strada la povera Lucia esposta alle zanne del lupo. Ma questa monaca-mai-monaca rivela una propria individualità non tanto quando cede due volte alle "richieste" di Egidio, non tanto quando ha un moto di rimorso accennando a voler richiamare Lucia, quanto per la presenza in lei di uno dei tratti più istintivi dell'uomo, la ribellione alla costrizione. Dalla biografia, che non vogliamo dire, perché ce lo siamo proposti in quanto superfluo dirlo, che è una delle più rare e fini introspezioni psicologiche che la letteratura mondiale abbia prodotto, si sa che nonostante il lavaggio psicologico fatto di bambole vestite da monaca e di discorsi sulla magnificenza e bellezza della vita claustrale, *Gertrudina*, a contatto di altre ragazzine che parlavano del loro futuro fatto di feste e amici e nozze e vestiti e villeggiature provava dei sentimenti tumultuosi misti a sentimenti istintivi di volontà ribelle. Questa bambina per indole e temperamento non sarebbe mai diventata monaca. Vi fu costretta. La descrizione su questo punto nel romanzo è diffusa ed esplicita. Quel che non c'è di esplicito è che questa donna ha accumulato odio verso il padre che ha potuto colpire solo cedendo ad Egidio. Il suo assenso più che dettato da libidine, è un moto istintivo che afferma l'inumanità e la crudeltà della violenza sulla persona. In *Fermo e Lucia*, cioè nella bozza del suo romanzo-documentario, era evidenziata la vita scellerata, anche con tinte fosche, di questa donna. In *Promessi Sposi* c'è solo quel fugace e delicatissimo «*La sventurata rispose*»[4]. Nel senso chiaro di sfortunata. Ma non per quello che farà dopo quel momento, ma per quanto aveva dovuto subire prima di quel momento. "Sventurata" lo era in quanto vittima della costrizione paterna, vittima di una violenza. Coloro che hanno insistito, come abbiamo visto, sulla "moralità" del Man-

---

[4] Cap. X.

zoni dei PS hanno commesso un altro abuso nel credere che quel "sventurata" fosse un giudizio morale di condanna del comportamento di Gertrude, come dire "ormai è monaca e deve fare la monaca"! In Manzoni non c'è mai questo meschino e gretto atteggiamento da bacchettone. L'autore è sempre correttamente estraneo alle azioni e alle parole dei suoi personaggi e ai loro sentimenti, né il comportamento del padre, essendo consono allo spirito e alla realtà del tempo vien giudicato, per quanto crudele sarebbe potuto apparire anche ai tempi del Manzoni.

Sicché, tornando al discorso del protagonista e vedendo che tutte le figure che passano davanti a quella cinepresa sono lì in quel momento della loro vita per caso ed ognuna di loro si presenta con la propria autonomia, resa eloquentissima dall'arte e dalla poesia manzoniana dei *Promessi Sposi*, ci si sente quasi di commetter un arbitrio ed un'ingiustizia quando parliamo, per esempio, del sagrestano Ambrogio tralasciando poi il sarto del villaggio, che angustiato da quel deludente, indesiderato e infelice «Si figuri!»[5] esprimerà in un lampo l'ansia triste universale dell'uomo proteso all'infuori di quell'infinitesimo microcosmo di cui è costituito e di cui ha inconsapevole coscienza.

Precedentemente a questo lavoro ci eravamo interessati di prendere in esame alcuni dei personaggi cosiddetti minori e minimi dei *Promessi Sposi* con l'intento di entrare nella loro raffigurazione. Si voleva studiare la loro azione e il loro "ruolo" attraverso l'analisi diretta dei personaggi in prima persona, le informazioni narrative e descrittive che l'autore medesimo ci avrebbe fornito e la valutazione del suo comportamento correlato alla naturalità della narrazione con la spontaneità delle decisioni. Il personaggio doveva essere visto dall'interno della sua azione. La lettura diretta del testo ci avrebbe dovuto offrire degli elementi utili alla concretizzazione delle modalità rappresentative il più vicino possibile ai motivi ispiratori dell'autore nella raffigurazione dei personaggi, e la definizione delle peculiarità caratteristiche che superassero la tradizionale descrizione esteriore del personaggio. Sarebbe stato possibile trovare una risposta diversa per un romanzo storico pieno di vero e di verosimiglianza tanto consolidato tra i muri resi insormontabili da una connotazione storico-religiosa accettata più o meno da tutti?

La scelta di alcuni personaggi "minori" e addirittura "minimi" conseguiva alla considerazione che, trattandosi di ricerca di modalità rappresentative, dovevano essercene gli aspetti, ognuno per suo conto, in

© ARMANDO EDITORE. La fotocopia non autorizzata è reato.

---

[5] Cap. XXIV.

ogni personaggio. Nel personaggio cosiddetto minore però la realtà degli esiti sarebbe risaltata più evidente sia per la semplicità degli elementi tematici sia per l'assenza di contaminazione critico-ideologica che un personaggio cosiddetto "maggiore" porta pesantemente con sé come un frusto e liso fardello di cui non ci si riesce a separare. Inoltre un personaggio che appare molte volte e a lungo sulla scena della vita del romanzo, per quei nostri scopi di laboratorio avrebbe richiesto delle attenzioni che in una fase di divenire della ricerca non saremmo stati in grado di fornire. Nel presente lavoro che convoglia ed elabora gli esiti di quel primo esame, ove si lavora con gli strumenti della compiutezza si è potuto affrontare l'esame anche di qualcuno di questi personaggi che la critica tradizionale continua a chiamare "maggiori".

Dove approdò la nostra ricerca e quali esiti ne sono conseguiti?

Ognuno dei personaggi che analizzavamo mostrava, dietro l'apparenza di un ruolo fabulistico, dei tratteggi umani che lo allontanavano da quel ruolo apparente per svelare un interesse narrativo dell'autore più profondo che scaturiva direttamente da ben altra ispirazione poetica che non quella apparente e appariscente di fraintesa parenetica cattolica. In alcuni personaggi tale intento era così evidente che la *fabula* risultava un chiaro pretesto (per esempio fra Galdino o il binomio Attilio-Rodrigo o la vecchia del castello). Il personaggio poneva in essere una scelta autonoma dettata fortemente, dietro l'apparenza, da un impulso interiore che non aveva niente a che vedere con un personaggio che doveva recitare un parte, bensì che rispondeva a esigenze comportamentali umane, caratteristiche, universalmente riconoscibili e tuttavia individuali ed uniche nella loro specificità (per es. il barcaiolo o il vecchio servitore o le lacrime mal represse di don Abbondio).

Alcune delle prime conseguenze dirette ed automatiche è stata l'eliminazione della distinzione tra personaggio maggiore e minore in quanto tutti i personaggi risultano livellati dalla dignità di essere umano che non tollera discernimenti e discriminazioni di sorta. L'assenza del ruolo, ovvero il suo passaggio in secondo piano ha elevato il personaggio-strumento a personalità autonoma. La tradizionale connotazione religiosa con cui si involgeva l'opera e il suo autore mediante un cattolicesimo difficile da spiantare si è disintegrata alla luce dei fatti che presentano un Manzoni sia del tutto estraneo alle sentenze dei suoi personaggi sia creatore di personaggi che decidono in prima persona il proprio destino, che rifiutano qualunque predeterminazione, che presentano caratteristiche della comunità umana. E su altri personaggi le conferme a tali evidenziazioni si sono mietute a iosa trovando chiarissime corrispondenze e convalide che ci hanno indotto a limitare la presente ricerca a quattordici personaggi, che trattati nel contesto ne implicano parecchi altri in rapporto interlocutorio.

Da quel primo lavoro al presente il passo è stato breve. Il nostro discorso induttivo, applicabile a qualunque personaggio, ha tolto significatività alla scelta di questo o di quel personaggio ai fini dell'esame della sua rappresentazione, dal momento che tutti i personaggi, livellati dalla pari importanza umana e poetica, sono tutti "principali" come creature umane, ognuna uguale ad un'altra all'atto della Creazione, e nessuna "secondaria" rispetto ad un'altra. Così abbiamo potuto tralasciare di proposito l'esame specifico del personaggio "Renzo" o "Lucia". Seguendo il metodo analitico da noi indicato, la loro autonomia risulterà evidente a ogni passo per chi voglia ricercarla, e peraltro di loro si parla costantemente nel corso della nostra trattazione (v. Indice analitico). In questo modo si è potuto trovare spazio per altri personaggi che di solito, tranne evidentemente per padre Cristoforo e don Abbondio, la critica non ha mai o quasi mai tenuto in conto.

Quando parliamo di universalità umana di cui godono i personaggi dei PS, intendiamo una caratteristica singolare che investe la natura dell'uomo e che nulla ha a che fare con un qualche ruolo, nel senso di compito assegnatogli, esterno alla natura del personaggio. Il personaggio e la persona risultano un'identità. Ciò si intese strettamente con una trama narrativa molto evanescente, dal momento che l'attenzione dell'autore non è più nel racconto, nella *fabula*, ma nella descrizione e rappresentazione del personaggio. Possiamo qui, a margine, riportare un esempio che, per la sua apparente paradossalità, ci sembra che illustri bene e ulteriormente il nostro discorso della pari dignità e del conseguente disfacimento della tradizionale distinzione tra personaggi maggiori, minori e minimi.

Quando Renzo va da Tonio in cerca di testimoni per il suo matrimonio di sorpresa (cap. VI, corsivi nostri) il Manzoni ci descrive le cose e le persone che Renzo vede entrando in cucina. Ora l'autore nel capitolo IV aveva già particolareggiatamente descritto gli aspetti miserevoli della carestia: *la vaccherella magra stecchita, la fanciulla scarna* che ruba l'erba alla vaccherella *per cibo della famiglia*. Qui c'è la descrizione pittorica, potremmo dire paesaggistica degli effetti esteriori della carestia. Nella cucina di Tonio invece si va molto più a fondo, si va all'interno della natura umana. Ci sono dei "personaggi" che non hanno il ruolo di rappresentare gli effetti della carestia, bensì raccontano indirettamente

© ARMANDO EDITORE. La fotocopia non autorizzata è reato.

se stessi nel mentre parlano involontariamente dello stravolgimento della natura umana operato dalla carestia. Oltre agli adulti, ch'erano a tavola, c'erano «tre o quattro ragazzetti» che «*ritti* accanto al babbo, *stavano aspettando*, con gli occhi *fissi* al paiolo, che venisse il momento di scodellare». Qui c'è il dramma universale della fame. Che una fanciulla e una vacca siano scarne a causa della scarsità di viveri, è immaginabile, ma che la carestia induca dei ragazzetti a fare delle cose contro la natura può solo immaginarlo un poeta. In quel *ritti* e *fissi*, cosa del tutto innaturale in ragazzetti, c'è, in una sintesi glaciale, tutto il dramma umano della fame, c'è il Manzoni, l'autore, il poeta entrato dentro quei corpicini dismagriti e affamati, diventato dismagrito e affamato lui stesso. Che poi appartenga al Seicento, o che sia verosimile o inverosimile, è una devianza del corso che la natura normalmente assegna a dei ragazzetti. La mancanza del movimento toglie loro la vitalità, li irrigidisce sfigurandoli. Saranno questi tre o quattro ragazzetti delle comparse o dei personaggi minori ovvero dei "personaggi"?[6].

Il nostro studio, che va alla ricerca dell'autonomia di cui ogni personaggio presenta un suo proprio risvolto, dovrebbe potersi occupare di tutti i personaggi, ma proprio di tutti gli innumerevoli e svariatissimi esempi di umanità intera, dal più immondo becchino appestato e sciacallo al più fastoso e onorato e fiero dei principi, dal popolino anonimo, umile, quieto alle folle esagitate in rivolta, dal più santo e ieratico degli apostoli porporati e intransigenti al pavido piccolo frate laico, che prorompono vivi, veri, unici e nello stesso tempo universali dal poema umano creato da Alessandro Manzoni dal titolo *I Promessi Sposi, storia milanese del XVII secolo*.

Avremmo voluto possedere un'altra macchina da presa che, come note a piè di pagina, si soffermasse su ogni personaggio per svelare il tesoro umano che ognuno di noi a suo modo possiede, che spesso non si vede e di cui nemmeno ce se ne renderà probabilmente mai conto. Ci conforta l'idea di appartenere a tutti e ad ognuno di questi personaggi,

---

[6] Giovanni Getto, *op. cit.*, p. 102, *passim*, in questi luoghi parla di «stupendo interno villereccio» con funzione di «contrasto» tra «l'aristocratico quadro in cui si svolge l'iniziativa del frate e l'umile cornice in cui avviene quella di Renzo». Ovviamente sono modalità queste che non interessano il nostro discorso e che non fanno che illustrare una genialità artistica che noi semplicemente diamo per scontata.

di possedere in parti più o meno disuguali un po' di quelle caratteristiche umane presenti in loro e presenti nel poeta che volta per volta è entrato nelle sue creature per crearle e lasciarle poi libere e sentirsi da buon creatore uomo con loro e nello stesso tempo personaggio della propria vita.

Il presente lavoro sui personaggi, come si è visto nella prima parte e come si vedrà nei particolari sui personaggi stessi, non segue una procedura tradizionale dal momento che non considera i personaggi all'interno di una comunità dove c'è il cittadino numero uno e poi giù giù fino all'ultima comparsa, dove ogni uomo ha press'a poco un ruolo datogli dalla società e a cui deve in un certo qual modo attenersi. Questo è stato fatto finora dalla critica tradizionale.

Il nostro "sondaggio" ha indagato la natura umana del personaggio, la sua autonomia, la sua appartenenza alla universalità epica dell'uomo, realizzazione della ispirazione artistica e poetica del Manzoni. Ed il personaggio dei *Promessi Sposi* presenta le sue caratteristiche peculiari ed individuali che lo qualificano come essere umano unico ed inimitabile e nello stesso tempo con i tratti comuni della universalità. Manzoni in questo senso perde il suo cattolicesimo per assumere i toni più ampi e più umani della "cattolicità".

I personaggi quindi come gli uomini sono l'uno diverso dall'altro ma sono contemporaneamente eguagliati dalla loro natura umana. Se io parlo del sindaco del paese, è chiaro che egli sarà socialmente e politicamente molto diverso e molto più importante del, per esempio, commesso di un negozio, ma se io vado in cerca delle loro particolarità umane, entrambi presenteranno delle particolarità umane proprie, le quali in quanto tali pongono i due "personaggi" umanamente alla pari. La scelta che abbiamo fatta che va dal "santo" padre Cristoforo al "turpe" monatto mostra già di per sé questo allineamento di dignità. I due presenteranno ognuno la propria caratteristica universale. Padre Cristoforo è notevole non per la predicazione religiosa come ha inteso tutta la critica e come a noi per questo verso non interessa, ma per il suo dramma umano che lo accomuna a tutti gli altri uomini. E così via. È stata data una preferenza ai personaggi di pura invenzione rispetto a quelli "storici" per indagare sul modo con cui il poeta scende totalmente dentro l'animo umano senza alcun rischio di essere influenzati dalla connotazione storica o politica che la tradizione necessariamente impone. Ben volentieri avremmo studiato ed esaminato tutti i personaggi presi ad uno ad uno, se l'estensione del nostro lavoro ce l'avesse permesso e se fosse

© ARMANDO EDITORE. La fotocopia non autorizzata è reato.

rientrato nel suo spirito. Allora la monaca di Monza avrebbe avuto uno spazio più ampio di quello che a margine abbiamo già riservato a lei e anche, per esempio, al sarto del villaggio, e anche il gran cancelliere Ferrer, prodigo di ipocriti sorrisi verso l'intraprendente Renzo tanto lusingato quanto ignaro, e in questo caso avremmo scritto un lavoro *sui* personaggi e non *sul* personaggio, che ci avrebbe portato anche un po' più in là della nostra tesi. Ci siamo quindi voluti fermare qui con la certezza induttiva che quello che abbiamo evidenziato nei nostri quattordici personaggi coi loro interlocutori lo potremo trovare, *mutatis mutandis*, in tutti gli altri presenti tra le decine e decine di rappresentanze umane all'interno di questo incredibile "romanzo-epico".

I personaggi che seguono e su cui si è soffermata la nostra attenzione sono una campionatura. Abbiamo voluto aprire con padre Cristoforo perché la tradizione critica l'ha considerato il personaggio chiave nell'interpretazione o nella rappresentazione dell'autore cattolico tradizionale, celebratore e divulgatore della dottrina e della morale cattolica. Luigi Russo ha preteso infatti di "dimostrare" con questo personaggio l'identità tra il pensiero dell'autore e le massime del personaggio, cosa che non solo è incongruente in generale, ma nel caso specifico di questo personaggio crediamo che il Manzoni abbia voluto mostrare proprio il contrario. Per quanto riguarda i tratti di autonomia ed universalità umana padre Cristoforo ce ne dà un esempio illustre. Vedremo poi quali in effetti saranno le motivazioni intime che hanno contribuito alla conduzione di una vita religiosa e cristiana tanto intensa quanto sofferta.

Dopo la figura del padre Cristoforo, che apre il tema della "religiosità" del romanzo, abbiamo organizzato la distribuzione dei personaggi seguendo la nostra tesi generale: il credo religioso cattolico del Manzoni dei PS, finora unanimemente (e infondatamente) attribuito al nostro autore, si vuol concretizzare piuttosto in una "cattolicità" che investe una visione globale di valori umani determinata dal possesso indispensabile dell'autonomia coordinata con l'azione dell'uomo cosciente o casuale. Pertanto i personaggi che abbiamo analizzato vengono accomunati seguendo la presenza nel loro carattere di tratti individuali che possono essere assemblati ad altri consimili al fine di evidenziare l'universalità del comportamento di questo o di quell'altro personaggio, pur facendo parte di una *fabula* all'interno della quale soltanto si riscontra il cattolicesimo tradizionale limitato all'esercizio e al credo popolare dei relativi personaggi. Non sono raggruppamenti che conseguono lo svolgimento di un qualche ruolo corrispondente a uno stato sociale, come per lo più fin'oggi ha fatto la critica. La "paura", tanto per fare un esempio, accomuna la *vecchia del castello* a *don Abbondio* ma mentre per quella il tratto umano universale caratteristico è la "paura primordiale", per questi è – come vedremo nel suo capitolo – la "sofferenza della paura". Anche in *padre Cristoforo* c'è paura, ma non è quella fisica, materiale, quella di perdere la vita, è invece la paura dell'insicurezza di non potere salvare l'anima, cosa che lo può accomunare al *vecchio servitore*, come abbiamo fatto nel primo paragrafo. E così per gli altri. Nel quarto e quinto paragrafo ci sono personaggi che evidenziano maggiormente tratti di autonomia che non possono definirsi propriamente "religiosi", che si discostano invece dal tema "religione / provvidenza / salvazione" toccando più quell'altro aspetto costitutivo dell'uomo che è la confidenza nella propria opera e nella propria iniziativa che induce automaticamente alla manifestazione di un ottimismo e fiducia nell'uomo. A margine si vuol ribadire, con l'esempio di questi ultimi personaggi, l'infondatezza di certa critica (Petronio, per es.) che ha sostenuto la tesi di un Manzoni pessimista.

Accertato che essi in modo originale e individuale possiedono **tutti** caratteristiche umane proprie, uniche ed inimitabili come infinite sfaccettature diamantine, abbiamo ritenuto concluso il prosieguo dell'esame di altri personaggi nella convinzione che proprio tutte le figure del romanzo siano per deduzione conseguente espressione dell'ispirazione poetica del Manzoni che attinge la sua linfa nella rappresentazione epica della vita e della natura degli uomini.

Pertanto idealmente i nostri personaggi seguono questo raggruppamento:
- personaggi religiosi che vivono il problema della Provvidenza e della Fede;
- personaggi che pur non avendo a che fare con la religione hanno mostrato una moralità anche nel caso paradossale del Nibbio;
- personaggi che manifestano in modo spiccato e preponderante la fiducia in se stessi connessa con la libertà della propria iniziativa.

Seguendo il principio che i personaggi non possono essere studiati come "monadi", dal momento che ognuno sviluppa ed estrinseca la propria personalità all'interno di una vita di relazione, i personaggi da noi scelti vengono studiati in relazione ad altri con cui vengono a contatto cioè con degli "interlocutori". Così non si può parlare del *conte Attilio*, per esempio, senza *don Rodrigo*, oppure di *fra Galdino* senza citare

© ARMANDO EDITORE. La fotocopia non autorizzata è reato.

l'intervento di *Lucia*. Ed ancora l'analisi del *Nibbio* porta con sé la necessità di parlare dell'innominato e della sua grave crisi psicologica. E inoltre parlando di don Abbondio si dovrà fare un cenno sul cardinale e sulla sua scarsa intelligenza e conoscenza dell'uomo – caratteristica universale di tutti i "generali" di un esercito gerarchizzato: il cardinale Borromeo non "avverte" la paura panica scritta a chiare lettere in faccia a don Abbondio nel costringerlo a marciare insieme ad un famigerato assassino, pur sempre temibile per quanto "neoconverso".

La ricerca dell'autonomia e delle tracce che conducono all'universalità umana dell'individuo porranno certamente il nostro lettore in condizione di verificare la nostra tesi con tutti gli altri personaggi che abbiamo dovuto tralasciare, all'interno di un romanzo come *I Promessi Sposi*, la cui lettura e studio ci ha donato e profuso poesia a piene mani.

© ARMANDO EDITORE. La fotocopia non autorizzata è reato.

Capitolo primo

LA RELIGIOSITÀ DRAMMATICA

PADRE CRISTOFORO – L'ANGOSCIA DELLA SALVAZIONE

a. Il religioso visto dalla critica e la presunta "moralità" di Manzoni

• *Dallo Scalvini al Russo escluso*

Nella prima parte del nostro lavoro abbiamo detto che i personaggi dei PS non hanno un ruolo da svolgere, che è stato assegnato loro dall'autore. Il comportamento di ognuno, all'analisi dei fatti singoli ed in relazione con il tutto, non è finalizzato a risolvere una qualche trama. I personaggi dei PS non sono le pedine di una scacchiera, le quali tutte si muovono in vista di un risultato finale. Presi singolarmente presentano un'autonomia dovuta al superamento del ruolo apparente che hanno in quel momento, in virtù di un'azione del tutto personale – come nel caso del campanaro, e sono quelle che possiamo chiamare anche devianze –, allorché l'autore, creati i personaggi, si dilegua lasciandoli agire nella solitudine della loro individualità universale. Essi si presentano nel palcoscenico del romanzo come ogni essere umano entra nel palcoscenico della vita e incontra questo o quell'altro, va da questo o da quell'altro, cercando di risolvere o superare gli impedimenti, programma qualcosa, un piano, una scadenza, ma senza poter avere mai la cognizione del risultato finale. Ognuno di noi diventa cieco davanti alla soglia del domani. Nessuno dei personaggi, cosiddetti grandi o piccoli, opera all'interno di un progetto. Né Renzo che viene trascinato dalla piena degli eventi dentro i quali è spinto dalla natura umana, e quindi dalla sua autonomia, o dal caso, né tanto meno Lucia che alla fine (cap. XXXVIII) potrà sottolineare la sua totale estraneità partecipativa alle disavventure

85

patite osservando con candore ma anche con acutezza che l'unica sua azione che possa ricollegarsi ad una qualche "trama" romanzesca è stata quella di voler bene e di promettersi a Renzo. Nemmeno l'innominato può ritenersi partecipe attivo alla soluzione della vicenda. La sua conversione, così come risulta dalla minuziosa analisi psicologica che fa l'autore, è un problema personalissimo, suo esclusivo, dell'innominato. Il fatto che da ciò consegua la liberazione di Lucia e quindi l'apparente sviluppo della trama è un puro accidente. È un fatto del tutto secondario. L'innominato s'innalza nella solitudine della sua indipendenza artistica per avere avuto coscienza dell'esplosione entro di sé di un *deus absconditus* innescatogli dal Nibbio, come vediamo nel relativo capitolo dedicato al Nibbio. E nemmeno don Rodrigo. "Sembra" che sia lui a tirare le fila della recitazione. Ma in effetti non lo è. Il suo tentativo di seduzione di Lucia è in effetti un atto di spacconeria dinanzi al cugino Attilio, che in pratica si va sgonfiando da sé senza l'intervento di nessuno se non vogliamo tirare in gioco la peste, fattore del tutto casuale.

Ora, se tutti i personaggi "laici" da parte di numerosissimi critici hanno goduto di quadretti tradizionali, tipici più o meno della ricostruzione caratteriale, al padre Cristoforo, uomo di chiesa, è stato attribuito con tanto ardore e altrettanto non senso il merito eccezionale di rappresentare nientemeno che l'autore in persona. Così l'instancabile predicatore della dottrina cattolica, della fiducia nella bontà dei disegni del cielo, dell'accettazione rassegnata delle traversie come condizione indispensabile alla salvazione, il simbolo dell'abnegazione cristiana e della dedizione caritatevole, ha coinvolto un fiume di detrattori del Manzoni ed un altro altrettanto corposo di celebratori. A causa sua, o in virtù sua, a seconda delle correnti, il romanzo è stato etichettato come opera oratoria di parenesi religiosa e di edificazione morale. Padre Cristoforo si può ritenere davvero l'asse attorno al quale ruota la questione oratoria e con essa l'interpretazione del personaggio stesso. L'intensità delle sentenze religiose che egli proferisce, ha velato agli occhi di tutti i critici manzoniani il fulcro dell'ispirazione poetica del Manzoni, autore e creatore di personaggi che vivono nella realtà narrata dei PS ed in generale nella realtà della vita di tutti gli uomini, ed ha relegato in secondo piano come marginale, o ignorato, i nessi intimi e le conseguenze umane di un carattere battagliero e intransigente immerso in una società barocca dove la protervia nobiliare cominciava a fare i conti e scontrarsi con una fiera borghesia altrettanto intollerante.

In realtà padre Cristoforo non è elemento risolutivo o costitutivo di una qualche *fabula*, non è portavoce di nessun messaggio né etico, né morale, né religioso né recita alcuna parte, non è in senso stretto un "personaggio". Come prodotto esclusivo della concezione poetica universale del Manzoni, è identico a se stesso, libero, indipendente dal ruolo e dall'autore, è egli autore di se stesso, rappresenta semplicemente la propria singolarità e, per conseguenza, la voce del proprio dramma umano. La critica invece lo ha elevato non solo a personaggio principale, ma a cardine dell'interpretazione poetica e addirittura morale del romanzo e, quel che è peggio, del suo autore stesso. Un'impostazione di base errata ha fatto scivolare il discorso critico dallo studio letterario del soggetto all'esaltazione mistica e alla prevedibile corrispondente stroncatura ideologica. Del Manzoni, un creatore dalla sbalorditiva poliedricità artistica, lettore sensibilissimo delle pieghe più recondite della vita e dell'animo umano, si è fatto con i PS o un sublime cantore della religione cattolica o, per gli stessi motivi, un banale moralista, uno stucchevole predicatore bacchettone allorché in verità non è né l'uno né l'altro.

La battaglia per la difesa della religiosità del romanzo o per la sua condanna è stata fin'oggi tanto infaticabile quanto improduttiva e inutile. Dal centro di questa battaglia, dove egli è stato erroneamente collocato, il padre Cristoforo deve essere riportato nella sua naturale dimensione, nella dimensione di un religioso dei primi del Seicento, ed anche, e dirò soprattutto, nella dimensione dell'uomo quale egli era e fu in prima linea. Il problema "religioso" del romanzo, vedremo a chiare lettere, in effetti, non esiste.

Chi era dunque padre Cristoforo?
Per rispondere a questa domanda ci chiederemo:

a. Quale cammino hanno percorso i critici per ritrovarsi sempre invischiati nella pania dell'aspetto religioso e parenetico?
b. C'è un errore di base?
c. In che modo l'autore ha concretamente distanziato sé dal pensiero, dal credo e dall'opera del proprio personaggio?
d. Oltre alla distanza testuale ed al di là quindi del problema religioso, qual è la vita umana personalissima che il personaggio vive nel profondo, tale da renderlo universale?

Una volta definita in questa parte di capitolo su padre Cristoforo la paternità delle predicazioni religiose presenti nel romanzo, sarà d'obbligo

© ARMANDO EDITORE. La fotocopia non autorizzata è reato.

stabilire un rapporto tra tanta intensa religiosità e la biografia dell'uomo quale il Manzoni ci ha voluto fornire. Le due fasi della vita di questo frate sono inseparabili e non si può prescindere da nessuna delle due se si vuol ottenere un quadro corretto di lettura. La trattazione di questa parte dovrà mettere in luce il grado di consistenza del concetto di autonomia del personaggio. Ci chiederemo fino a che punto codesta religiosità di padre Cristoforo sia sinceramente genuina ovvero che cosa stia "dietro" quell'ardore di carità pur concreto ed effettuale. Qui entreremo nel vivo del nostro discorso. La punta di un bisturi andrà a toccare una ferita mai rimarginata nella profondità dell'anima tormentata di quest'uomo solitario, la cui vita finisce molti anni prima di morire.

Una terza parte ci darà modo di riflettere sul carattere teologico della predicazione cattolica del frate cappuccino all'interno della cattolicità "reale" del Manzoni.

Attilio Momigliano, il maggiore responsabile della coincidenza della fede del frate cappuccino, esaltata fino alla espressione del senso della vita, con l'espressione del senso dell'ispirazione poetica ed artistica dell'autore, osserverà con una delle sue solite, indimostrate e indimostrabili asserzioni, che «Federigo e Cristoforo non hanno dolori propri ma quelli degli sventurati da soffrire e da lenire: e il dolore che essi sollevano dà senso alla loro vita o la redime»[7]. Ma è proprio padre Cristoforo che non ha mai trovato il senso della propria vita, piombata in un'inenarrabile disperazione dopo aver riconosciuto in un attimo, ed ormai irreparabilmente, l'intangibilità della vita umana. È quest'alto valore infranto che gli farà gridare, tormentato: «Credi tu che, se ci fosse una buona ragione, io non l'avrei trovata in trent'anni?»[8]. Non era mai riuscito a trovare *una buona ragione* che giustificasse l'omicidio. Né la carità, che s'era imposto di esercitare per "lenire", a detta di Momigliano, il dolore degli altri, sarebbe riuscita mai a lenire il suo proprio dolore.

Eppure il Momigliano ci fa una descrizione quasi eudemonica della figura del padre cappuccino come di chi abbia raggiunto la serenità del paradiso in vita e la sparga felicemente intorno illuminando di beatitudine la propria e l'altrui anima. Nel capitolo riservato ai PS nel saggio sul Manzoni[9] egli procede ad una ripartizione del suo discorso in base al sentimento morale che il critico ha attribuito al Manzoni. Egli parla

---

[7] Attilio Momigliano, *op. cit.*, p. 196.
[8] Cap. XXXV.
[9] Attilio Momigliano, *op. cit.*, pp. 195-270.

di *dolore*, di *virtù serenatrice*, di *purezza del cuore*, di *Provvidenza*, di *idea del bene*, di *fiacchezza della volontà*, di *servitù dello spirito*, di *calma contemplativa*, ecc. Sotto ognuno di questi requisiti fa cadere, come rappresentanti e simbolo di tali sentimenti, i personaggi del romanzo. Di conseguenza le figure del romanzo non sarebbero altro che uno strumento di cui il Manzoni si serve per diffondere gli aspetti morali e religiosi della dottrina cattolica. Troviamo pertanto fra Cristoforo come esempio di virtù serenatrice, come modello di purezza del cuore e come portatore dell'idea del bene.

Descrivendo l'aura di *santità* che si crea nel lazzaretto con il *santo* padre Cristoforo e con Renzo "immobile" davanti al moribondo, il Momigliano commenta con solennità biblica: «Spira in questa pagina l'aria che avvolge le cime solitarie circonfuse di luce e di silenzio; e Renzo stesso accanto a fra Cristoforo sembra lontano dalla terra. Una musica da inno sacro governa le linee di questo episodio: la bolgia del lazzaretto si trasfigura in una *chiesa* [corsivo mio], e la morte appare come un luminoso mistero»[10]. La presenza del frate nel lazzaretto dà modo al critico panegirista di dichiarare che «nessun altro personaggio dei *Promessi Sposi* rappresenta con tanta sublimità la rinunzia e il sacrificio, nessuno è così trasfigurato dalla carità. Nella ferocia e nella desolazione della peste la figura di quel frate invitto diffonde una luce di cielo, è il testimonio più consolante della potenza del bene contro l'ignoranza e la crudeltà degli uomini, il segno dell'altezza a cui Dio può levare un'anima provandola colle afflizioni»[11]. Più in là la figura del cappuccino pieno di abnegazione e di dedizione totale viene mellifluamente colorata di mistica tintura: «Nella cristallina purezza dei suoi ultimi colloqui c'è la profondità dell'uomo che vive oltre il tempo, nel regno delle eterne leggi che giudicano l'anima liberata dall'involucro del corpo [...] non c'è capolavoro dove splenda più limpida la legge d'amore che è il supremo conforto e il supremo dovere»[12]. Quella che qui il nostro zelante critico chiama *legge d'amore* crediamo che sia lo spirito di abnegazione con il quale padre Cristoforo si è portato nel lazzaretto. Vedremo più avanti nel capitolo successivo come dovrà essere correttamente letto questo spirito di abnegazione. Poi, preso dalla propria convinzione religiosa, il critico si immerge totalmente nel mondo dell'oratoria, che egli ha creato, per cantare a voce spiegata le lodi dello

---

[10] *Ibid.*, p. 213.
[11] *Ibid.*, p. 211.
[12] *Ibid.*, p. 212.

© ARMANDO EDITORE. La fotocopia non autorizzata è reato.

spirito e le glorie della beatitudine celeste: «La quiete dell'anima non è concessa che ai semplici e ai buoni, a chi non ripone mai una speranza immortale in una cosa mortale, a Lucia, a Federigo, a fra Cristoforo che per tutta la vita dall'alto del monte Nebo vede la terra promessa, e perciò nulla di questo mondo lo alletta o lo spaventa: e muore contento del sacrificio»[13].

Fra Cristoforo così risulta un vero e proprio santo, uno spirito puro che, spinto dalla fede, mosso dalla carità e guidato dalla speranza sacrifica eroicamente la propria vita per la salvezza altrui.

Il Momigliano aveva imboccato la strada della difesa ad oltranza del romanzo "religioso" del Manzoni dall'accusa appunto di romanzo religioso ed oratorio. Aveva "trovato" che la "fede" è l'essenza stessa dell'ispirazione poetica del Manzoni. Accettando la religiosità dogmatica tradizionale e volendola sostenere con tutto il proprio essere e credendo di svalutare e superare le critiche che definivano il romanzo opera di parenetica religiosa, dichiarò che «la fede non è il limite della fantasia manzoniana, non è un mondo ideale che si determina in credenze religiose o morali e poi s'incorpora col reale [...] è la sostanza e la ragione di tutta la poesia manzoniana. [...] Tutto nasce da questo senso religioso, da questa presenza della fede nel cuore e nella fantasia manzoniana»[14].

Padre Cristoforo dunque non è solo un "prodotto" della fede dell'autore, impastato di dottrina cattolica come il suo personaggio, ma risulta anche veicolo di propaganda religiosa. Anzi, il sentirsi, leggendo gli atti e le parole di padre Cristoforo, all'interno di una *chiesa* dà al nostro critico la conferma della *fede* dell'autore. Cosa che, cento anni prima, accusando il romanzo di opera stucchevole e parenetica, faceva scrivere a Giovita Scalvini: «Nel suo [*sc.* di Alessandro Manzoni] libro è un non so che d'austero, quasi direi di uniforme, d'insistente senza alcuna tregua [...]: non ti senti spaziare libero per entro la gran varietà del mondo morale: t'accorgi spesso di non essere sotto la gran volta del firmamento che cuopre tutte le multiformi esistenze, ma bensì di essere sotto quello del *tempio* che cuopre i fedeli e l'altare»[15]. [corsivo mio]. E dello Scalvini è anche l'"originale" trovata del Momigliano, quando parla di *fede* dell'autore: «Dal cielo, o vogliam dire dalla religione, è

---

[13] *Ibid.*, pp. 213-214.
[14] *Apud* In Mario Sansone, cit., p. 457.
[15] Giovita Scalvini, *op. cit.*, pp. 220-221.

principalmente venuta ispirazione al Manzoni»[16]. La rappresentazione del personaggio padre Cristoforo con il Momigliano risulta pertanto oggi mummificata all'interno dell'aspetto religioso. Mario Sansone nella sua storia della critica ha definito il saggio del Momigliano «un punto fermo e rivoluzionario»[17].

Certamente con l'espediente della consustanziazione tra personaggio ed autore in virtù della fede, Momigliano supera non solo lo Scalvini ma anche Croce e De Sanctis. Scalvini aveva aspramente criticato il Manzoni che si arrogava, secondo lui, una funzione morale attraverso i suoi personaggi ed in particolare attraverso padre Cristoforo, attaccando direttamente la predicazione cattolica. «Una dottrina – aveva sostenuto il critico contemporaneo del Manzoni – che non solo ispira, ma obbliga; ingiunge di credere e di far credere; si fa norma d'ogni pensiero, non che d'ogni atto, e ne prefige normalmente lo scopo; sovrasta agli uomini con gli spaventi [e qui l'allusione al famoso "Verrà un giorno…!" di padre Cristoforo a don Rodrigo è scoperta] e con le promesse [cfr., per esempio, l'incontro di padre Cristoforo con il vecchio servitore, e tutte le molteplici sentenze del frate], una tale dottrina, diciamo, se dall'un lato giova l'ingegno sublimandolo, potrebbe, sott'altri aspetti, torgli di sua libertà, vietargli di usare pienamente le sue forze, condurlo a riprodurre l'uomo non intero qual è, comparato al vero, ma quale debb'essere, comparato alla fede»[18]. Questo giudizio negativo, sarebbe stato in seguito saldamente appoggiato dal Croce, che, come sappiamo, non volle per molti, troppi anni annoverare il romanzo del Manzoni tra le opere di poesia[19]. In un saggio sul Manzoni, teorizzando il carattere morale e parenetico dei PS, Croce aveva illustrato quel senso di "uniforme" e di "insistente", che lo Scalvini aveva provato alla lettura del romanzo e che quegli riteneva molesto, con la trovata in verità non originale e solo affermata che tutti i sentimenti presenti nel romanzo sono mediati dalla «saggezza del moralista che non vede se non il bianco e il nero, di qua la giustizia di là l'ingiustizia. [...] Il mondo così vario di colori e di suoni [...] s'impoverisce, e di tutte le innumeri corde dell'anima qui vibra una sola, quella che per essere sola dava allo Scalvini l'impressione dell'insistente e dell'uniforme. Il motivo ispiratore del Manzoni sembra

---

[16] Ibid., 219.

[17] Mario Sansone, op. cit., pp. 456-457.

[18] Scalvini, op. cit., p. 220.

[19] Per il Croce era soltanto un'«Opera letterariamente bella ma didascalica e oratoria»: in Poesia e non poesia, Bari, Laterza, 1942, p. 127 e sgg.

© ARMANDO EDITORE. La fotocopia non autorizzata è reato.

essere il motto: *Dilexi iustitia, odivi iniquitatem*»[20]. Il Croce procedette nell'appiattimento del libro con indifferente alterigia, nonostante il De Sanctis alcuni anni prima avesse cercato di salvare il "salvabile" col vedere nella figura del frate un *ideale* che si calava nel *reale*. Questi, partendo dal presupposto acritico ed indubbiamente assiomatico che «l'ideale religioso e morale è la finalità del romanzo, l'ultimo suo risultato», sviluppa tutta una sua teoria sulla "funzione morale" dei personaggi, distinguendo tra personaggi ideali, personaggi reali e personaggi che calano l'ideale nel reale. Tra questi ultimi primeggia evidentemente padre Cristoforo. Su Lodovico che chiede perdono al fratello dell'ucciso, il critico romantico sostiene con alquanta sicumera: «È il primo trionfo dell'uomo ideale, cioè rispondente al mondo religioso e morale del poeta, sopra l'uomo mondano quale lo ha fatto la storia»[21]. Questa teoria del Manzoni moralista, trasferita *in toto* su personaggi ideali, sarà addirittura nei nostri giorni "corretta e migliorata" da Mario Sansone[22] nel senso che egli non vede nell'ideale morale così formulato dal De Sanctis un ente reale esterno all'autore come esterno è il mondo reale, che "restringerebbe" la visione globale dell'autore; ma crede invece di poter affermare che l'ideale morale del Manzoni è «la condizione, la forma dell'ispirazione del Manzoni, più semplicemente, il suo stato d'animo poetico: e cioè il reale visto nella luce di una provvidenza religiosa»[23]. Il procedimento del Sansone, che consustanzia la moralità e la religione dei personaggi con il pensiero dell'autore e addirittura con la sua ispirazione poetica, non è né più né meno che lo stesso di quello del Momigliano che aveva "consustanziato" la fede testimoniata dal personaggio con l'essenza dell'ispirazione manzoniana. Nessun passo avanti; anzi uno indietro dal momento che lo stesso Croce poco tempo prima di lasciare la vita, ammise il carattere poetico dell'opera, senza tuttavia detrarre quello morale, riconoscendo e solo riconoscendo l'errore d'essersi lasciato inspiegabilmente trascinare e persuadere dal De Sanctis e dallo Scalvini![24].

---

[20] Benedetto Croce, *Alessandro Manzoni, saggi ed osservazioni varie*, Bari, Laterza, 1942, pp. 7-9, *passim*.

[21] Francesco De Sanctis, cit., pp. 87-91, *passim*.

[22] Mario Sansone, *op. cit.*, pp. 411-489.

[23] *Ibid.*, p. 446.

[24] Benedetto Croce, *Tornando sul Manzoni*, p. 145-148 in *Alessandro Manzoni, Saggi e Discussioni*, Bari, Laterza, 1952, *apud* Binni-Scrivano, *Antologia della critica letteraria*, Milano, Principato, 1964, pp. 837-839.

Ci sembra di trottare attorno ad una giostra che gira e rigira pestando della presunta "moralità" del Manzoni, sempre la stessa via.

Nel 1829 quando Giovita Scalvini scriveva i suoi commenti sui PS, Manzoni, come si sa, era conosciutissimo già per le sue opere in prosa e in versi che glorificavano la chiesa cattolica. Le *Osservazioni sulla morale cattolica*, pubblicate nel 1819, erano e sono uno scritto apologetico. Nell'Introduzione, rivolgendosi al lettore, il Manzoni personalmente vi afferma fra l'altro che «la morale cattolica è la sola morale santa e ragionata in ogni sua parte; che ogni corruttela viene anzi dal trasgredirla, dal non conoscerla, o dall'interpretarla alla rovescia»[25]. L'immagine di un Manzoni moralista cattolico era lì indiscutibile.

Ora se noi accostiamo questo dato di fatto con la figura di padre Cristoforo così come appare sulla scena dei PS, predicatore fervido e appassionato, religioso esemplarissimo, impavido e instancabile difensore del giusto, del debole e dell'oppresso, divulgatore convinto e fedele della dottrina cattolica, quale la chiesa controriformista stessa non avrebbe potuto avere di meglio, è facile capire come quel critico fosse facilmente scivolato sul terreno del giudizio globale, macroanalitico, tratto dalla superficialità della rappresentazione: il Manzoni cattolico, come lo si conosceva, aveva adesso scritto un'altra opera celebratrice, uno scritto parenetico di dottrina morale. Velato da una così forte connotazione, il romanzo dei PS patì, sin dal suo primo apparire, un'etichettizzazione falsa e deleteria, che si sarebbe purtroppo tramandata negli anni. Per Giovita Scalvini era assolutamente impossibile dubitare che le cose non stessero come egli pensava.

Ma mentre lo Scalvini veniva indotto ad errore dalla "notorietà" del Manzoni, le *Osservazioni sulla morale cattolica* sono di converso per il Momigliano la fonte ispiratrice e vivificatrice di tutto il romanzo: «I PS – afferma roboante *ex cathedra* – sono la forma ultima a cui è giunto lo spirito del Manzoni, la sintesi delle sue ignote esperienze, la sublimazione della sua vita nelle trasparenze dell'arte. Non le singole frasi ci guidano a quella grandezza, ma i problemi della sua esistenza e della sua

---

[25] Alessandro Manzoni, *Osservazioni sulla morale cattolica*, Milano, Mondadori, 1997, p. 23. L'autore apre il breve discorso rivolto ai suoi lettori, spiegando che "questo scritto è destinato a difendere la morale della Chiesa cattolica dall'accuse che le sono fatte nel cap. CXXVII della *Storia delle Repubbliche Italiane del Medioevo* dello storico svizzero Sismondo dei Sismondi.

© ARMANDO EDITORE. La fotocopia non autorizzata è reato.

mente. Nel romanzo le *Osservazioni* sono diventate creature, paesaggi, avvenimenti, un mondo vivo e luminoso; sono penetrate dovunque, hanno animato senza tregua la sua fantasia»[26]. Tutto ciò nonostante fosse anche noto come le *Osservazioni* fossero state peraltro scritte in un clima non proprio di franca distensione[27]. Che all'interno del passaggio dal FL ai PS si fosse consolidata una svolta irreversibile nella visione poetica del Manzoni, segnando un discrimine invalicabile tra la fine delle opere di panegirismo cattolico ed il romanzo, agli occhi del nostro critico cattolico è passato del tutto inosservato come impensabile. Eppure elaborando *Fermo e Lucia* per giungere ai *Promessi Sposi*, quanto faticosamente aveva curato il (povero) Manzoni fino i più trascurabili dettagli per congedarsi dai suoi personaggi senza rischiare che gli venissero attribuite delle credenze, che egli, anche quando le avesse, non voleva che si riflettessero sul frutto del suo genio artistico e poetico! Qui di queste incredibili, sottili, ma eloquentissime manzoniane "sfumature" riportiamo un solo esempio (il quale, a ennesima riprova del lavorio instancabile di estraniamento autoriale con conseguente evidenziazione dell'indipendenza del personaggio, nel passo corrispondente del FL – Tomo I, cap. VII –, detto in parentesi, non esiste). Nel cap. VII padre Cristoforo, dopo la relazione della sua missione presso don Rodrigo, si affretta sulla via del ritorno:

> [...] se n'andò correndo, quasi saltelloni [...] per non arrivar tardi al convento, a rischio di buscarsi una buona sgridata, o quel che sarebbe pesato ancor più, una penitenza, *che gli impedisse*, il giorno dopo, di trovarsi pronto e spedito a ciò che potesse richiedere il bisogno de' suoi protetti. [corsivo nostro]

Se noi riflettiamo sulla valenza semantica di quel «*che gli impedisse*» scopriamo, primo, che l'autore ha affidato il pensiero al personaggio: ben altra cosa sarebbe stato, se avesse scritto «che gli avrebbe impedito» ove l'autore avrebbe così espresso indiscutibilmente la propria opinione; secondo, quell'imperfetto congiuntivo della consecutiva co-

---

[26] Attilio Momigliano, *op. cit.*, pp. 197-98.

[27] Alla stesura di quel libercolo sembra ormai accertato che il Manzoni sia stato sollecitato dal padre spirituale della famiglia, padre Tosi, il quale fino alla fine non mancò di esercitare delle vere e proprie pressioni, come si rileva dagli epistolari (cfr. *La Famiglia Manzoni* di Natalia Ginzburg), e comunque le *Osservazioni* appartengono alla pagina precedente la concezione dei PS.

munica anche e molto efficacemente il timore vivo, effettivo e sincero che il frate ha di non poter continuare la sua opera di bene. Il condizionale passato avrebbe espresso invece la sicurezza data dall'opinione dell'autore. Il congiuntivo imperfetto dà l'incertezza o il timore del personaggio. Se noi rileggiamo il passo dopo aver sostituito l'imperfetto congiuntivo avremmo:

    * a rischio di buscarsi [...] una penitenza, *che gli avrebbe impedito*, il giorno dopo, di trovarsi pronto e spedito

Ognun vede la profonda variazione semantica. Ma questo al Momigliano non interessava, dal momento che egli stesso aveva dichiarato che «non le singole frasi ci guidano», come abbiamo riportato dianzi.

Più in là, illustrando le tesi del Russo avremo modo di esaminare qualche altro di questi esempi alla ricerca della presunta "moralità" del Manzoni.

Il Momigliano però, andando spedito in avanti come un locomotore, registra non le singole frasi, non le analisi linguistiche. Ma stranamente raccoglie invece le sentenze di padre Cristoforo – quelle che tutti conosciamo e che incontriamo semplicemente leggendo tra le virgolette del discorso diretto e dell'indiscussa proprietà esclusiva del personaggio –, ne fa espressione di «sapienza da santo»[28], sente la presenza della "santità" dove c'è il frate[29], presume che Cristoforo «sollevi i dolori altrui»[30] e sostiene poi[31], *gratis et amore Dei,* che nelle parole di fra Cristoforo "ai due fidanzati" – «Ringraziate il cielo che v'ha condotti a questo stato, non per mezzo dell'allegrezze turbolente e passeggere, ma co' travagli e tra le miserie, per disporvi *un'allegrezza raccolta e tranquilla*» [corsivo del Momigliano] – sia il «sugo dei *Promessi Sposi* più che nella chiusa stanca», con riferimento alle parole di Renzo e Lucia. La gravità del procedimento del Momigliano sta nel dichiarare *sic et simpliciter* che tutte le sentenze del frate, così raccolte, «esprimono la concezione manzoniana della vita e il suo ideale di felicità terrena», con il contorno, a commento, che «questo è il senso cristiano del romanzo:

---

[28] Attilio Momigliano, *op. cit.*, p. 213.
[29] *Ibid.*
[30] *Ibid.*
[31] *Ibid.*, p. 200.

© ARMANDO EDITORE. La fotocopia non autorizzata e reato.

anche qui la "provida sventura"».[32] In questo modo viene automaticamente consacrata l'ipostatizzazione dell'autore con il personaggio. Il Momigliano come Renzo e Lucia, i quali, udendo quelle parole e recependole dalle labbra del frate credono che sia quella *la concezione della vita e il suo ideale di felicità terrena*, così crede che quella sia la concezione e l'ideale del Manzoni!

Tornando da don Rodrigo, il frate, dopo avere incontrato il vecchio servitore che gli aveva svelato di potergli rivelare dei segreti utili, aveva detto ai tre perseguitati: «Non c'è nulla da sperare dall'uomo: tanto più bisogna confidare in Dio: e ho già qualche pegno della sua protezione»[33]. Il Momigliano non fa altro che parafrasare questo annuncio, ripetendo: «Ma la salvezza di Lucia non sarebbe possibile senza il vecchio e onesto servitore di don Rodrigo, una grande e inavvertita figura, l'unica dei PS che non sia altro che uno strumento della Provvidenza»[34]. Vedremo più in là come questa *grande e inavvertita figura strumento della Provvidenza* non sia altro che una spia che fa la spia non per salvare espressamente Lucia, accettabilissimo gesto, ma per salvare la propria anima, un atto di puro egoismo [*sic*] che il frate invece condivide, approva e premia per mezzo dell'atto dell'imposizione della mano sul capo e con le parole: «Il Signore vi benedica!»[35]. E che sia creduto strumento della provvidenza ce lo ripete ancora il frate che pensa «Ecco un filo, un filo che la Provvidenza mi mette nelle mani». Vedremo nel capitolo del presente scritto dedicato ad Ambrogio, il campanaro, se sarà la Provvidenza o il puro caso a salvare Lucia. Altro che il vecchio servitore, «*vero e proprio strumento della Provvidenza*»!

Per la critica filo-cattolica fra Cristoforo è il fedele portavoce, passivo, pedissequo ripetitore, del pensiero cattolico del Manzoni. La fiducia nella Provvidenza e l'accettazione rassegnata di tutti i guai della vita e degli uomini per il Momigliano sono gli aspetti fondamentali della fede ed il credo propagandato da Manzoni. Ma Momigliano dice di più: «Le traversie – scrive il critico – dànno occasione a Lucia di mostrar la rassegnazione ai disegni della Provvidenza, quest'altro aspetto della fede, che è il motivo artistico unico di tanti personaggi ed è *uno degli scopi* e *delle facce del romanzo* [corsivo mio]. In fra Cristoforo la

---

[32] *Ibid.*
[33] Cap. VII.
[34] Attilio Momigliano, *op. cit.*, p. 224.
[35] Cap. VI.

rassegnazione nasce da un'esperienza meditata»[36]. Poco più avanti viene proclamata la provvidenza quale «sublime dominatrice del poema»[37].

Si rileva dunque che la realtà dell'interpretazione critica del Manzoni dei PS con le sue varianti più o meno lievi non vede altro che un moralismo cattolico del Manzoni veicolato dalla espressione religiosa del personaggio padre Cristoforo. Quello che dovrebbe essere lo strumento artistico della visione poetica dell'autore viene scambiato invece con il fine: nel momento in cui il personaggio è *deposto* sulla scena avviene però in realtà un necessario distacco, una scissione tra personaggio-creatura della visione poetica dell'autore e personaggio-strumento artistico per la effettuazione di quella visione poetica. È quello che nel Manzoni dei PS succede normalmente e che riteniamo una nota particolare e caratteristica, un impegno stilistico, letterario e poetico che il Manzoni assumerà instancabilmente tra i mille e mille interstizi del verbo creatore. Per il Momigliano un tale procedimento sembra però privo di senso, dato che può dedurre che se la fede è una dev'essere la stessa sia nel personaggio che nell'autore. E così rimbalzano dal padre cappuccino all'autore e da questi al personaggio e viceversa, delle affermazioni del tutto gratuite che tradiscono una lettura del testo monca, superficiale e comunque fortemente pregiudiziata. Questo preconcetto ha cristallizzato l'interpretazione di tutto il romanzo in generale e del personaggio padre Cristoforo in particolare. Quando il Manzoni si chiede se il frate facesse bene a lodare il vecchio servitore[38], Giovanni Getto, nel tentativo di trovare una spiegazione di quel noto passo extradiegetico, dichiara apoditticamente che così facendo il Manzoni «riconosce implicitamente il mistero della provvidenza»[39]. È questa un'affermazione

---

[36] Cit., p. 200.

[37] *Ibid.*, p. 221.

[38] Cap. VI.

[39] Getto, *op. cit.*, p. 100: «Ed è perfettamente inutile che il lettore, cedendo all'ironico invito dell'autore, s'affanni a trovare una risposta. Manzoni di proposito avanza i suoi dubbi e si astiene dal risolverli, riconoscendo così implicitamente il mistero della provvidenza. L'intrecciarsi complesso dell'iniziativa umana e del governo divino, la trama oscura di bene e di male di cui si intesse la storia degli uomini». È inutile sottolineare quanto di astruso e gratuito ci sia in questo commento quando si voglia confondere il pensiero dell'autore con la rappresentazione artistica del personaggio.

© ARMANDO EDITORE. La fotocopia non autorizzata è reato.

tipica di adepto. Le *Letture Manzoniane* di Giovanni Getto sono condotte sulla falsariga del tracciato del Momigliano. Sicché a questi, che parla di "romanzo religioso" definendolo trionfalmente *epopea della Provvidenza* [corsivo del Momigliano]»[40], [...] «sublime dominatrice del poema»[41], il Getto fa fedelmente eco quando commenta le parole con le quali il narratore descrive l'azione e la situazione di Renzo che dà in elemosina i suoi ultimi spiccioli. Giova citare.

"Là c'è la Provvidenza" disse Renzo; e cacciata subito la mano in tasca, la votò di que' pochi soldi; li mise nella mano [sc. di tutta un'intera famiglia che chiedeva l'elemosina davanti all'osteria] che si trovò più vicina, e riprese la sua strada[42].

L'arrivo di Renzo è certamente un aiuto per quei poveri affamati. Se sia stata la Provvidenza o il caso, è difficile dire. È molto interessante però quello che dirà il narratore, subito dopo, quasi come un commento:

Certo, dell'essersi spogliato degli ultimi danari, gli era venuto più di confidenza per l'avvenire, che non gliene avrebbe dato il trovarne dieci volte tanti. Perché, se a sostenere in quel giorno que' poverini che mancavano sulla strada, la Provvidenza aveva tenuto in serbo proprio gli ultimi quattrini d'un estraneo, d'un fuggitivo, incerto anche lui del come vivrebbe; chi poteva credere che volesse poi *lasciare in secco* colui del quale s'era servita a ciò, e a cui aveva dato un sentimento così vivo di sé stessa, così efficace, così risoluto?[43] [corsivo mio]

Su queste parole testuali Giovanni Getto nelle sue *Letture Manzoniane*, giubilante di esaltazione religiosa, proferirà: «Di questo sentimento vissuto da Renzo si fa interprete il Manzoni in alcune *riflessioni* che sono *fra le più pensose ed alte* tra quante ha saputo ispirare la fede che illumina le pagine del romanzo»[44] [corsivo mio].

Questo è un esempio indiscutibile di mistificazione e di atteggiamento critico falso e tendenzioso.

---

[40] Attilio Momigliano, *op. cit.*, p. 225.
[41] *Ibid.*, p. 221.
[42] Cap. XVII.
[43] *Ibidem*.
[44] *Ibid.*, p. 283.

Vedremo più avanti che cosa ci dirà l'analisi del testo a proposito di narrazione autoriale o no. Proveremo come e in che cosa consista l'indipendenza del personaggio dall'autore e la sua autonomia. Ma qui però si tratta anche di omissioni arbitrarie, illecite e grossolane. Innanzi tutto leggendo quel passo, il Getto, prima di definirlo «*riflessioni pensose ed alte*», avrebbe dovuto già notare, sia dall'ingenuo sillogismo di Renzo, sia dalla locuzione popolare *lasciare in secco*, che l'autore stava riportando indirettamente il pensiero e i sentimenti del personaggio: con ciò se di "riflessioni alte e pensose" si vuol parlare sono di Renzo e non del narratore. Ben altro sarebbe stato il registro se l'autore avesse voluto esprimere se stesso. Ma c'è di più. Il Manzoni per i lettori che non vogliono comprendere tali sfumature, si era affrettato, dopo quelle parole, a fare subito una precisazione. Infatti il testo appena citato, *continua* con questa frase, che il Getto, arbitrariamente, ha voluto ignorare:

> Questo era, a un di presso, il pensiero del giovine; però men chiaro ancora di quello ch'io l'abbia saputo esprimere[45].

L'omissione commessa dal Getto ci informa sul procedere tipico della tendenziosità della parzialità ideologica. Il lettore privo di pregiudizi dovrebbe essere già a conoscenza del modo con cui il Manzoni dei PS, prende sempre e con cura le distanze dal proprio personaggio per confermare instancabilmente la sua estraneità. Già a proposito dell'«Addio, monti...» (cap. VIII) il Manzoni ci narra i pensieri e le emozioni di Lucia, precisando alla fine:

> Di tal genere, se non tali appunto, erano i pensieri di Lucia.

E va ricordato che Manzoni qui fa questa precisazione subito dopo che Lucia avrebbe pensato:

> Chi dava a voi tanta giocondità è per tutto; e non turba mai la gioia de' suoi figli, se non per prepararne loro una più certa e più grande.

Lucia, è ovvio, come Renzo vive nel suo animo le convinzioni religiose assunte per tradizione e per consuetudine in ambiente di devozione

---

[45] Cap. XVII.

© ARMANDO EDITORE. La fotocopia non autorizzata è reato.

parrocchiale e conventuale, comune peraltro a tutti i pii, i religiosi e gli umili. Le mutilazioni come quelle del Getto o le deformazioni come quelle del Momigliano sono veri e propri atti proditori che tradiscono l'autore e ingannano il lettore.

Ognun vede che, sia gli argomenti dello Scalvini che quelli del Momigliano sono tratti per intero dalle sentenze che il frate ha proferito o semplicemente pensato e attribuite tranquillamente all'autore e come pensiero dell'autore. La *Provvidenza* è presente sì nel romanzo, ma solo nella realtà del mondo dei personaggi. Per loro invece il personaggio non esiste come tale ma in funzione degli intenti religiosi parenetici e morali dell'autore.

Questo grossolano errore poteva essere perdonato, ripetiamo, allo Scalvini. Angelo Marchese, in un saggio del 1982, cita il "testamento"[46] di padre Cristoforo, quello stesso che il Momigliano aveva (parzialmente) riportato per predicare l'accettazione dei travagli e delle miserie come preparatori dell'allegrezza raccolta e tranquilla. Sottolinea però la prima parte, che il Momigliano aveva peraltro omesso: «Amatevi come compagni di viaggio, con questo pensiero d'avere a lasciarvi, e con la speranza di ritrovarvi per sempre». Il Marchese intrepreta questa citazione sostenendo che «il Manzoni ci fa intendere che all'interno di una storia negativa ed immodificabile si salvano solo i rapporti autentici, rinsaldati dall'amore»[47]. Questa osservazione di questo critico però non può che rattristarci. Ancora oggi inopinatamente le sentenze del personaggio vengono riferite all'autore.

Ed inoltre il Manzoni avrebbe certamente scelto un'altra occasione, e migliore, per veicolare l'autenticità dei rapporti rinsaldati dall'amore, mentre qui invece la predica del frate consiste esclusivamente nel sottolineare non che ci si deve amare per "rinsaldare i rapporti autentici", ma che ci si deve amare «*come compagni di viaggio col pensiero di doversi lasciare un giorno*», che è ben altro di quel che il Marchese abbia inteso commentare.

È il classico *memento mori*, parafrasato banalmente dal cappuccino predicatore, che può bonariamente ricordarlo ai fedeli attenti rivolti fissi al pulpito sacro, oppure può, accigliato, predirlo minaccioso col dito levato e la voce aspra d'indignazione, di cui già aveva dato saggio, a

---

[46] Angelo Marchese, *Manzoni in Purgatorio*, Firenze, Casa Editrice Le Lettere, 1982, p. 81.
[47] *Ibid.*

don Rodrigo colpito e atterrito. E comunque calza bene solo al personaggio, e, meglio, al personaggio di quell'epoca.

La critica manzoniana dei PS, partita da un errore velleitario, imboccherà un cunicolo nel cui fondo verrà celebrata la (presunta) sostanza dell'ideale morale del Manzoni dei PS ed innalzato il personaggio padre Cristoforo ad eccelso veicolo di quella "momiglianiana" sublime moralità. Se il Croce, lo Scalvini e il De Sanctis avevano parlato di "moralismo" manzoniano, l'atteggiamento esaltato del Momigliano, consegna il romanzo alla letteratura parenetica vera e propria. Edificazione morale e celebrazione religiosa diventano un tutt'uno e così il Manzoni diventa autore di una seconda opera di morale cattolica. I due volumetti già citati, e commentati, di Luigi Nicoletti[48] ne sono corporea testimonianza. Ne citiamo solo un altro. Carlo Steiner in un suo commento scolastico ai PS[49] scrive fra l'altro: «Il libro è scaturito dalla coscienza religiosa del Manzoni, il quale ha voluto [...] mostrare in atto quali e quanti siano i benefici e insostituibili effetti della morale cristiana. [...] Il Manzoni ha tentato una pratica dimostrazione di quella verità che egli aveva prima difesa nella *Osservazioni sulla morale cattolica*. Mostrare come egli abbia ottenuto questo, e mettere così in luce anche nei menomi particolari la vivacità di questo dramma è stato fine precipuo di questa mia illustrazione che è dunque soprattutto psicologica e morale».

La strategia del Momigliano di elevare a poesia l'oratoria ha sortito uno degli effetti più deleteri, una generalizzata diseducazione ideologica. I detrattori della chiesa ne hanno naturalmente gongolato.

Il Miccinesi, dopo aver definito la religiosità dei PS «celebrativa e untuosa, addirittura gesuitica», spiega: «Se si è insistito nel mettere in luce gli ossessivi richiami a Dio, cui l'autore si è lasciato andare da che è entrato in campo padre Cristoforo, [...] è per aver agio di esaminare una delle caratteristiche della narrazione [...]. Il romanzo ha l'intento di istruire, ammaestrare nella fede, è realizzato con intenti didascalici. Episodi come quello dell'incontro di padre Cristoforo con Agnese e Lucia e poi con Renzo o quello del colloquio con don Rodrigo costituiscono irrefutabili testimonianze di quell'intento. Le creature manzoniane sono

---

[48] Luigi Nicoletti, *op. cit.*
[49] Torino, Edizione SEI, 1933, *Introduzione*, pp. V-VII, passim.

© ARMANDO EDITORE. La fotocopia non autorizzata è reato.

in uno stato di perenne sottomissione, non osano, si direbbe, essere se stesse, in quanto interamente si rimettono alla potenza di Dio che le travaglia, ma alla misericordia del quale credono in modo cieco, senza dubitare. Manca del tutto l'afflato della vera religiosità che si solleva dalla meschina e gretta sottomissione alla divinità»[50].

Svalutato quindi il valore poetico dell'opera – richiamando qui inevitabilmente il Croce – il Miccinesi continua: «Va ricordato che il romanzo si svolge in un'epoca controriformista e che la religiosità dei personaggi manzoniani è assai fedele ai dettati della Controriforma stessa»[51]. Non si capisce perché abbia voluto aggiungere una tale osservazione se un momento prima aveva dichiarato che quelle *testimonianze* sono *irrefutabili*. Ma è proprio questo che rende "refutabile" il suo giudizio di opera oratoria. Uno degli snodi determinanti alla definizione di autonomia del personaggio sta proprio in questa «*religiosità dei personaggi assai fedele ai dettati della controriforma*»! E proprio qui si può parlare ben di stacco tra autore e personaggio. L'oratoria anticattolica però ottunde la visione interpretativa ampia e serena.

Sulla stessa corsia ma in controsenso, il Momigliano era passato pure per quest'incrocio. In tutta la raffigurazione del personaggio padre Cristoforo il critico nella foga di dipingere la religiosità dell'autore, non fa altro in definitiva che mettere in evidenza, involontariamente, l'aureola di beatitudine che padre Cristoforo doveva possedere nell'opinione dei suoi contemporanei ed in rapporto al programma della chiesa antiriformista. In altre parole crediamo invece che quello che risulta chiaro dall'interpretazione involontaria del Momigliano è la straordinaria coerenza del Manzoni artista e poeta nel raffigurare con eccezionale obiettività ed autonomia la figura di un cappuccino predicatore cattolico nel fervore di quel periodo storico. L'intento artistico e letterario del poeta, come egli stesso comunicò al Fauriel in due lettere ai tempi della stesura dei primissimi capitoli[52], viene saldamente confermato.

I due critici antagonisti approdano senza saperlo né volerlo alla stessa riva. Entrambi nulla ci dicono di più di quel che su padre Cristoforo sapessero gli altri personaggi del racconto, che valutavano il frate cappuccino attraverso le parole e gli atti di lui: un santo nutrito di incrollabile ardore di carità e di consolidata fermezza morale aderente ai prin-

---

[50] Mario Miccinesi, *op. cit.*, pp. 151-153, *passim*.
[51] *Ibid.*
[52] Lettere citate.

cipi della religione cattolica con le marcate caratteristiche dell'epoca. E questo rientra, ripetiamo, nel pieno disegno artistico dell'autore.

Se noi esaminiamo anche soltanto qualche breve passo del testo che ci possa parlare dell'opinione che la gente del luogo aveva del cappuccino, risulterà che tutto quel che abbiamo detto commentando o riportando i commenti dei suddetti critici è contenuto né più né meno nella figura "esterna" quale doveva apparire con sbalorditivo realismo letterario agli occhi e ai sentimenti dei personaggi contemporanei del frate in odore di santità. Con il Russo il discorso sarà diverso, perché cercherà di dimostrare le sue tesi. E vedremo fra poco in che modo.

Al nome riverito di padre Cristoforo, lo sdegno d'Agnese si addolcì[53].

Con queste parole, entrando nel vivo e nei tempi della narrazione, ci vien sottolineato, prima ancora che si parli di lui, un misto indistinto di stima, fiducia, affetto e rispetto che il frate gode tra la popolazione. Quasi che al narratore premesse più darci subito una informazione sulla immagine piuttosto che sulla sua persona. È un piccolo preavviso di spaccatura che nel corrispondente luogo di *Fermo e Lucia* non si riscontra[54]. Dopo quel *riverito*, che rivela tuttavia l'atteggiamento della gente, si coglie invece la reazione di Agnese che ci dice molto di più. Il suo sdegno non solo si placa ma si *addolcisce*. C'è la manifestazione di una venerazione profonda ed istintiva. Quell'odore di beatitudine, che il frate spargeva intorno, ce lo racconta anche d'istinto e molto meglio che non la vuota esaltazione del Momigliano, il piccolo Menico, che, descrivendo il frate, dice con orgoglio: «Ho capito, quello che ci accarezza sempre, noi altri ragazzi, e ci dà ogni tanto qualche santino»[55]. «Ho capito!», dice subito. Questi bambini, li si può immaginare, accorrono festosamente all'apparire di quel saio scarno, si prendono le carezze, i *santini*, qualche aperto sorriso e poi scappano di nuovo via con la gioia inconscia nel cuore di un giorno e di tanti altri giorni avvenire pieni di corse, di sai, di sicurezza fiduciosa e di immagini di santini. E poi c'è ancora

© ARMANDO EDITORE. La fotocopia non autorizzata è reato.

---

[53] Cap. III.

[54] Nel tomo I, cap. III, c'è semplicemente Agnese che borbotta: «Hai fatto bene; ma dovevi dirlo anche a tua madre». La variante molto espressiva della forma definitiva è una delle tante conferme sulla particolare attenzione che nei PS il Manzoni pone all'uomo come finalità artistica e non alla *fabula* rispetto al FL.

[55] PS, cap. III.

Agnese, che conferma queste suggestioni, la quale, parlando con Menico, per farglielo tornare in mente, dirà «Il padre Cristoforo, quel bel vecchio, tu sai, con la barba bianca, *quello che chiamano il santo...*»[56]. *"Bel"* non è di certo una civetteria di Agnese, è un aggettivo positivo, espressione anche di fiducia che serve ad Agnese per catturare l'attenzione di Menico, ma è anche espressione di un uomo che ha il suo fascino spontaneo e la sua grinta. E poi c'è subito quel *santo*, che sta dal lato opposto. Su questo dato di fatto ci conferma ancora l'autore e ci informa più avanti al cap. VIII quando egli commenta le disposizioni che padre Cristoforo dà ai suoi protetti per rifugiarsi altrove dopo il tentativo di rapimento da parte di don Rodrigo: «Chi domandasse come fra Cristoforo avesse così subito a sua disposizione que' mezzi di trasporto, per acqua e per terra, farebbe vedere di non conoscere qual fosse il potere d'un cappuccino *tenuto in concetto di santo*» [corsivo mio]. Era il suo incrollabile zelo caritatevole che suscitava tanto sacro rispetto tra la gente che lo conosceva. E comunque non una cieca dedizione, se la stessa Agnese – ben lontana dal fanatico misticismo del Momigliano, nonostante fosse a conoscenza di quanta autorità il frate godesse *«presso i suoi e in tutto il contorno»*[57] – non fidandosi tanto della "iniziativa" del frate, promuove l'impresa del matrimonio di sorpresa. [corsivo mio]

Dai suoi contemporanei dunque il frate è conosciuto come un santo predicatore, spesso anche un po' focoso e irruento, tanto da potere, se non oltrepassare, ma certo andare molto vicino al superamento dei limiti imposti dalla Regola. Ne è a conoscenza il padre provinciale, il quale, durante il colloquio con il conte zio, dice tra sé e sé: «Lo sapevo che quel benedetto di Cristoforo era un soggetto da farlo girare di pulpito in pulpito e non lasciarlo fermare sei mesi in un luogo, specialmente in conventi di campagna», senza tuttavia tralasciare di aggiungere con la fermezza della verità contrapposta alla boriosa e bugiarda ipocrisia dell'interlocutore: «Oh! mi dispiace davvero di sentire che vostra magnificenza abbia in un tal concetto il padre Cristoforo; mentre, per quanto ne so io, è un religioso... esemplare *in convento*, e *tenuto* in molta stima anche *di fuori»*[58] [corsivi miei] – quasi a risarcimento dell'ingiustizia che egli sa di stare compiendo nei riguardi del cappuccino innocente ed ignaro. Il colloquio tra il padre provinciale ed il conte zio nel suo complesso ai fini della descrizione del personaggio scivola su piani diplo-

---

[56] *Ibid.*
[57] *Ibid.*
[58] Cap. XIX.

matici paralleli ma sfasati in quanto lì giocano il loro ruolo due autorità contrapposte ma anche socialmente complementari. Padre Cristoforo lì dentro non ha niente a che fare.

Fermandoci qui con le citazioni dei "contemporanei" del frate, che ingioiellano la *fabula*, quel che colpisce è come il Manzoni non trascuri di sottolineare che quell'attribuzione di santità è di pertinenza esclusiva della gente. Ogni informazione è regolarmente accompagnata da un *tenuto*, due volte, da un *riverito*, da un *presso i suoi e in tutto il contorno*. L'autore, fedele al programma di dissolvimento della propria presenza, affidando la responsabilità di un tale giudizio alla gente, si sottrae anche automaticamente alla valutazione della qualità e/o della schiettezza della sostanza di quella "santità", ovverosia della sua autenticità così come appariva al di fuori.

Quest'ultimo aspetto lo tratteremo in dettaglio più avanti. Qui adesso ci interessa e giova ricercare se l'aspetto religioso che il personaggio padre Cristoforo testimonia con le parole e le azioni sia esclusiva pertinenza del personaggio ed in che modo l'autore sia riuscito ad isolarlo e definitivamente.

• *Dal Russo ad oggi*

Le sentenze di padre Cristoforo, così intensamente pregne di religiosità, hanno dunque intorbidito la lettura del messaggio poetico del Manzoni, nonostante questi avesse descritto i suoi personaggi con una lucidità ed una trasparenza così cristallina, da creare l'illusione che non ci fosse adito a spiragli interpretativi. Eppure il Momigliano, abbagliato dalla incommensurabile fede del personaggio padre Cristoforo, credette di trovare la pietra filosofale col concepire l'idea di consustanziare il personaggio con l'autore, pensando così, come abbiamo visto, di superare ogni diatriba. Lo stesso procedimento di consustanziazione l'aveva messo in atto il Sansone, quando, abbacinato dalla moralità del frate, pensò di superare il dualismo desanctisiano, dichiarando che non v'è differenza tra ideale morale e reale da moralizzare, in quanto l'"ideale" del Manzoni, cioè la moralità, «è la condizione, la forma dell'ispirazione del Manzoni, il suo stato d'animo poetico»[59]. In altre parole il padre Cristoforo veicola il sentimento dell'autore, del poeta.

---

[59] Mario Sansone, *op. cit.*, p. 446

© ARMANDO EDITORE. La fotocopia non autorizzata è reato.

Alcuni anni prima la stessa cosa però l'aveva detta Luigi Russo nel saggio sui personaggi dei PS del 1945. Ma egli non si limitò ad annunziare una consustanzialità tra personaggio ed autore. Ne fece una teoria partendo dall'assioma che in un'opera d'arte il personaggio coincide col sentimento del poeta e che quindi è impossibile parlare di personaggio autonomo onde è ridicolo tentare qualunque ricostruzione del carattere e della personalità del personaggio.

Se per il Momigliano dunque il vero protagonista del romanzo era la Provvidenza, per il Russo è lo *spirito del Secolo*, il quale però deve dividere il seggio con un co-protagonista, il mondo morale. Abbiamo quindi la Moralità interpretata o meglio personificata nei personaggi religiosi e soprattutto in padre Cristoforo, assieme alla Storicità personificata da tutti i personaggi, compreso padre Cristoforo, che esprimono lo "spirito" del Secolo, cioè il puntiglio, l'onore e l'orgoglio. Nella rappresentazione della figura di padre Cristoforo, religioso e santo[60], si aggiunge il quadro storico in cui il padre Cristoforo assurge, come abbiamo visto più sopra, a simbolo dell'epoca attraverso il noto episodio del duello.

La trovata dello "spirito del Secolo" ha dato vita a numerosi quanto appassionati proseliti che hanno studiato la figura del padre cappuccino più nella storia e negli archivi che nel testo.

Vediamo a quali rapporti tra personaggio, romanzo ed autore si perviene seguendo la via della componente "storica".

Giuseppe Santarelli[61] ha dedicato un intero studio alla verifica della corrispondenza di tutte le informazioni che sui cappuccini si trovano nel romanzo con la realtà storica del Seicento, che egli è andato a ricercare negli archivi dell'ordine cappuccinesco. Ha analizzato tutti i luoghi del romanzo in cui si parla di usi, costumi, abitudini, regole e tutto ciò che riguarda la vita monacale per andarli a confrontare con una messe di regolamenti dei padri cappuccini dell'epoca, che ha riportato, e con le fonti e le cronache dell'epoca, concludendo con soddisfatto (e meritato) stupore che in effetti quello che nel romanzo si trova sui cappuccini corrisponde per filo e per segno alla realtà dell'epoca: «La conclusione più notevole di questa nostra indagine ci sembra quella che dimostra che il padre Cristoforo rappresenta nella intenzione stessa dell'Autore, il Cap-

---

[60] Luigi Russo, *op. cit.*, p. 337.
[61] *I cappuccini nel romanzo manzoniano*, Editrice Vita e Pensiero, Milano, 1970.

puccino caratteristico del secolo XVII [...] perché, per la volontà stessa dell'Autore, interpreta esemplarmente lo spirito e l'opera dei Cappuccini di quel tempo»[62](!) Immaginiamoci se non fosse corrisposto alla *intenzione stessa dell'Autore*!

Un altro capillare studio dedicato alla ricerca di tutti i luoghi e le persone e gli eventi della realtà storica che possano confermare (ma ce n'è bisogno?) il criterio della verosimiglianza seguito dal Manzoni stesso è stato compiuto diligentemente da Karin Lizium[63]. E sembra che ci sia riuscita.

Intendendo analizzare la struttura e i personaggi dei PS Enzo Noè Girardi sostiene che nella ricostruzione di un personaggio fa parte la componente psicologica o caratteriale (quella combattuta dal Russo), la componente etico-storica (quella affermata dal Russo) ed una terza componente, inventata da lui: «cioè che il Manzoni ha ricavato i caratteri e i tipi dal suo mondo etico-storico ed ha cercato di farli il più possibile verisimili, individua però nella fattura del personaggio un terzo elemento, che si pone in realtà come primario e decisivo, vale a dire l'esigenza di farlo in modo perfettamente corrispondente alla funzione strutturale a cui l'ha destinato nella compagine del romanzo»[64]. Muovendo da questi presupposti metodologici, sul personaggio, tema del presente discorso, Girardi conclude che «il Manzoni aveva bisogno di uno che fosse disposto proprio a *mettersi in mezzo*, a fungere da mediatore, affrontando il rischio, che don Abbondio rifiuta, di "andarne di mezzo". È questo appunto il ruolo di padre Cristoforo dal principio alla fine del romanzo, e salvo il periodo in cui, appunto, vien *tolto di mezzo*»[65]. E questo è l'esito della "tesi storico-strutturale" del Girardi, il quale, oltre ad essere errato, non dice assolutamente nulla sulla personalità del frate.

Un altro tentativo di ricostruzione "storica" ce l'offre Ferruccio Ulivi, che sul tema della non-violenza rappresentato vuole entrare in polemica con il Russo il quale spiega che quando padre Cristoforo parla di non-violenza non sarebbe l'opinione dell'autore. L'Ulivi sostiene invece che il Manzoni è estraneo sì al suo personaggio, ma solo perché egli crede che «lo scrittore non abdichi mai al fondamentale principio della

© ARMANDO EDITORE. La fotocopia non autorizzata è reato.

---

[62] *Ibid.*, p. 1, Premessa.

[63] Karin Lizium, *Die Darstellung der historischen Wirklichkeit in Alessandro Manzonis "I Promessi Sposi"*, Tübingen, Niemeyer, 1993.

[64] Enzo Noè Girardi, *op. cit.*, pp. 61-62.

[65] *Ibid.*, pp. 98-99.

obiettivazione storica» e aggiunge che «è il Manzoni scrittore e storico che prosegue nell'analisi dei pensieri e sentimenti che allignano nel clima secentesco, conscio di quel che di zelante e pedagogico apparteneva a quel tempo»[66]. Insomma da un lato fra Cristoforo con la sua rinunzia alla violenza esprimerebbe i propri sentimenti, dall'altro invece il Manzoni sarebbe immerso «nei pensieri e sentimenti che allignano nel clima secentesco»[67]. Come si fa ad essere fuori e contemporaneamente anche dentro? Insomma un vero e proprio *romanzo storico* fatto anche di misteri!

Come si vede, se il personaggio deve rispecchiare, come che sia, lo spirito del secolo, è una funzione, un veicolo. Non c'è autonomia. Non c'è l'uomo libero. C'è il personaggio che interpreta o personifica ancora una volta il secolo e lo rappresenta in tutto il suo splendore e magnificenza di peccati e peccatori, di orgoglio, di onore, di corruzione e di pompa, di bugia e di ipocrisia, ma non c'è l'uomo, la sua universalità, la sua eternità. L'interpretazione storica rischia così di affossare i personaggi, il romanzo e il suo autore come li ha affossati l'incapacità di liberarsi dalla vischiosità religioso-oratoria.

Riportiamo qui di seguito qualche altra testimonianza di prassi interpretativa stanca e logora, incapace di dimettere luoghi comuni e deviazioni:

Russo: «Ma dove questo colore del tempo è denso in ogni parte, è nella descrizione del duello. La descrizione del duello poi trascende, al solito, il caso individuale di Lodovico: fra Cristoforo lì scompare come individuo, per diventare l'elemento di un quadro di vita seicentesca»[68] [Ecco qui lo *spirito del Secolo* ed i *sentimenti* dell'autore!].

Getto: «Si apre poi l'episodio del duello, anch'esso tutto intriso di divertita e consapevole esperienza di uomini e tempi, che affiora in ironiche sentenze.[...] E in questa questione di precedenze, si apre un nuovo scorcio sul costume del tempo, che poi si amplia attraverso la tematica cavalleresca del duello e del linguaggio rituale e pomposo»[69].

Chi pensa ancora di battere questa strada, non avendo altro che la stessa erba da ruminare, può pervenire a prodotti come quest'altro che segue:

---

[66] Ferrucci Ulivi, *op. cit.*, p. 141-142, *passim*.
[67] *Ibid.*
[68] Cit., p. 316.
[69] Cit., p. 67.

Sergio Pautasso[70], dopo avere "acutamente" osservato che «risulta più efficace a rendere lo spirito del tempo il racconto della vita passata di padre Cristoforo che non una moltitudine di informazioni storiche sull'epoca»[71], invita a notare che sui *fatti* di padre Cristoforo «lo stesso linguaggio e ritmo narrativi sono diversi, più rispondenti alla necessità di rappresentazione della vita secentesca. Questo squarcio [*sc.* l'episodio del duello] non è soltanto coloristico, ma è una mimesi del tempo. [...] Tutto il capitolo è intessuto di stilemi che riproducono il manierato linguaggio seicentesco. [...] Nel dialogo abbiamo una serie di battute che paiono uscire da un trattato cavalleresco e di cui il Manzoni calca gli aspetti grotteschi e ironici, ma che rispondono, tuttavia, a un preciso codice di comportamento dell'epoca. Del resto è noto che Manzoni aveva consultato trattati di cavalleria [...]»[72]. Lo credo bene!

Si evidenzia facilmente in modo particolare la scarsissima volontà di abbandonare comodi sentieri e l'inconsapevole inutilità di circonlocuzioni di elementi che, in più e in meglio, possiamo leggere direttamente sull'originale.

E ci fermiamo qui con queste citazioni che sono state necessarie soltanto per mostrare non solo che la via della ricostruzione storica è poco produttiva, ma che veramente si rischia di seppellire una delle pietre miliari della nostra letteratura nel limo della banalità. Soprattutto se teniamo conto di ciò che già avremmo dovuto sapere sulla più o meno "storicità" del personaggio e che giova pertanto richiamare.

Che il personaggio fosse espressione del secolo, non può considerarsi una grande scoperta né del Russo né di tutti i suoi adepti, dal momento che lo stesso Manzoni ci informa di essere stato ben cosciente che per scrivere un romanzo "storico" bisogna innanzi tutto calarsi nello spirito del secolo, *conditio sine qua non*. Il 3 novembre del 1821 – poco più di sei mesi dopo il notissimo *incipit* della sua impresa narrativa – il creatore di un originalissimo "romanzo" con la consapevolezza e l'entusiastica modestia dell'inventore scriveva all'amico Fauriel:

Pour vous indiquer brièvement mon idée principale sur les romans

---

© ARMANDO EDITORE. La fotocopia non autorizzata è reato.

[70] Sergio Pautasso, *I Promessi Sposi, Appunti e ipotesi di lettura*, Milano, Arcipelago Edizioni, 1988.

[71] *Ibid.*, p. 84.

[72] *Ibid.*, p. 86.

historiques, et vous mettre ainsi sur la voie de la rectifier, je vous dirai que je les conçois comme une représentation d'un état donné de la société par les moyens de faits et de caractères si semblables à la réalité, qu'on puisse les croire une histoire véritable qu'on viendrait de découvrir[73].

Il 29 maggio del 1822, ritornando sul tema, precisava al suo amico:

> [...] *je fais ce que je peux pour me pénétrer de l'esprit du temps que j'ai à décrire, pour y vivre: il était si original, que ce sera bien ma faute, si cette qualité ne se communique pas à la description*[74].

Abbiamo quindi qui l'intento di rappresentare *fatti e caratteri* tanto verosimili da sembrare veri e che per raggiungere l'effetto voluto si sarebbe immerso tanto nello *spirito del secolo*, da *viverci dentro* (sic). Il mezzo per raggiungere questo fine evidentemente oltre alle sue capacità artistiche e alle doti poetiche era costituito da una vastissima e profonda conoscenza storico-archivistica dell'epoca, studi storici che peraltro sembra che il Manzoni prediligesse particolarmente.

Nella seconda lettera aggiungerà qualcos'altro:

> *Quant à la marche des événements, et à l'intrigue, je crois que le meilleur moyen de ne pas faire comme les autres est de s'attacher à considérer dans la réalité la manière d'agir des hommes, et de la considérer surtout dans ce qu'elle a d'opposé à l'esprit romanesque*[75].

Qui si può individuare *in nuce* quella che sarà l'autonomia completa del personaggio nei modi che noi possiamo rilevare nella versione praticamente definitiva del 1827. Già allora intendeva entrare nei suoi personaggi, dopo averli creati, dileguarvisi dentro e divenirne il loro occhio e la loro anima. Manzoni narratore non sarebbe più esistito, si sarebbe scisso, staccato, allontanato nella grande solitudine del creatore. E la sua narrazione, proprio perché non voleva avere nulla di *spirito romanzesco*, perché il suo romanzo non sarebbe stato un romanzo, ma il normale, casuale fluire della vita, diventerà una "relazione" del *modo*

---

[73] Manzoni, Alessandro, *Tutte le lettere*, a cura di Riccardo Bacchelli, Tomo I, Milano-Napoli, Riccardo Ricciardi Editore, 1953, pp. 244-245.

[74] *Ibid.*, p. 271.

[75] *Ibid.*

reale di agire degli uomini. Ed infatti *questa* relazione è la *Relatione* di cui parlerà l'"anonimo del Seicento" nella *Introduzione* al romanzo:

> *... solo che hauendo hauuto notitia di fatti memorabili, se ben capitorno a genti meccaniche, e di picciol affare, mi accingo di lasciarne memoria a Posteri, con far di tutto schietta e genuinamente il racconto, ouuero la Relatione...*[76]

Egli pertanto si limiterà a riferire sullo spirito del secolo e sul modo d'agire degli uomini nella realtà. Se con la relazione non si fa altro che informare riferendo, qui vi troviamo enunciato uno dei capisaldi della metodologia narrativa del Manzoni dei PS, intrecciato a doppio filo con gli aspetti poetici ispiratori del romanzo. L'Introduzione ci annuncia che i fatti narrati sono sì avvenuti nel Seicento, ma che l'autore si limiterà soltanto a "riferirli", dichiarando apertamente che nel momento in cui descriverà il modo reale di agire degli uomini, egli ne è estraneo, come estraneo è qualunque relatore.

Ma in questa relazione vi sta di più. Il Manzoni nel descrivere obiettivamente i luoghi, i fatti e le persone, ha rappresentato queste ultime con delle caratteristiche assolutamente proprie. Quello che esse fanno e dicono dipingono e concretano il concetto astratto di universalità. Il poeta conferisce al personaggio totale autonomia di agire e pensare. Nello stesso tempo in quanto descrizione della realtà del modo di agire degli uomini vi si afferma il carattere universale dell'azione umana svincolata da qualunque contingenza temporale. Fra Cristoforo è una delle figure che incarnano ed interpretano per molti aspetti la poetica programmatica alla base della concezione del romanzo. Il personaggio è da un lato immerso nello spirito dell'epoca, dall'altro però presenta i connotati della manzoniana concezione universale dell'uomo.

Nessuna delle figure di tutto il romanzo più e meglio di fra Cristoforo può essere letta attraverso il concetto di autonomia. Le azioni e le parole di questo frate cappuccino sono state quelle che per più di un secolo e mezzo hanno costituito il monumento del fraintendimento ideologico per generazioni di critici e lettori. Non «epopea della Provvidenza» quindi né «trionfo della moralità sullo spirito corrotto del Seicento», ma epopea dell'universalità dell'uomo libero, libero di agire e di pensare, di salvarsi o di perdersi, sempre espressione di se stesso e sempre portatore di qualcosa di nuovo, di vero e di bello, ma soprattutto di proprio.

---

[76] PS, *Introduzione.*

© ARMANDO EDITORE. La fotocopia non autorizzata è reato.

Dal frate così rappresentato l'arte sgorga vivificatrice. Qui dentro vi troviamo la fonte della concezione artistica del Manzoni. Ad ogni piega di questo personaggio, ad ogni atto, ad ogni parola sfavilla il nitore della poesia. Lo spirito del suo creatore l'ha animato d'una sua peculiarità che lo rende universale. Da un lato è immerso totalmente nell'"aureo" spirito secentesco, dall'altro esprime e veicola solo se stesso. Qui non vi è dottrina, non vi è ideologia. Manzoni, poeta del suo romanzo, le mille miglia lungi da una religione cattolica formale, ha fatto di padre Cristoforo il simbolo dell'autonomia dell'uomo, della sua indipendenza da qualunque entità o ruolo, della signoria di scelta del proprio destino, della sua effettiva libertà.

Per il Russo tuttavia le cose non stanno così. Per lui padre Cristoforo è solo veicolo della religiosità e moralità dell'autore. Per lui non esistono in un'opera d'arte personaggi autonomi, perché il personaggio, secondo lui, veicola il sentimento del poeta. A maggior ragione coi PS, in cui nell'autore il Russo riconosce un moralista. Mentre De Sanctis si era limitato a delle affermazioni, Russo è il primo che pensa di "dimostrare" la tesi della moralità del Manzoni autore dei PS, e lo fa proprio con il nostro frate.

Discutendo la tesi del Russo avremo modo di stabilire definitivamente l'estraneità del Manzoni alla religiosità espressa dal frate, che pur rappresenta puntualmente lo spirito controriformista dell'epoca. Ed anche sotto questo aspetto verrà confermata la "storicità" del romanzo compresa nel programma dell'autore. Quando subito dopo analizzeremo la qualità e l'autenticità di questa religiosità avremo ancora una volta l'effettiva rappresentazione dell'autonomia del personaggio, l'affermazione dell'intoccabile indipendenza e singolarità dell'uomo svincolato da qualunque ruolo e l'estrinsecazione così delle finalità poetiche dell'autore.

A pagina 350 del suo saggio sui personaggi dei PS il Russo argomenta che sì è vero «le sentenze dei personaggi di un'opera d'arte sono contenuto, e non già forma, non già spirito o moralità dell'artista»[77] e che se così non fosse, «si potrebbe fare il processo a Shakespeare, per le parole ciniche che mette in bocca a Jago, o il processo a Machiavelli, per quelle che fa dire a fra Timoteo, o il processo a Guicciardini per

---

[77] Luigi Russo, *op. cit.*, p. 340.

quella morale che egli obiettivava in un uomo ideale del suo tempo, e che lo storico e moralista fiorentino in fondo tratta come un personaggio distaccato dalla sua fantasia»[78], però il Russo, ed egli sottolinea il *però*, salta su con un'obiezione di sapore del tutto dogmatico: «Ma nel caso del Manzoni, la situazione è singolarissima: Manzoni oltre che artista, nel suo romanzo, ci si presenta come moralista e come oratore di quella sua moralità». Ed aggiunge, a dimostrazione della sua asserzione, «*In parecchi punti, egli approva la moralità che muove fra Cristoforo*, tanto che questo personaggio è potuto apparire ad alcuni critici come l'incarnazione ipostatica, per così dire, degli ideali e dei sentimenti del Manzoni uomo»[79]. [corsivo nostro] Certo! Se Manzoni *in parecchi punti approva la moralità che muove fra Cristoforo*, è semplice dedurre che tra pensiero dell'autore e sentenze del suo personaggio non v'è soluzione di continuità. Le prediche del frate diventano le stesse prediche del Manzoni. Il suo romanzo diventa uno scritto senza dubbio a fini parenetici e di diffusione della religione cattolica. Ed il Manzoni assume l'etichetta di perfetto moralista. Un bel servizio! Vediamo però che le cose nella realtà **non** stanno così.

Con pazienza ci siamo posti alla ricerca di codesti «*parecchi punti*». E dato che il Russo non ha fatto nessuna citazione, bontà sua, siamo andati ad esaminare tutti i punti in cui la *moralità* del frate potrebbe essere stata intesa come *approvata* dal Manzoni. Premettiamo subito che non c'è nessun punto in cui essa risulti chiarissimamente come vorrebbe far credere il Russo. Bisogna anatomizzare il testo esegeticamente ed arriviamo ai risultati che seguono.

Abbiamo escluso dall'esame "ovviamente" tutte le sentenze, le frasi, le parole che il frate pronunzia direttamente e che l'autore inserisce tra virgolette per l'indubbia ragione che l'autore non può in nessun modo approvare la «moralità che muove fra Cristoforo», perché non può entrare per logica di cose nelle parole che egli lascia proferire ad altri. Escluso ciò, il resto lo dividiamo in frasi che contengono degli incidentali del tipo *pensava*, oppure *gli pareva*, che abbiamo pur tuttavia analizzato, nonostante dovesse essere evidente che non possono appartenere all'autore; e frasi senza nessuna incidentale. Forse in queste ultime, le più insidiose, si nasconde il pensiero dell'autore, o balzerà in

---

[78] *Ibid.*
[79] *Ibid.*

© ARMANDO EDITORE. La fotocopia non autorizzata è reato.

superficie la laboriosa abilità artistica, stilistica e linguistica che l'autore metterà in atto per dileguarsi e lasciare totale, effettiva e assoluta libertà di pensiero e di decisione al suo personaggio?

Ecco qui di seguito i testi: [corsivi nostri]

Cap. VI:

Ma quella così inaspettata esibizione del vecchio era stata un gran ristorativo *per lui*: *gli pareva* che il cielo gli avesse dato un segno visibile della sua protezione.

Questo *pensiero* del frate avviene all'incontro con il vecchio servitore. Incontro che, come sappiamo, il frate aveva benedetto con l'imposizione della mano sulla testa del vecchio e con le parole «Il Signore vi benedica!». Quel «*per lui*» e quel «*gli pareva*» purtroppo per la buona pace dei moralisti, **impediscono** di fatto al Manzoni di attuare la presunta finalità parenetica. Egli, da presunto moralista, per corrispondere alla tesi del Russo, avrebbe dovuto scrivere: *Ma quella così inaspettata esibizione del vecchio era stata un gran ristorativo: il cielo gli *aveva* dato un segno visibile della sua protezione.

E così certamente avrebbe scritto, se avesse il Manzoni voluto far credere che egli credesse in segni di questo genere – quei segni che il Momigliano aveva, giubilante, visto come vera e propria mano di Dio!

Cap. VI:

Ecco un filo, *pensava*, un filo che la provvidenza mi mette nelle mani.

Anche qui un Manzoni "moralista" avrebbe tolto l'incidentale «*pensava*» e avrebbe senz'altro scritto: * Ecco un filo che la provvidenza *gli* mette nella mani. In questo modo avrebbe predicato in prima persona l'esistenza assoluta della Provvidenza con tutti i suoi *fili* che essa possiede e i segni della sua presenza benevola, il romanzo sarebbe ben servito, non v'è dubbio, a edificazione morale e il padre Cristoforo avrebbe svolto il suo ruolo di veicolo, o mezzo dichiarato di propaganda ideologica. Ma dal testo si evince anche qui solo la buona volontà dell'autore di tenersi a debita distanza.

Cap. IV:

E, ad ogni modo, ridurre un uomo a spropriarsi del suo, a tosarsi la testa, a camminare a piedi nudi, a dormir sur un saccone, a viver d'elemosina, *poteva* parere una punizione competente, anche all'offeso il più borioso.

Qui non c'è Lodovico, né Cristoforo. È il padre guardiano che commenta "impersonalmente" la decisione di Lodovico di chiedere perdono ai parenti della vittima scorrendo e valutando le conseguenze. Ora, fermiamoci ad analizzare quel *poteva*, quell'imperfetto. Se proviamo a sostituirlo con un presente, avremo una massima dell'autore: quel tipo di vita così e così **è** una punizione adeguata. Con quel *poteva*, il lettore entra dritto dritto nei pensieri e nella logica del padre guardiano, il quale quasi vediamo che si sta preparando quegli argomenti nel caso in cui il fratello dell'ucciso non avesse accettato le scuse, come dire "Che cosa volete più di questo?". L'autore è del tutto assente. Egli ha creato il suo personaggio e lo lascia là a pensare, a riflettere per conto suo, entro il suo universale microcosmo, con i suoi timori, le sue ansie, le sue volizioni.

Cap. IV:
[...] il nostro Lodovico, il quale cominciava una vita d'espiazione e di servizio, che *potesse*, se non riparare, pagare almeno il mal fatto, e rintuzzare il pungolo intollerabile del rimorso.

Ora, ammettiamo che questo sia uno di quei "punti" del Russo. Il nostro critico vorrebbe insinuare che il Manzoni condivide l'opinione di Lodovico secondo la quale una vita d'espiazione e di servizio, se non ripara, almeno paga il mal fatto. Se fosse così, primo, padre Cristoforo entrerebbe in contraddizione allorché anni dopo dirà a Renzo che non c'è nulla che possa giustificare e quindi riparare un omicidio, secondo, per condividere l'opinione il Manzoni avrebbe usato l'indicativo della realtà e della certezza. Egli, pur essendo certamente dell'opinione che non c'è nulla che possa riparare un delitto, tuttavia si guarda bene dall'usare l'indicativo proprio per evitare che gli dessero del moralista e che Lodovico perdesse della sua autonomia! Osservare l'incredibile spostamento semantico tra il testo e la seguente ipotesi: *... una vita di espiazione che **può**, se non riparare, pagare almeno [...].

Lo stesso discorso più avanti:

Cap. IV:
a. ne scelse uno che gli *rammentasse* ogni momento, ciò che aveva da espiare

Adesso troviamo un bel congiuntivo retto da un verbo di tipo volitivo. Il rammentare è indiscutibilmente nell'intenzione e nella volontà di

© ARMANDO EDITORE. La fotocopia non autorizzata è reato.

Lodovico-Cristoforo. L'indicativo avrebbe descritto un dato di fatto condiviso da tutti, compreso l'autore, ma non un desiderio, una volontà proiettata nel futuro e quindi legata all'azione personale del soggetto come era ed è nelle intenzioni dell'autore. Basta leggere la *a.* accostata alla *b.* che segue, per rendersi conto della leggerezza delle affermazioni del Russo:

> *b.* *ne scelse uno che gli *rammentava* ogni momento, ciò che aveva da espiare

Al cap. IV, sullo stato d'animo del neo padre Cristoforo nell'atto di chiedere perdono al fratello dell'ucciso, troviamo:

> traspariva ancora un'umile e profonda compunzione del male a cui la remissione degli uomini non *poteva* riparare

L'imperfetto indicativo tipico della narrazione rilancia l'affermazione in un passato situazionale con il quale essa si identifica e si esaurisce. Evidenzia, testimonia ed esprime pertanto, ancora una volta, come abbiamo accennato nell'Introduzione commentando lo stesso passo, la volontà del narratore di mantenere le distanze dall'azione narrata, la quale, espressa al presente (*a cui la remissione degli uomini non *può* riparare), avrebbe ricevuto invece il consenso dell'autore e si sarebbe mutata così in una massima valida in ogni tempo. Quell'impercettibile presente indicativo avrebbe fatto del nostro Manzoni un dozzinale predicatore sputasentenze. In realtà d'un Manzoni moralista non c'è in nessun luogo nessuna traccia.

Nella confusione tra una forma verbale e l'altra possiamo anche capire il buon Russo che ansimava sorreggendo ogni puntello della sua tesi.

A riprova del nostro discorso riportiamo un esempio opposto, eloquentissimo di uso del presente per introdurre un'opinione personale dell'autore. Al cap. XXXIV si legge: «[...] e vi *traspariva* [nel volto della madre di Cecilia] una bellezza velata e offuscata [...] quella bellezza molle a un tempo e maestosa, che *brilla* nel sangue lombardo» [corsivo ancora nostro]. Qui il presente è il segno di una constatazione generale, di un'affermazione valida nella neutralità del tempo che non ha né passato né futuro. Il presente tipico delle massime giuridiche appianate al giudizio e alla condivisione personale. Qui l'opinione personale è ben lontana dai personaggi: può ben essere espressa allora!

Come codicillo vogliamo aggiungere tuttavia alcuni commenti a delle sentenze proferite in diretta dal personaggio, le quali, se da una parte certamente escludono la partecipazione morale dell'autore, dall'altra illustrano ancora più vivamente la speciale e totale autonomia che l'autore ha concesso ai suoi personaggi.

Il Russo, navigando impavido sulla scia sua ma anche antica della moralità del Manzoni, vuol parlarci del «fascino estetico»[80] del personaggio Padre Cristoforo commentando, ovvero cercando di interpretare, la nota espressione di fra Cristoforo «A metter fuori l'unghie, il debole non ci guadagna»[81], dice: «Queste parole di fra Cristoforo hanno avuto una particolare fortuna o sfortuna nella critica. Si è discusso sul significato contenutistico di esse, e si è fatto il processo al Manzoni»[82]. Il Russo vuole, si capisce, difendere il suo Manzoni "moralista" dall'accusa di remissività davanti ai potenti, asserendo che «nella rassegnazione di fra Cristoforo non c'è una rinunzia negativa, ma una rinunzia per dir così positiva, una volontà eroica in ultima analisi, la quale può giungere al martirio. Questo frate che predica remissività davanti ai potenti [...] proprio lui affronta il lupo nella sua tana. [...] In questa contraddizione di fra Cristoforo, che poi non è contraddizione, ma integrazione di note morali, per l'appunto sta il fascino estetico di questo personaggio»[83].

È una interpretazione da equilibrista, del tutto gratuita e non aderente alla realtà della situazione. Riconosco che è difficile da un lato sostenere che Manzoni è moralista e predicatore, e dall'altro non ammettere che questa sia una tipica *performance* del religioso remissivo e servilmente ubbidiente alle superiori autorità! La verità invece è che il frate e tantomeno il Manzoni non sta scodellando lì una massima, un precetto, onde discutere sul suo valore morale (ed anche politico, dati i tempi). Il Russo ha proditoriamente estrapolato una frase, la quale fuori dal contesto non può essere altro che una esortazione lapalissiana alla rassegnazione, nonostante gli espedienti dialettici del Russo. Per il Manzoni, al di là dei tentativi acrobatici di salvataggio operati dal Russo, sarebbe stata una vera e propria catastrofe quella frase. Lui, giovane illuminista giacobino, autore di quel *Marzo 1821*, collaboratore del *Conciliatore*, amico di Pellico e di tutti gli altri finiti nelle carceri austriache per aver

---

[80] Luigi Russo, *op. cit.*, p. 341.
[81] PS, cap. V.
[82] Luigi Russo, *op. cit.*, pp. 339-340.
[83] *Ibid.*, p. 340.

© ARMANDO EDITORE. La fotocopia non autorizzata è reato.

messo fuori le unghie, adesso predica l'asservimento al più forte![84]. Manzoni non ha scritto nessuna parola di codesto romanzo senza averla soppesata cento volte col bilancino del farmacista.

Russo, e tutti coloro che citano un testo parzialmente, fanno opera di deplorevole falsificazione ideologica a buon mercato. Il testo "intero ed integro" dove trovasi quella frase è il seguente:

> "*Non sai tu che* a metter fuori l'unghie, il debole non ci guadagna? E quando pure..." A questo punto, afferrò fortemente il braccio di Renzo: il suo aspetto, senza perder d'autorità, s'atteggiò d'una compunzione solenne, *gli occhi s'abbassarono, la voce divenne lenta e come sotterranea*: "quando pure... è un terribile guadagno! [...]"[85] [corsivo nostro]

Quel «*non sai tu che*», già da solo ci avverte subito che non stiamo avendo a che fare con una massima ma con una narrazione. Nemmeno padre Cristoforo intende predicare qui la sottomissione: anche se raffigurato come predicatore cattolico, l'avrebbe potuto fare e sarebbe stato nel suo ruolo! Egli racconta invece qui semplicemente se stesso. Egli ci parla della spina che ha nel fianco, profonda fin dentro al cuore. È esclusivamente la propria esperienza personale che lo tormenta. Quella voce, che diviene «*lenta e sotterranea*» è la voce che parla dei suoi ricordi, del suo dramma ancora attuale, della macerazione della sua anima, che avrebbe voluto, oh chissà quante volte avrebbe voluto poter tornare indietro e restituire alla vita quell'uomo cui egli la tolse e quel Cristoforo che per lui la perse, del quale egli ora porta il nome a ricordo eterno e ad eterno pianto! Quante volte avrebbe voluto restare debole con le unghie mozze piuttosto che soffrire quei tormenti e struggersi!

Qui non c'è nessun predicatore. Manzoni narra il dramma infinito di un uomo, di un personaggio assolutamente autonomo, slegato da ogni vincolo di ruolo e di ideologie, che ritorna umanamente con la memoria, come potrebbe ogni uomo di questo mondo e di sempre, a quell'amaro, indimenticabile giorno, e il dolore gli trasforma la voce, come se venisse dall'al di là della sua anima da lungo morta insieme a quei due morti: è un guadagno *terribile*, uno sconvolgimento insanabile, irrimediabile, che neppure il tempo cancella.

---

[84] Una specie di: *Tornate alle vostre superbe ruine [...] L'un popolo e l'altro sul collo vi sta* (Adelchi, Atto II, Coro), che già nell'Adelchi era amaramente sarcastico!

[85] Cap. V.

A convalida infine della nostra interpretazione, che si tratti cioè di un segmento della vita del frate, accostiamolo ad un'altra situazione identica in cui il frate rievoca lo stesso, indimenticabile tratto doloroso della propria vita, e vediamo come viene descritto. Nel lazzaretto, anche qui rivolto a Renzo, il frate «tutt'a un tratto *abbassò il capo*, e, *con voce cupa e lenta*, riprese: "tu sai perché io porto quest'abito"»[86] [corsivo nostro]. La stessa positura, la stessa voce, gli stessi gesti. Cristoforo assume lo stesso identico atteggiamento. Quella storia delle unghie del debole è solo quindi e semplicemente il doloroso ricordo di quel *giorno terribile*, è un tratto epico della personalità inconfondibilissima del personaggio.

Il Russo doveva giungere all'affermazione di intenti morali da parte del Manzoni dei PS in quanto aveva postulato l'inesistenza di personaggi autonomi. Egli non ignorava che se il personaggio esprime se stesso, indipendentemente dai pensieri e dall'ideologia dell'autore, non può proporsi fini morali, perché, raffigurato come essere umano libero, non può interpretare nessun ruolo all'infuori di se stesso. Sono dunque le sentenze del personaggio contenuto psicologico e non forma dell'artista. Come *contenuto* ci dicono soltanto quello che c'è nell'animo e nella mente del personaggio in *quel* momento, in *quella* circostanza, per *quel* fine; è in ogni caso l'espressione di *quel* personaggio che agisce autonomamente in *quel* modo; c'è un uomo unico, e la sua figura, pur se cristallizzata nella forma dell'arte, è viva e reale.

I *parecchi punti* di cui egli parlava, ebbene, non esistono. Non ne abbiamo trovato nemmeno uno nel senso inteso dal critico. Ne abbiamo trovati invece tanti altri che dimostrano perfettamente il contrario. Dobbiamo dedurre che o ci troviamo dinanzi ad un caso di superficialità preterintenzionale, o che il Russo abbia letto i *parecchi punti* che ha letto, attraverso degli occhiali fortemente tinti di pregiudizio.

In conclusione possiamo adesso affermare a ragion veduta e senza alcun dubbio l'assoluta estraneità del Manzoni alla moralità del personaggio. Ciò non significa certo che egli sia "contro" quella moralità, significa solo che egli è semplice creatore e contemporaneamente semplice spettatore del suo personaggio.

Il nostro assunto di pervenire a rilevare un personaggio autonomo e indipendente e un Manzoni dallo spirito estremamente universale e

© ARMANDO EDITORE. La fotocopia non autorizzata è reato.

---

[86] Cap. XXXV.

nient'affatto oratore di nessuna religione o idea o ideologia è qui dispiegato alla chiara luce dell'evidenza.

b. Il personaggio padre Cristoforo. Dietro le quinte

La prima lettura, sulla superficie, si è limitata all'aspetto fenomenico del personaggio. Ci ha presentato il frate Cristoforo della tradizione religiosa cattolica. Un cappuccino mosso da una fede incrollabile nella provvidenza divina, spinto costantemente in tutte le sue azioni da un sentimento instancabile di carità e guidato da una speranza ardita nell'accettazione serena di ogni male per espiare peccati presenti, passati ed eventuali e guadagnare quindi meriti per il paradiso.

È indubbio che padre Cristoforo rappresenti un cattolicesimo attivo che coinvolge e travolge tutta la sua esistenza e travaglia il suo spirito. L'aiuto dei più deboli e degli oppressi, la sfida e la condanna della prepotenza, la predicazione dell'umiltà e dell'obbedienza unita all'esempio personale, la contrizione, l'esortazione a nutrire totale, indiscutibile fiducia nella provvidenza, l'infaticabile devozione ai precetti cattolici, l'invito costante alla rassegnazione fiduciosa ai disegni divini misericordiosi verso i pii dolenti, ed infine la sollecitazione e la pratica eroica del perdono incondizionato, espressione di alta virtù evangelica, costituiscono dei contrassegni di amore e di carità indiscutibili, se puri, genuini e autentici. Gli altri personaggi che conoscono padre Cristoforo sono così raffigurati da percepire certamente come profonda e sentita una tale religiosità. Il suo cristianesimo vissuto è senz'altro molto più efficace di quello messo in bocca al cardinale Federigo, la cui predica il Manzoni stesso, dichiarandosi stanco, ci "incoraggia" però ad ascoltare fino in fondo, giustificandola così in uno dei suoi famosi commenti extradiegetici: «Ma pensando che quelle cose erano dette da uno che poi le faceva, tiriamo avanti con coraggio»[87].

La critica filo-cattolica, in virtù di queste prerogative, abbiamo visto, l'ha elevato a santo. Gli anticattolici per lo stesso motivo l'hanno bollato di stucchevole oratoria religiosa. I moderati l'hanno visto come un tipico cappuccino del Seicento colmo di indefettibile ardore di carità. Tutto ciò ha anche mummificato il personaggio entro una religiosità cattolica dogmatica tradizionale come incarnazione dell'ideale "personale" del Manzoni.

---

[87] Cap. XXVI.

Dallo Scalvini al Momigliano, dal Croce al Miccinesi, pur con finalità contrapposte le sentenze di padre Cristoforo, intensamente pregne di fede, sono state fatte coincidere *tout court* con il pensiero dell'autore. Per cui non si è trattato più di studiare il personaggio ma di accettare o rifiutare un'opera parenetica con la conseguenza di innalzare il Manzoni sull'altare o di inchiodarlo sulla croce.

Noi abbiamo dimostrato l'assoluta estraneità del Manzoni alle sentenze del frate; abbiamo staccato, con buona pace del Russo, l'autore dal personaggio, abbiamo tolto al Manzoni quel che di Manzoni non era ed abbiamo posto fine ad una ingiustificata ed errata identità di durata assurdamente secolare, che era diventata non solo indissolubile, ma endemica, simbiotica, addirittura ipostatica ed infine solo noiosa.

Stabilito pertanto che ogni manifestazione religiosa del frate è di esclusiva pertinenza del personaggio, possiamo procedere, liberi ed esenti da tortuose quanto distorte argomentazioni, all'esame della manifestazione "umana" del personaggio, che costituisce il secondo livello di lettura. Di quest'aspetto umano, interiore, del personaggio né poteva essere a conoscenza la "gente" del romanzo stesso né hanno mostrato interesse i critici/lettori ai quali pur l'autore parlava attraverso la sua onniscienza.

In che rapporto staranno l'uomo e il religioso?

La religiosità del frate è certamente attiva, e questo l'hanno visto tutti, ma è anche drammatica. Un profondo travaglio umano sta alla base di quell'intensa attività religiosa. Qui si dispiega la profonda concezione universale del personaggio dei PS.

Approfondendo l'analisi di questo travaglio sarà d'uopo ragionare sulla genuinità e schiettezza della religiosità e della moralità del frate – cosa mai messa in dubbio da alcuno. La rappresentazione del nostro cappuccino acquista una luce del tutto nuova e sconcertante. Qui si focalizzerà l'interesse sul personaggio, qui mettiamo allo scoperto l'anima della poesia manzoniana così intelligibile da non lasciare adito a nessuno spiraglio interpretativo. Solo la multiforme sembianza dell'arte vi si sente aleggiare fuggevole. Ad ogni piega, ad ogni atto, ad ogni parola sfavilla il nitore della poesia. Lo spirito del suo creatore l'ha animato d'una sua peculiarità che lo rende immortale. Qui non vi è dottrina, non vi è ideologia né letteratura. Manzoni poeta dell'universalità umana, le mille miglia lungi da una religione formale, ha fatto di padre Cristoforo

© ARMANDO EDITORE. La fotocopia non autorizzata è reato.

il simbolo dell'uomo autonomo, indipendente da qualunque ruolo, signore del proprio destino, espressione reale della comunità naturale umana. Padre Cristoforo prima ancora di essere un religioso è un uomo. Come tale la sua personalità deve essere ricostruita *ab origine*. La prima e la seconda fase della vita del frate devono essere considerate due argomenti dello stesso tema. Il primo che prepara il secondo ed il secondo che è conseguenza del primo.

Ma chi era *in effetti* questo cappuccino dalla religiosità sì attiva e partecipata ma anche e soprattutto dolente e drammatica? Ce l'eravamo chiesto all'inizio per gli aspetti esteriori. Qui ora bisogna andare dietro le quinte.

Tutto quello che il frate cappuccino dirà e farà è certamente frutto di una profonda convinzione; ma a quale disposizione dell'anima è da ricondurre? L'abnegazione che egli mostra, anche se egregia e lodevole, è proprio *da santo*? L'abbraccio della vita claustrale e le rinunzie e le umiliazioni sono effettivamente legati ad una sincera vocazione? Quale validità teologica bisogna riconoscere a tutti gli atti di espiazione connessi con un innegabile presupposto di *do ut des*?

Analizzando questi problemi e traendone le adeguate conclusioni potremo chiarire il pensiero di Manzoni sulla provvidenza e sulla grazia. Padre Cristoforo acquisterà una realtà e come personaggio e come uomo molto più efficace perché autentica e tutta sua. E, vogliamo aggiungere, molto più vicina a noi, a tutti quelli che ammirano e vogliono emulare l'impavido coraggio.

"Quel giorno terribile"

Quando frate Cristoforo rammenta tumultuosamente a Renzo nel lazzaretto «con voce cupa e lenta» e con il capo «tutt'a un tratto abbassato», «tu sai perché io porto quest'abito», Renzo esita. Il frate lo incalza: «Tu lo sai!». «Lo so», rispose Renzo[88].

Perché portava quell'abito?

Scorriamo la biografia del frate, quale appunto il Manzoni ci ha fornito non certo per amore di digressioni saggistiche o di «eloquenza voluta»[89] virtuose.

Quel *giorno terribile* sconvolse la vita di un uomo.

---

[88] Cap. XXXV.
[89] Secondo le sprezzanti definizioni del Petronio di p. 624, *op. cit.*

Dalla biografia del frate che il Manzoni ci propone in *feedback* nel capitolo IV del suo romanzo, si ricava già la figura di un personaggio complesso e, possiamo dire, ambiguo. Il genitore dell'attuale frate era un mercante che, diventato molto ricco, ad un certo punto, non tollerando più il proprio stato sociale, che pur gli consentiva una considerevole agiatezza, decise di «rinunciare al traffico» e di darsi, non senza problemi ed incidenti, «a viver da signore». E *da signore*, dato il suo orgoglio, tanto intransigente quanto sconsiderato, aveva voluto educare il figlio Lodovico, il nostro futuro padre Cristoforo. Allora tra la borghesia e la nobiltà c'era un vallo veramente insormontabile. I nobili costituivano una classe all'interno della quale era impossibile accedere senza un blasone; ed essi non si peritavano di nascondere la loro fiera arroganza dovuta alla nascita e ai privilegi, anche se spesso scompagnati dai quattrini. Così la millanteria da una parte, inevitabilmente si scontrava con la fierezza dall'altra.

Lodovico ben presto dovette amaramente constatare che per entrare a contatto, e anche solo a contatto, con quelli che lui credeva i suoi "pari" secondo l'educazione ricevuta, bisognava fare «una nuova scuola di pazienza e di sommissione, star sempre al di sotto, e ingozzarne una ogni momento».

Cresciuto in questo ambiente, Lodovico era destinato ad accumulare un alto grado di accesa e labile superbia. Forte di alcuni principi morali quali il rifiuto dell'esercizio della soperchieria, usuale tra i nobili, come sconveniente ad un essere umano, conduceva la sua vita di ricco borghese condensando astio nei riguardi dei nobili e della loro prepotenza, cosa che veniva accentuata dai dileggi della nobiltà del luogo verso quel «vile meccanico» che, nonostante la sua vita sfarzosa, molto simile a quella dei nobili, non sarebbe mai entrato in un club riservato. Quel che più bruciava a Lodovico era probabilmente la combinazione di questi elementi: l'irrisione dei nobili e la sua inaccettabile esclusione senza speranza, il sentimento innato della giustizia che certamente faceva a pugni con una forte intemperanza e la sfrontatezza con cui la nobiltà esibiva la propria impunita arroganza. Lodovico "nobile" solo di animo, viveva questa situazione conflittuale in modo drammatico. Disprezzava l'arroganza ed odiava la violenza con un disdegno e con un odio che potevano ben identificarsi a loro volta con l'intransigenza e l'arrogante intolleranza.

Non poteva essere altrimenti a causa della sua ibrida posizione. Si sentiva un nobile ma solo per l'educazione ricevuta insieme ai rampolli della nobiltà locale e per la consuetudine con loro, ma in realtà

© ARMANDO EDITORE. La fotocopia non autorizzata è reato.

sostanzialmente non lo era. Non solo, ma nonostante potesse essere stato anche migliore, per animo e maniere, di alcuni nobili di nome, veniva trattato e fatto "sentire" inferiore, come uno straniero insomma e per di più nella propria città. Questa situazione anomala avrebbe fecondato quegli squilibri psicologici, che noi riteniamo, come vedremo, alla base prima del fatidico duello e poi di tutti gli altri consequenziali comportamenti. Lo scrittore precisa ancora: «S'allontanò da essi indispettito. Ma poi ne stava lontano con rammarico; perché *gli pareva* che questi *veramente avrebber dovuto essere* i suoi compagni» [corsivo nostro]. C'è l'ambivalenza stridula del sentimento di essere e la sembianza dell'essere. Due realtà contrastanti e coesistenti, che gli faranno vivere in modo drammatico l'esistenza attuale e il suo futuro credo religioso. Che non fosse in grado, per temperamento, per educazione e per l'errore del genitore di costruirsi una personalità che potesse affrontare positivamente la realtà, accettandola, anche se non privilegiata, ed entrarvi attivamente, lo mostra la decisione ch'egli di tanto in tanto pensava di prendere «per uscir d'impicci»: «farsi frate» perché incapace di controllare il conflitto tra la sua innata bontà umana mista a irruente insofferenza («l'indole onesta insieme e violenta») e la necessità sociale di ricorrere spesso alla forza. Il Manzoni ci spiega che pensava a quella decisione o perché «scoraggito», o perché «inquieto» o perché «annoiato», o perché «stomacato» ed in pensiero per l'avvenire. In ogni caso era soggetto a continua e instabile tensione.

Questi erano i presupposti. Un bel giorno l'odio vivo e represso trova modo di esplodere.

Il narratore ci dice che Lodovico, in sèguito al duello, scampato nel convento, poco prima che prendesse il saio, «riflettendo a' casi suoi [...] *gli parve* che Dio medesimo l'avesse messo sulla strada, e datogli un segno del suo volere» [corsivo nostro]. Qui c'è un salto di qualità. Fino a questo momento si è trattato di atteggiamenti e convincimenti dell'uomo con se stesso come interlocutore. Adesso entra in azione Dio. Lodovico/padre Cristoforo comincia a rispecchiare il credo religioso popolare. Con quel *gli parve* il Manzoni da parte sua ci annuncia i primi sintomi di un frate che esprimerà in modo indubbio un suo personale modo di vedere e di sentire, una religiosità dalle caratteristiche tutte sue proprie ed esclusive, determinato nelle proprie convinzioni, disposto a seguire come credo una religiosità in gran parte fatta di *segni* e credenze. L'autore ci indica già la via da seguire per interpretare la vocazione religiosa del frate, fondata più su suggestioni mistiche, e abbracciata in quanto era «il ripiego più comune, per uscir d'impicci». Ci obbliga questa osservazione a riflettere e, a causa della sua buona dose di opportunismo, a fare dei paralleli con don Abbondio. Entrambi si troveranno incapaci di esprimere una vocazione sincera. Il loro credo e la loro fede non può non essere che prerogativa personale, espressione di estrema autonomia del personaggio soggetta anche all'eventuale labilità dell'individuo.

L'episodio dell'uccisione dell'odiato rivale, quello che il Manzoni medesimo definirà «un giorno terribile» è visto da Giovanni Getto come «uno scorcio sul costume del tempo»[90]. Né diversamente aveva detto il Russo: «Non c'è una battuta di questo dialogo, che non sia imbevuta dello stile e delle frasi del tempo: e qui sta la nascosta poesia del dialogo che sfugge a lettori superficiali»[91]. È un po' come il proceder del Santarelli che aveva ricercato negli ordinamenti cappucceschi dell'epoca tutte le conferme dei luoghi corrispondenti manzoniani. Qui **non** si tratta di una questione di cavalleria. Vediamone il testo. Al capitolo IV si legge:

"Fate luogo!"
"Fate luogo voi", rispose Lodovico. "La diritta è mia".
"Co' vostri pari è sempre mia".
"Sì, se l'arroganza de' vostri pari fosse legge per i pari miei"[92].

Da qui a poco seguirà l'uccisione del nobile "arrogante", che un istante prima aveva con la sua spada oltrepassato un uomo del seguito di Lodovico che si era interposto per sottrarre il suo signore al fendente mortale dell'avversario.

Lodovico, pur sapendo di essere nel torto per via di una consuetudine del tempo che concedeva il diritto della destra solo tra pari, non vuole cedere il passo al suo odiato rivale nobile, ma ha bisogno di una motivazione. Qui abbiamo il personaggio che comincia a muoversi in ambito di vera autonomia.

Se Lodovico avesse obbedito al suo compito di personaggio, avremmo

---

[90] Giovanni Getto, *op. cit.*, p. 67: «E in questa questione di precedenze si apre *un nuovo scorcio sul costume del tempo*, che poi si amplia attraverso la tematica cavalleresca del duello e del linguaggio rituale e pomposo» [corsivo nostro].

[91] Luigi Russo, *op. cit.*, p. 320.

[92] Cap. IV.

© ARMANDO EDITORE. La fotocopia non autorizzata è reato.

assistito e partecipato allo sviluppo dello scontro scontato tra due uomini diversi e fieri in egual misura. Egli però in un preciso momento lascia il ruolo, devìa ed imbocca una soluzione del tutto inaspettata. Il figlio del mercante concentra il movente nell'arroganza quale tratto "morale" che annulla ogni preteso privilegio di casta, pone gli uomini tutti sullo stesso piano e costituisce la misura del diritto. Adesso la sua precedenza è sostenuta da un diritto assoluto. Il personaggio qui si esprime nella sua indiscutibile universalità dopo avere testimoniato assoluta indipendenza e assenza di ruoli.

Ma se l'arroganza dell'avversario ha determinato l'annullamento della diversità di classe, per cui il diritto diventa assoluto nell'idea di Lodovico da fargli esprimere tratti personali di personaggio rivoluzionario, dall'altro lato gli dà immediatamente la possibilità di confrontarsi "alla pari" con il nobile arrogante. Ci sembra che il fiero Lodovico non aspettasse altro che questa "motivazione giuridica":

"E, se tu fossi cavaliere, come son io", aggiunse quel signore, "ti vorrei far vedere, con la spada e con la cappa, che il mentitore sei tu"[93].

A Lodovico sembra di non credere alle proprie orecchie. Un'occasione come questa!:

"È un buon pretesto per dispensarvi dal sostenere co' fatti l'insolenza delle vostre parole"[94].

Chiaramente Lodovico vuole il duello, ma non per uccidere, dato che «mirava piuttosto a scansare i colpi, e a disarmare il nemico». Qui c'è tutto il giovane Ludovico, impulsivo, inesperiente, quasi teneramente ingenuo. Dandogli del vile, trascina l'avversario con l'offesa in un duello non per uccidere ma per umiliarlo! Figuriamoci se colui, un nobile aduso ai duelli per di più tronfio e altero, consapevole che un duello è questione d'onore, si sarebbe lasciato umiliare e da un *vile meccanico*. Tale aspetto certamente il "buon" Lodovico non l'aveva sufficientemente focalizzato. Quell'altro infatti alla prima stoccata mostra senza dubbi che «voleva la morte di lui». Lodovico è disorientato e turbato. Non vuole indietreggiare ma non vuole neanche colpire. È confuso. Con l'arma in pugno intanto si fa più tagliente il sibilo scrosciante dei me-

---

[93] Cap. IV.
[94] *Ibid.*

talli, più penetrante, all'improvviso diventa nunzio di morte imminente. Lodovico dall'alto della sua intemperante intraprendenza precipita nello sgomento. È annebbiato. La morte di ghiaccio la vede negli occhi decisi e implacabili dell'avversario che vuole la "sua" morte. Proprio in questo momento egli tradisce la precaria statura della sua fragile educazione. Un temperamento tanto focoso quanto instabile. Il nostro uomo è un debole intransigente, un debole che si accuccia dietro lo schermo della propria irrazionale e intollerante baldanza. Non ha voluto accettare le leggi storiche di classe, né di conseguenza poteva vedere che esse non si possono rimuovere con un duello, con l'eliminazione materiale del simbolo di quella classe odiata. Eppure la parte razionale dell'incoscienza gli ha fatto prospettare e vedere nella morte del simbolo, proprio perché tale, l'eliminazione di tutta la classe intera.

E la debolezza profonda dell'animo di Lodovico la constatiamo non tanto nella sua reazione di legittima difesa – qui è un atto di forza invece e di coraggio – quando affonderà la sua spada nel ventre del feritore, bensì nell'imprevedibile reazione che si manifesterà improvvisamente alla vista di quei due cadaveri davanti ai suoi occhi smarriti:

> [...] l'impressione ch'egli ricevette dal veder l'uomo morto per lui, e l'uomo morto da lui, fu nuova ed indicibile; fu una rivelazione di sentimenti ancora sconosciuti. Il cadere del suo nemico, l'alterazione di quel volto, che passava in un momento, dalla minaccia e dal furore, all'abbattimento e alla quiete solenne della morte, fu una vista che [...][95].

Solo adesso l'impulsivo e fiero Lodovico si rende improvvisamente conto che la vita non è fatta solo di ex mercanti alteri e di dispregiatori di nobili arroganti, ma anche della morte, che, dal volto fino ad allora sconosciuto gli si presenta ora davanti con la certezza e con il mistero della sua realtà:

> [...] fu una vista che cambiò l'animo dell'uccisore[96].

Il raffronto con il luogo parallelo in *Fermo e Lucia*[97] ci consente di evidenziare che non solo il passaggio della sfida e della provocazione da parte di Lodovico era chiaro nella mente del Manzoni, ma nei PS si

---

[95] Cap. IV.
[96] *Ibid.*
[97] Tomo I, cap. IV.

© ARMANDO EDITORE. La fotocopia non autorizzata è reato.

aggiunge pure il tema dell'arroganza. Non ci sono sfumature o tentennamenti. La figura di Lodovico/Cristoforo ha sempre avuto dei tratti netti, incisivi ed indiscutibili. Su questo punto Giovanni Getto, seguendo pedissequamente l'insegnamento del Russo, segnala null'altro che «in questa questione di precedenze si apre un nuovo scorcio del costume del tempo»[98]. Eppure il Russo stesso non aveva potuto fare a meno di non intravedere in questo passo, se non proprio un forte segnale dell'indipendenza artistica del personaggio, almeno la presenza di «un uomo del secolo della rivoluzione»; interpretazione tuttavia che subito respinge come inaccettabile «anacronismo psicologico»[99], annegandola nella convinzione che nel Manzoni fosse sempre presente un «vivissimo rispetto dei termini storici»[100]. Ma il Russo non ragionava in termini di autonomia. La vista della «*quiete solenne della morte*», di quell'istantaneo ed irreversibile entrare nel "nulla eterno" *cambiò* l'animo dell'uccisore e lo sconvolse. Lodovico precipitò da un estremo di smisurata ed incontrollata fierezza ad un estremo di incontrollata disperazione. Aveva provocato con l'offesa il suo avversario – definendolo indirettamente un vile che si fa scudo della sua posizione sociale – dopo averlo trascinato sul suo stesso piano sociale grazie al "pretesto" dell'arroganza, senza riflettere sulle eventuali conseguenze. Un duello conduce, secondo le regole, quasi sempre alla morte. Chi vi fa parte deve esserne preparato e consapevole. Non sembra che Lodovico lo fosse. La sua orgogliosa incoscienza l'aveva condotto ad un passo irrazionale, irreversibile. Egli scopre improvvisamente ed amaramente un volto finora sconosciuto di se stesso e ne prova orrore. Aveva provocato il duello senza sapere che avrebbe condotto a quel "terribile" spettacolo. La mente non regge. La trasfigurazione del mistero della morte a cui il giovane trentenne Lodovico non aveva mai pensato pur vivendo in un secolo in cui «l'omicidio era cosa tanto comune»[101], gli creò d'un tratto attorno il vuoto disperato della solitudine – «Lodovico si trovò solo, con que' due funesti compagni ai piedi, in mezzo a una folla»[102] – e lì dentro non vede che il baratro della sua irrimediabile perdizione. L'animo non regge. Uno sgomento immenso e penoso gli erige intorno un muro dentro il quale quest'uomo tanto fiero quanto debole vi si rannicchia perduto. E

---

[98] Giovanni Getto, *op. cit.*, p. 67.
[99] Luigi Russo, *op. cit.*, p. 318.
[100] *Ibid.*
[101] Cap. IV.
[102] *Ibid.*

così la sua reazione non può essere che tanto avventata, impulsiva e radicale quanto il gesto istintivo di affondare la spada nel ventre dell'odiato nemico.

Rifugiatosi nel vicino convento, stordito, annebbiato e quasi spinto dalla gente, lì prenderà la sua penosa decisione, che, seguendo coerentemente la religiosità popolare comune, attribuirà al volere divino senza badare alla logica dell'eresia!

Certo, le sue opere future di aiuto caritatevole dei deboli e dei perseguitati saranno opere pie per i loro effetti, ma non dovranno dare la palma di santità al loro autore dal momento che non saranno state del tutto disinteressate! Leggiamo nel testo:

> Contento, e più di tutti, in mezzo al dolore, il nostro Lodovico, il quale cominciava una vita di espiazione e di servizio, che potesse, se non riparare, pagare almeno il mal fatto e rintuzzare il pungolo intollerabile del rimorso[103].

Ma Cristoforo sarà sempre solo, un solitario condannato a vivere una solitudine drammatica. Né il conforto delle preghiere e della fervida credenza in Dio né l'ansiosa speranza della luce lo possono distogliere da quella idea disperata e patologica della espiazione. Il servire gli altri non gli dà la serenità spirituale dell'amore e della carità spontanea e viva, la gioia della vita per la vita degli altri. Egli vive la sua solitudine drammatica molto simile alla morte dello spirito.

Il Manzoni è chiarissimo: la vita monacale di padre Cristoforo dev'essere intesa una continua ricerca di espiazione. Ogni cosa che possa per lui rappresentare una punizione ed una umiliazione, il Manzoni ci dice che per il neo frate era ben accolta. Anche la più piccola come questa:

> Il sospetto che la sua risoluzione fosse attribuita alla paura, l'afflisse un momento; ma si consolò subito, col pensiero che *anche quell'ingiusto giudizio sarebbe un gastigo per lui, e un mezzo di espiazione*[104] [corsivo nostro]

Se Lodovico non avesse sofferto di quello che oggi potremmo definire semplicemente complesso di inferiorità grave impiantatogli nello spirito dalla futile educazione del padre, avrebbe riflettuto sulla sua

---

[103] *Ibid.*
[104] *Ibid.*

© ARMANDO EDITORE. La fotocopia non autorizzata è reato.

reazione. Avrebbe soppesato la legittima difesa da una parte con la provocazione dall'altra, si sarebbe pentito profondamente, si sarebbe contrito anche, ma sarebbe stato in grado di comporre e acquietare lì il fatto. Se poi il *volere divino* l'avesse voluto indurre a prendere il saio questo atto sarebbe stato estraneo all'omicidio ed indipendente, e da lì sarebbe cominciata una vita veramente e schiettamente di amore e di carità e non di dolore e di espiazione. Lì sarebbe nato quel santo quale erroneamente invece è stato visto dalla critica filo-cattolica.

Lodovico invece, sconvolto da quel gesto, vede in esso, giustamente ma soltanto, la dignità umana ferita. Vede che quel «morto da lui» era vittima della sua provocazione, trascinato da lui ad impugnare l'arma offendendolo col dargli del vile. Il rimorso lo divora. Vuole punire se stesso e scontare quel peccato. Le misure che prese corrispondevano però solo al suo animo disturbato e, comunque, più in là di quanto quel secolo barocco e controriformista avrebbe consentito. Giudicò che quel "delitto" non poteva essere mai lavato del tutto e che non gli restava altro che decidere di passare il resto della vita nell'espiazione e nella ricerca di ogni occasione per umiliare e punire se stesso. Il buttarsi in ginocchio prostrato davanti al fratello della sua vittima doveva costituire il primo e significativo atto di umiliazione punitiva. Il gesto era estremo; tanto è vero che la platea astante restò sconcertata e disorientata, estremo, come estremi saranno tutti gli altri atti fino alla morte. Ma quel primo gesto, seguito dal pane del perdono e della macerazione e dall'assunzione del nome di Cristoforo a ricordo perpetuo del suo delitto da espiare, doveva dargli il segno della strada da percorrere per alleviare il suo dramma, non per cancellarlo. Come quel malato inguaribile che prende le medicine che possono alleviare solo il dolore.

Ma così doveva essere, così il Manzoni, dall'ispirazione poetica universale, "legge" il suo personaggio. La ricerca dell'umiliazione è una costante suggellata dal primo atto. Il frate, creato personaggio senza ruolo, subito esprime se stesso e il suo lacerante bisogno. Ce ne parla eloquentemente la reazione del fratello dell'ucciso:

> Il *volto* e il *contegno* di fra Cristoforo *disser chiaro* agli astanti, che non s'era fatto frate, né veniva a quell'*umiliazione* per timore umano [...][105] [corsivo nostro]

Gli astanti hanno ricevuto il messaggio del frate, che attraverso il

---

[105] Cap. IV.

volto e il contegno manifestava «*disser chiaro*» indiscutibile e sentita umiliazione. Un'umiliazione così sentita - né poteva essere altrimenti -, che il fratello dell'ucciso non può, poco dopo, fare a meno di borbottare «tra i denti: diavolo d'un frate! se rimaneva lì in ginocchio, ancora per qualche momento, quasi quasi gli chiedevo scusa io, che m'abbia ammazzato il fratello»![106].

Seguendo il suo principio programmatico di «*considérer dans la réalité la manière d'agir des hommes*» l'autore ci informa poi ancora una volta e senza stancarsi, molto realisticamente ed esplicitamente, che Lodovico, dopo aver ottenuto il perdono del fratello della sua vittima «consacrava tutta la sua vita ad espiare quel giorno terribile»[107] ed ancora, come se non bastasse:

> Il silenzio che era imposto a' novizi, l'osservava senza avvedersene, assorto com'era, nel pensiero delle fatiche, delle *privazioni* e delle *umiliazioni* che avrebbe *sofferte*, per *iscontare il suo fallo*[108].

Un monaco, che si è fatto monaco perché ha *sentito* la voce di Dio non "soffre" per le privazioni e le umiliazioni. Per lui non saranno né privazioni né umiliazioni ma un *modus* normale per quella vita!

Alla luce di queste considerazioni ed indicazioni tutto il resto deve essere ovviamente consequenziale. Potrebbe bastarci solo questa informazione per supporre che tutti gli atti della sua vita sarebbero stati funzione dell'espiazione e ossessionati da questa idea.

La lettura del primo livello ci aveva presentato un cappuccino zelante di carità, predicatore e diffusore della dottrina cristiana.

Nel secondo livello stiamo assistendo ai tormenti di un uomo che si strugge per aver commesso un danno irreparabilissimo. La sua labilità psichica lo porta a vedere esclusivamente la sua colpa. Potrà da religioso farla risalire ad un peccato originale che l'uomo difficilmente può cancellare. Ma molto più umanamente si tratta di un uomo che si rende cosciente che uccidere, anche se con tutte le buone ragioni di questo mondo, fino alla legittima difesa, non può trovare nessuna giustificazione. Questo Lodovico lo capì subito nonostante la sua giovanile ir-

© ARMANDO EDITORE. La fotocopia non autorizzata è reato.

---

[106] *Ibid.*
[107] *Ibid.*
[108] *Ibid.*

ruenza ed inesperienza. E costituirà il tormento fisso e immutabile di tutta la sua vita. Già trent'anni dopo a Renzo che, un po' maldestramente, nel lazzaretto osserva che, in fondo, l'avversario che frate Cristoforo aveva ucciso era un "prepotente", quegli, risolutamente, reagisce agitato così:

> "Zitto!" interruppe il frate: "credi tu che, se ci fosse una buona ragione, io non l'avrei trovata in trent'anni? Ah! s'io potessi metterti in cuore il sentimento che dopo ho avuto sempre, e che ho ancora, per l'uomo ch'io odiavo!"[109].

Il cappuccino perverrà alla sacrosanta constatazione che non esiste nulla che possa giustificare l'uccisione di un uomo. Uccidere per difendere la propria vita rientra certamente nel programma della natura, che l'uomo non può modificare nemmeno se lo volesse. Ma qui si vuole affermare il principio della intangibilità della vita umana al di sopra della legittimità storica, giuridica e naturale. Ci ritroviamo dinanzi ad una concezione dell'umanità da parte del personaggio senz'altro sommamente cristiana. Manzoni tratteggia qui con sicurezza l'universalità del suo personaggio e la sancisce. E la sancisce però allorché ne fa non una creatura mistica, ma un uomo con una delle più banali debolezze, l'egoismo.

Quando padre Cristoforo senza avvedersene orienta la sua vita in funzione dell'espiazione, ogni suo atto non è più un atto spontaneo di amore, ma un mezzo per espiare quel suo "delitto". Manzoni realista non può immaginarsi l'uomo diversamente. Non può darci a modello un santo immacolato per cui difficilmente si trova uomo che possa prenderlo a modello e che comunque è visto come estraneo alla vita normale di ognuno. Preferisce un santo a misura d'uomo con i suoi drammi, le sue paure, le sue debolezze ed anche le sue consolazioni.

Ed ogni volta che fra Cristoforo ha occasione di umiliarsi e di ricevere un'umiliazione è sempre per lui una consolazione («Il padre Cristoforo camminava con una *consolazione* che non aveva mai più provata, dopo quel giorno terribile»[110] – [corsivo mio]), come la medicina che allevia il dolore di una malattia inguaribile.

---

[109] Cap. XXXV.
[110] Cap. IV.

"La grandine come il ciel la manda"

Dopo il primo snodo biografico e preparatorio all'interpretazione della personalità del personaggio, passiamo adesso al secondo snodo presente nel romanzo, l'intervento di padre Cristoforo per aiutare in qualche modo Lucia, che non può essere letto se non attraverso la chiave indicata esplicitamente dall'autore: la ricerca perenne e indefessa dell'umiliazione a fine espiatorio.

Nel palazzotto di don Rodrigo quando costui iniziò ad inveire senza ritegno contro il frate apostrofandolo *«villano temerario, poltrone incappucciato»*, questi, «ritirata placidamente la mano, abbassò il capo, e rimase immobile, come, al cader del vento, nel forte della burrasca, un albero agitato ricompone naturalmente i suoi rami, e *riceve la grandine come il ciel la manda»*[111]. E la grandine "benefica" continuerà ancora un po' finché, cacciato fuori, padre Cristoforo *«chinò il capo*, e se ne andò». Osserviamo che qui il *capo chino* non è gesto di saluto, ma atto di umiltà nei frati ed esternazione di umiliazione in particolare per Cristoforo e accettazione sottomessa ai voleri divini, punitivi ma fecondi – nella fede –: la grandine non piove come cade dal cielo ma *come il ciel la manda*. Per padre Cristoforo la presenza divina è minuziosamente sparsa su ogni azione umana!

Anche qui tra il FL e i PS non c'è grande divergenza. Si rileva e si conferma come la religiosità del frate fosse già delineata sin dall'inizio. Dobbiamo veramente credere che il frate non conoscesse abbastanza don Rodrigo da ritenere che questi si lasciasse persuadere da un cappuccino? Ovvero invece dobbiamo supporre che lo conoscesse così bene da pensare che sarebbe andato incontro a una molto probabile umiliazione, come in effetti ben volentieri ha ricevuto sotto forma di grandine (bella immagine!). Se noi andiamo un po' indietro, troviamo il frate che scorre, valuta e vaglia le eventuali vie di difesa di Lucia prima di prendere la decisione di andare direttamente nella tana del lupo. Quali altre soluzioni aveva scartato?

    a. Smascherare o impaurire don Abbondio.
    b. Informare il cardinale arcivescovo.
    c. Chiedere aiuto ai confratelli di Milano.

---

[111] Cap. V. [corsivi miei]

© ARMANDO EDITORE. La fotocopia non autorizzata è reato.

La prima la scarta perché la ritiene inutile. La terza perché inopportuna, rischiosa e forse anche controproducente. La seconda la scarta con un semplice e superficiale «Ci vuol tempo». Mentre per le altre due la giustificazione era plausibile, la soluzione *b.* viene quasi sorvolata frettolosamente e senza nessuna accettabile spiegazione. Che vuol dire «Ci vuol tempo»?

Osserviamo che il frate motiva la sua decisione con l'intenzione di minacciare don Rodrigo eventualmente «coi terrori dell'altra vita» (cosa che sarà peraltro aspramente criticata a partire dallo Scalvini, come abbiamo visto), «anche di questa, se fosse possibile», e che «alla peggio», la visita sarebbe servita a conoscere le intenzioni di quello e quindi a «prender consiglio da ciò». L'esito della missione è già in partenza molto precario. È strano che il frate, intenzionato eventualmente a minacciare, non valuti che don Rodrigo, dal signorotto borioso e cafone come era conosciuto e come il frate doveva pur conoscere, potesse non esimersi dal reagire con altrettanta violenza e danneggiare non solo lui personalmente ma anche di conseguenza la sua protetta. Già il rischio di nuocere a Lucia l'avrebbe dovuto distogliere *a priori* dall'impresa. Resta l'idea di danneggiare se stesso! Una vera e propria umiliazione che gli sarebbe servita in ogni caso per espiare il suo eterno tormento.

Questa è la spiegazione più plausibile, l'unica risposta per non scegliere la via più efficace per mettere fuori gioco don Rodrigo. Il frate era certo a conoscenza del carattere e della personalità del cardinale arcivescovo, se anche la semplice Perpetua poteva dire del cardinale Federigo che «era uno che *ci gongolava* a fare stare a dovere un di questi prepotenti»[112]. Ora uno che *ci gongola* a far stare a dovere un prepotente non solo non avrebbe perso tempo, come invece paventava il frate, ma avrebbe senz'altro anche estirpato l'erbaccia e definitivamente. Se non è stato così è perché la figura di questo frate è fortemente contrassegnata dal proprio dramma personale. È il *Leitmotiv* di tutto il suo pensiero, il suo sentimento, la sua azione, la sua condanna. Il tormento che la propria anima non potesse salvarsi dopo «quel giorno terribile» senza una continuo e diffuso martirio corporale e spirituale era diventato tutt'uno col suo volere. Non poteva quindi valutare con serenità il modo migliore per aiutare Lucia. Sapeva di poter fallire, ma sapeva pure che un ulteriore dolore avrebbe lenito anche se per poco il suo tormento perenne, che il tempo non sarebbe riuscito a sopire. Qualche mese dopo nel laz-

---

[112] Cap. I.

zaretto, alteratosi di scatto, apostroferà Renzo visibilmente imbarazzato: «tu sai perché io porto quest'abito»[113].

Il frate dunque non aveva avuto mai pace. Ogni attimo della sua esistenza era condizionato dalla ricerca della espiazione divenuta costante patologica.

I critici, condizionati dalle parole del frate e volendo ignorare i suoi sentimenti, dopo avergli deposto sul capo la corona di santo, furono costretti poi a cercare le spiegazioni più adatte ma le più farraginose o le più mistiche alle iniziative del frate.

Il Russo nel suo saggio più volte citato giustifica lo scarto del ricorso al cardinale, dopo averlo definito "logico", con una spiegazione tanto arzigogolata quanto incoerente, che non solo non dice nulla, ma non corrisponde a verità perché il frate non ha mai avuto da nessuno nessun ruolo esclusivo: «Uomini come fra Cristoforo – afferma dunque il Russo – non sappiamo immaginarli in mezzo a quel po' di ressa, che c'è sempre intorno a grandi gerarchi, a grandi cariche [...]. Fra Cristoforo deve rimanere sempre un irregolare nella sua vita, e per gli irregolari non c'è posto, dove c'è folla di cerimonieri e di postulanti. È dunque logico che fra Cristoforo affronti direttamente don Rodrigo, l'antico Lodovico non può mai morire in lui. La sua parte deve restare sempre quella di fronteggiare i prepotenti»[114]. Il Russo perviene a questa "spiegazione" perché deve essere conseguente alla sua tesi del *personaggio-sentimento* del poeta, sentimento peraltro errato, come incongrua è la sua argomentazione. Quale "sentimento" dell'autore veicolerebbe qui il frate? Il concetto che i prepotenti debbano essere fronteggiati continuamente e da soli? Ci sembra alquanto banale anche per i più moralisti degli scrittori. Ma questo al Russo non importa se egli deve a tutti i costi dimostrare che il personaggio dei PS è solo funzione delle idee del narratore.

Nelle *Letture Manzoniane* di Giovanni Getto[115] troviamo un'altra interpretazione, questa perlomeno strana: «L'intervento presso il cardinale avrebbe facilmente preso l'aspetto di una sleale denunzia». Dice così, proprio *sleale*! E aggiunge: «La via scelta da fra Cristoforo è l'unica che s'imponga secondo la logica delle cose, è anche l'unica che riesca

---

[113] Cap. XXXV.

[114] Luigi Russo, *op. cit.*, p. 337.

[115] Giovanni Getto, *op. cit.*, pp. 79-80.

© ARMANDO EDITORE. La fotocopia non autorizzata è reato.

accettabile stando alla ragion poetica, alla coerenza del personaggio». E qui a conferma delle sue parole riporta il corrispondente brano del FL[116]: «[...] ma dietro a tutti questi motivi ve n'era un altro che dava un gran peso a tutti questi, e che quantunque agisse così potentemente non era distintamente avvertito da lui. Il Padre Cristoforo era portato a cogliere con premura un'occasione di trovarsi a fronte d'un soverchiatore, di resistergli se non altro con esortazioni, di confonderlo, e di provargli ch'egli aveva il torto, e di combatterlo e di vincerlo come che fosse». Qui il Getto non fa altro che ripetere il Russo appena citato. Il personaggio è coerente con la sua parte! Ma proprio la citazione del Getto del brano del FL ci dice *in ogni caso* che il movente non è l'aiuto di Lucia ma l'ansia patologica di soddisfare un vizio caratteriale. In PS il Manzoni eliminerà questa "spiegazione" citata dal Getto, e vi aggiungerà la esclusione di ricorrere al cardinale arcivescovo, lasciando comunque al lettore la facoltà di vedere in quella decisione uno spirito di carità puro, un "santo", in altre parole, o un penitente interessato e poco altruista.

Alcuni anni prima Adolfo Faggi[117] e Luigi Berra[118], si erano chiesti come mai il frate scartasse l'opzione cardinale. Per il primo si è trattato di un errore psicologico del Manzoni, che avrebbe contrapposto il frate a don Rodrigo programmando il primo vincitore del secondo (!). Per cui anche se obiettivamente dovevasi ritenere il ricorso al cardinale come realistico non faceva però parte della logica del romanzo! Il secondo invece ricostruendo la vicenda della lettera che il cappuccino consegnò a Renzo prima di congedarsi dai fuggiaschi, suppone che il frate, con una serie di accostamenti dove la fantasia del critico travalica ogni immaginazione, si era proposto di informare il cardinale qualora la sua missione presso la tana del lupo fosse fallita. Il lettore immagini quanto tempo si sarebbe così perso, allorché il frate aveva scartato l'ipotesi del cardinale proprio per non perdere tempo!

In ogni modo un aiuto assolutamente obiettivo e disinteressato ed efficace non poteva che portare alla soluzione dell'arcivescovo. Se il frate non l'ha fatto, è perché mosso da altri interessi, in gran parte personali, qualunque essi siano stati. Per noi sono strettamente legati alla eterna e mai sminuita ansia e bisogno di espiazione, come quel malato che

---

[116] Tomo I, capitolo V.
[117] Adolfo Faggi in «Giornale Storico della Letteratura Italiana», LXVII, pp. 76-97.
[118] Luigi Berra in «Convivium», vol. XX, 1951, pp. 872-882.

ha bisogno della sua medicina che lenisca il dolore, non importa se per procurarsela spinga in secondo piano necessità più nobili.

"La grand'istanza"

Trent'anni erano passati da quel giorno terribile! In trent'anni non solo non aveva dimenticato ma aveva sempre tormentosamente cercato una qualche giustificazione al suo omicidio. Nel lazzaretto padre Cristoforo aveva gridato a Renzo:

> "Zitto!" - [...] - "credi tu che, se ci fosse una buona ragione, io non l'avrei trovata in trent'anni? Ah! s'io potessi metterti in cuore il sentimento che dopo ho avuto sempre, e che ho ancora, per l'uomo ch'io odiavo! S'io potessi! [...]"[119].

Per il sentimento che *ha avuto sempre* e che *ha ancora* non ha parole. È così al di là di ogni immaginazione dove non ci sono parole. Ed un sentimento così profondo, così disperato, non è forse quel sentimento che domina tutti i nostri pensieri, tutta la nostra anima? Non è quello che guida e determina tutte le nostre scelte? Non è quello che è seguito alla morte spirituale della sua anima alla vista di quei due morti in quel giorno terribile? Non è quello che per avere finalmente pace non può pensare ad altro ormai, non trovando più alcuna giustificazione all'omicidio che eliminare quel corpo che ancora contiene solo il dolore?

La ricerca di espiazione avrà potuto lenire l'angoscia ma non eliminarla. Ci sarà bisogno della estrema espiazione, la morte di quel corpo che ha commesso il delitto.

> [...] la peste scoppiata a Milano gli offrì occasione di ciò che *aveva sempre tanto desiderato, di dar la sua vita per il prossimo*. **Pregò con grand'istanza**, d'esserci richiamato, per assistere e servire gli appestati[120] [corsivo e grassetto nostri]

Dar la sua vita per il prossimo l'aveva sempre tanto desiderato! Quante volte il malato incurabile ha desiderato la morte liberatrice di

---

[119] Cap. XXXV.
[120] *Ibid.*

© ARMANDO EDITORE. La fotocopia non autorizzata è reato.

ogni sofferenza? Adesso vi è vicinissimo: la sua preghiera è fatta *con grand'istanza*!!

Cristoforo espierà servendo gli appestati. È certamente un atto di estrema generosità e di amore ma, in quanto ritenuto liberatorio della sua profonda sofferenza è in lui e per lui anche un atto di innegabile egoismo! Sembra un estremo paradosso ma non c'è un altro nome!

La personalità di frate Cristoforo, il santo predicatore finora e sempre additato a modello di specchiata moralità e di incondizionata carità in realtà viene descritto dal nostro Manzoni, attento all'universalità del suo personaggio, con delle sembianze molto più umane di un etereo santo a tutti i costi. Come cappuccino dall'aureola di beato benedice il vecchio servitore che gli prometteva una "soffiata", e gli invoca la benedizione divina imponendogli la mano sul capo. Ma non dobbiamo trascurare invece che quelle parole e quel gesto seguono immediatamente dopo la battuta del vecchio che "spiega" il movente del suo gesto:

"Ma io vorrei salvare l'anima mia"[121].

Questo ritornello tormentoso il padre cappuccino lo conosce benissimo. Egli sa che il suo omicidio non ha nessuna giustificazione, nemmeno la legittima difesa, dato il senso spiccato dell'intangibilità della vita umana che lo ha fulminato. Egli sa che la sua anima può essere dannata in eterno. Da perfetto religioso, da perfetto personaggio che incarna tale religiosità, sente l'ansia e l'angoscia di salvare l'anima al centro di tutta l'intera sua vita. L'uomo l'aveva perdonato. Ma Dio?

Qui ci troviamo di fronte ad un uomo debole, tremante, sperduto. Non v'è nessun santo, che irradi gioia celeste, perché celeste e limpido è l'animo suo beato che già in terra vive il suo paradiso lontano mille miglia dagli altri mortali. Padre Cristoforo invece a noi appare, alla luce delle nostre considerazioni, un uomo come tanti altri su questo mondo, triste sì e smarrito a causa di un genitore sconsiderato e superbo, che lo rovinò psichicamente e per sempre. Egli tuttavia ci insegnerà la strada dell'amore e della misericordia, della carità e dell'abnegazione, del perdono e del sacrificio, ma dovrà insegnarcelo attraverso la sua intolleranza e il suo egoismo, attraverso l'essere uomo che parla a uomini, i quali sono più inclini ad accettare e seguire l'esempio non di un santo immacolato, che può apparire un modello irraggiungibile, ma di un uo-

---

[121] Cap. VI.

mo come tutti gli altri, visto che qualche volta ci capita anche di riconoscere il nostro egoismo e la nostra umana intollerante debolezza.

c. Il ruolo della Provvidenza

Nella prima parte di questo capitolo dedicato a padre Cristoforo abbiamo incontrato un cappuccino colmo di fervido amore di carità, un predicatore instancabile della fiducia nella provvidenza, un infaticabile divulgatore della dottrina cattolica, fatta soprattutto di carità e perdono. E qui abbiamo anche mostrato, contrariamente a quanto la storia della critica ha raccontato fino ad oggi, che la religiosità del frate è di esclusiva pertinenza del frate. Con ciò si è sottolineato che l'autore ha raffigurato il personaggio perfettamente autonomo e indipendente non solo da qualunque ruolo, ma anche dal suo autore. L'autore, come il Creatore, ha creato il suo personaggio e poi l'ha lasciato libero di credere e di agire come vuole.

Nella seconda parte il personaggio padre Cristoforo ci ha rivelato degli aspetti del tutto inaspettati. Il suo zelo cristiano, tanto alto da meritargli da più critici l'appellativo di santo, non è poi tanto genuino e disinteressato come dovrebbe attenere ad un "santo". La sua perenne ricerca di espiazione da un lato ha messo a nudo nel personaggio, anche se determinata dalla pesante qualità della predicazione religiosa cattolica dell'epoca, una buona dose di egoismo parallelo a quell'intemperante intransigenza che portò il giovane Lodovico al duello e all'omicidio; dall'altro ci ha presentato però anche un cappuccino eroe a misura d'uomo in cui fermentano principi universali, quale il sentimento dell'intangibilità della persona umana. E qui l'autonomia concessa dall'autore al suo personaggio incarna e realizza in pieno l'universalità dell'ispirazione artistica e poetica del nostro Manzoni.

Questa terza ed ultima parte vogliamo impiegarla alla ricerca di una risposta alla domanda quale valore abbia la provvidenza, che il frate strenuamente predicava, nel contesto della *fabula*; quale funzione abbia nella vita "reale" del personaggio e come viene raffigurata. Quest'ultima modalità dovrebbe darci uno schizzo del sentimento religioso cattolico "effettivo" del Manzoni.

Padre Cristoforo ha sempre predicato la fiducia nella Provvidenza,

© ARMANDO EDITORE. La fotocopia non autorizzata è reato.

nei disegni benevoli del cielo, che non lascia soffrire i suoi fedeli, se non per preparare loro una gioia più grande, almeno secondo le prediche del cappuccino che ripetono la dottrina generale della chiesa e la morale cattolica.

Ma leggendo il romanzo vediamo che accanto alle parole ci sono anche i fatti. E i fatti in questione non corrispondono quasi mai alle parole. Nella realtà della vita del romanzo le cose vanno infatti diversamente:

- l'azione del vecchio servitore – quello stesso che il Momigliano aveva definito vero e proprio segno della mano divina – ha fatto rischiare a Menico la vita e ha portato fra Cristoforo a organizzare una fuga che ha spedito Lucia dritta dritta nelle fauci del lupo e Renzo a un passo dalla forca;
- Lucia è sfuggita al rapimento per caso grazie allo scampanio del campanaro Ambrogio, mosso da altri e "personali" intenti che non dalla "Provvidenza";
- l'innominato si converte non per le parole, per quanto stracolme di fede, di Lucia («Dio perdona tante cose per un'opera di misericordia») ovvero dunque per l'intervento della Provvidenza, ma, vediamo a suo luogo, per le espressioni del Nibbio: se poi la compassione del Nibbio sia stata opera della Provvidenza o del caso, è opinabile, come pure opinabile se dovuti al caso o alla Provvidenza la presenza o l'arrivo del cardinale nel paese dell'Innominato proprio all'alba della famosa notte insonne del vecchio brigante, tormentato per i fatti suoi da una grave crisi di coscienza;
- la Provvidenza viene ritenuta da don Abbondio autrice dell'arrivo della peste, che riceve dal pavido prete addirittura un'apologia per la sua funzione di scopa (!)[122];
- un segno della Provvidenza è, secondo il testo, il delitto di Lodovico – almeno nei pensieri di Lodovico stesso – che spinge l'omicida a farsi frate!
- la Provvidenza che ha bisogno di traversìe e dolori per poter aprire le porte del paradiso viene così predicata da padre Cristoforo con i buoni consensi del Momigliano e del Marchese che prendono ciò addirittura come *sugo* di tutta la storia;
- la Provvidenza del barrocciaio che fa la buona azione rifiutando la ricompensa in moneta perché, a suo dire, ne aspetta una più

---

[122] Cfr. a questo riguardo il sapido quadro che ne fa Bàrberi-Squarotti, cit. p. 113.

grande nel futuro – secondo le giuste prediche del cappuccino – ed intanto un paio di ore dopo rivela ad un amico il rifugio di Lucia, provocando una vera e propria svolta catastrofica: Lucia patirà veramente le pene dell'inferno sia durante il tragitto nella bussola sia durante la notte del cosiddetto voto!

Questo per quanto riguarda i "disegni divini". Altro che romanzo religioso!

Ma non solo falliscono tutte le azioni di padre Cristoforo, che predica la Provvidenza, falliscono anche i piani e i disegni di quelle persone che agiscono non proprio all'interno della fiducia nella provvidenza: il piano di don Rodrigo; il progetto di Agnese di sorprendere il curato; l'intento di Renzo di trovare aiuto dal dottor Azzeccagarbugli ecc.

Ogni opera dell'uomo è destinata a fallire[123], come pure, nell'intercapedine del romanzo, ogni disegno divino così come visto dai personaggi interessati. Ora se noi ben consideriamo l'intessitura del romanzo non vi troviamo altro che l'assenza di una qualunque trama. Non c'è, come abbiamo detto all'inizio, nessun personaggio che conduce un'azione in vista dello svolgimento di un'altra. Sembra che ogni movimento sia lì fine a se stesso. Renzo, definito anche dall'autore *quasi* il primo uomo della storia, è un granello di polvere trascinato dal soffio degli eventi. Padre Cristoforo dopo aver fallito viene anche neutralizzato. Don Abbondio è totalmente passivo. L'Innominato ha i suoi problemi personali. Il cardinale è lì per caso. In pratica se noi vogliamo ricostruire un filo conduttore, avremo dei problemi. E questo è proprio l'opposto di quel che si intende per "provvidenza'", la cui accezione è impregnata dal concetto di programmi e finalità! Le azioni del romanzo sono dei segmenti che iniziano in un punto imprecisato e si dissolvono senza una precisa conclusione, come nel caso della rivolta di Milano, o dell'arrivo della peste o del mandato di cattura di Renzo. Si può ben pensare che l'unica logica che guidi le azioni dell'uomo sia costituita dalla presenza di eventi mossi soltanto da un'incalcolabile casualità. L'uomo è totalmente impotente dinanzi ad essa. I suoi programmi falliscono e passano senza rimedio. Non è possibile stabilire nessuna previsione. Il caso regna sulle vicende del romanzo e le guida, come pure il caso

© ARMANDO EDITORE. La fotocopia non autorizzata è reato.

---

[123] Cfr. Giuseppe Petronio, *L'attivitá letteraria in Italia*, Storia della letteratura, Firenze, Palumbo, 1981, p. 620.

regna nelle vicende dell'uomo. Nessun uomo può legittimamente programmare la sua vita. Il romanzo si configura chiaramente come un romanzo impossibile.

Ma dove trova allora l'uomo un senso alla vita reale se i personaggi rispecchiano la banale realtà della vita? Nel libro del Manzoni ci sono tre conclusioni. Una messa in bocca a padre Cristoforo. Un'altra a Renzo e Lucia. Una terza attribuita all'Anonimo. Il Momigliano evidentemente aveva scelto la prima – «Ringraziate il cielo che v'ha condotti a questo stato, non per mezzo dell'allegrezze turbolente e passeggere, ma co' travagli e le miserie, per disporvi a *un'allegrezza raccolta e tranquilla*» – che noi scartiamo perché è la chiusa parenetica del frate impastata di dottrina cattolica e non quella del Manzoni. La seconda il Momigliano l'aveva scartata perché ritenuta "stanca": «i guai, quando vengono o per colpa o senza colpa, la fiducia in Dio li raddolcisce, e li rende utili per una vita migliore», che dipinge in pieno il credo popolare realistico della inerte aspettazione. La terza, ignorata dal Momigliano, ce la fornisce l'*anonimo* in qualità di vero e proprio personaggio autonomo colmo di estremo realismo e sana obiettività. È la famosa e nota similitudine del letto dell'infermo:

> L'uomo fin che sta in questo mondo, è un infermo che si trova su un letto scomodo più o meno, e vede intorno a sé altri letti, ben rifatti al di fuori, piani, a livello: e si figura che ci si deve star benone. Ma se gli riesce di cambiare, appena s'è accomodato nel nuovo, comincia, pigiando, a sentire, qui una lisca che lo punge, lì un bernoccolo che lo preme: siamo in somma, a un di presso, alla storia di prima. E per questo, soggiunge l'anonimo, *si dovrebbe pensare più a far bene, che a star bene: e così si finirebbe anche a star meglio*. È tirata un po' con gli argani, e proprio da secentista; *ma in fondo ha ragione*[124] [corsivi nostri]

Delle tre conclusioni, se noi le accostiamo l'una all'altra, solo questa dell'*anonimo* contiene un elemento attivo, il *fare* del bene, le altre due consiglierebbero di affidarsi fiduciosamente alla Provvidenza e sperare.

Dal punto di vista teleologico la questione delle "conclusioni" del romanzo è un crocevia obbligato. In quel «*pensare a far bene*» il personaggio "anonimo" invita da un lato a non dedicarsi con eccessiva e de-

---

[124] Cap. XXXVIII.

legata fiducia alla Provvidenza, ove indiscutibile è l'assenza di un qualsiasi obiettivo. Dal momento che l'uomo non ha nessun potere nel fissare il proprio destino e dal momento che nessun destino è fissato per lui, oltre evidentemente alla morte naturale, *pensare a far bene* significa in fondo – secondo l'*anonimo* – tutto quello che il frate avrebbe dovuto fare senza subordinarlo alla salvezza della sua anima. L'azione dell'uomo intesa al bene altrui è la condizione per raggiungere quello stato di serenità e di gioia interna che alcuni chiamano paradiso e che altri chiamano *star bene*. In questo senso si sta certamente *meglio*.

In conclusione con ciò non significa che il Manzoni conformi così i suoi personaggi e la struttura del suo racconto al suo personale pensiero nell'intento giacobino di distruggere la chiesa cattolica e il suo credo nella provvidenza, ma credo che si voglia realisticamente sottolineare che il personaggio-uomo trova la sua sicura salvazione, nel senso di profonda coscienza della propria azione responsabile, quando si affida in gran parte alle sue proprie forze, alla sua intelligenza e al suo spirito autonomo di intraprendenza, alla sua innata libertà e indipendenza da dogmi e dottrine, e che comunque è anche libero di tener dietro a qualunque credo nelle modalità che egli e solo egli ritiene opportune.

Ma vogliamo aggiungere ancora qualcosa a benefizio di tutti quelli che hanno parlato di "intenti morali" nel Manzoni dei PS.

Abbiamo ampiamente mostrato che tutte le parole e gli atti di fra Cristoforo erano finalizzati alla salvezza della sua anima, esattamente come il gesto proditorio del vecchio servitore, del barrocciaio, del barcaiolo e anche dell'Innominato. Tutto ciò, per buona pace del Russo, non poteva aspettarsi l'approvazione del nostro poeta "moralista". Se di Moralità in senso assoluto del Manzoni vogliamo parlare, dobbiamo evidenziare il seguente commento che riportiamo per intero. È il commento dell'opera che i frati svolsero nel lazzaretto di Milano durante la peste del 1630:

> Ma è un saggio non ignobile della forza e dell'abilità che la carità può dare in ogni tempo, e in qualunque ordine di cose, il veder quest'uomini sostenere un tal carico così bravamente. E fu bello lo stesso averlo accettato, senz' altra ragione che il non esserci chi lo volesse, *senz' altro fine che di servire*, senz'altra speranza in questo mondo che d'una morte molto più invidiabile che invidiata. [...] E perciò l'opera e il cuore di que' frati meritano che se ne faccia memoria, con ammirazione, con tenerezza,

© ARMANDO EDITORE. La fotocopia non autorizzata è reato.

con quella specie di gratitudine che è dovuta, come in solido, per i gran servizi resi da uomini a uomini, *e più dovuta a quelli che non se la propongono come ricompensa*[125] [corsivo nostro]

C'è tra costoro padre Cristoforo? Il Manzoni con somma obiettività gli ricorda che il bene, almeno secondo l'opinione comune, per essere tale deve essere del tutto disinteressato, incondizionato, un amore totale e spontaneo che non aspetta alcuna ricompensa, che non sia finalizzato ad altro che ad amare. E qui l'assenza del premio e/o del castigo preclude ogni via alla "moralità". Siamo sul piano del bene assoluto.

Un Manzoni "moralista" così, ci sta bene. Ma tuttavia bisogna tener conto che non si tratta di disegni programmatici. Il Manzoni, resta ben chiaro, non descrive e mette in azione nessun personaggio *per* dire qualcos'altro. Egli ha descritto la religiosità del suo personaggio esattamente come la si rileva nella realtà della vita umana. Certamente è lecito chiedersi: uno scrittore effettivamente e indubitabilmente cattolico avrebbe messo sulla scena una *Provvidenza* così poco efficace, se non del tutto fallimentare, anche se in pieno ambiente di autonomia? La risposta non può altro che confermare l'effettiva epica obiettività narrativa. Cosa che corrisponde pienamente alla sua "cattolicità" reale, universalità in senso originario, puro, come all'inizio di questo capitolo si voleva ricercare.

IL VECCHIO SERVITORE – DELAZIONE E "PROVVIDENZA"

È al servizio di don Rodrigo. Padre Cristoforo lo incontrerà nel palazzotto di questo signore. "Soffierà" al padre Cristoforo il piano di don Rodrigo di rapire Lucia. È quindi un servitore che tradisce il suo padrone. Chi segue l'apparenza della *fabula* potrebbe dire che questo è il suo ruolo – d'altra parte la figura del servitore che tradisce il padrone è una maschera tipica – affinché l'azione possa avere un seguito.

Se noi invece esaminiamo la personalità di questo personaggio a partire dalla biografia che ne fa il narratore avremo un quadro ben diverso della situazione. Quest'uomo si trovava in quella casa di screanzati prepotenti perdigiorno prima ancora che don Rodrigo nascesse, quando quella casata era ancora onesta. Il nuovo padrone non lo licenziò perché era l'unico che conosceva bene il cerimoniale d'uso. Le abitudini di quel-

---

[125] Cap. XXXI.

la casa non propriamente corrette e la frequentazione di scellerato personale di servizio della tempra dei *bravi* aveva indurito l'animo di questo *onesto* servitore. «Onesto» secondo la definizione di Momigliano, il quale lo definisce pure «grande, inavvertita figura, l'unica dei *Promessi Sposi* che non sia altro che lo strumento della Provvidenza»[126] per l'iniziativa che costui prenderà fra poco. Non si sa se al Momigliano l'appellativo di *onesto* è sorto in mente perché il servitore non ha mai voluto accettare la *disonestà* con cui è contrassegnata la gente che vive in quel palazzotto oppure per la delazione cui abbiamo accennato. È certo che questo *vecchio servitore* odiava il suo padrone e tutta la sua compagnia anche per il maltrattamento di cui veniva fatto oggetto.

Quando si presenta in quella casa padre Cristoforo a lui ben noto, inizia l'azione del nostro personaggio:

[...] ma il vecchio se gli accostò misteriosamente, mise il dito alla bocca, e poi col dito stesso, gli fece un cenno, per invitarlo a entrar con lui in un andito buio[127].

Abbiamo altrove detto della tecnica cinematografica con cui il narratore riprende la realtà dei suoi personaggi senza fare altro che lasciare agire il personaggio come la spontaneità della sua natura gli ha insegnato. Non si vede nessun regista che dica al servitore fai questo e fai quello, fai così e cosà. Si avverte subito in lui il prorompere di qualcosa che sta nell'animo di quell'uomo che non somiglia affatto all'esecuzione di un gesto da copione. La parte "visiva" della scena ci racconta anche gli intendimenti del servitore. Padre Cristoforo ha già capito che il vecchio sta dalla sua parte e che in quell'*andito buio* gli sarà rivelato un segreto, anch'esso "buio".

Qui il vecchio servitore non dice di che si tratta. Sarebbe troppo pericoloso. Ma ha il tempo di dire che verrà in convento subito dopo che ne avrà saputo di più:

"Qualcosa per aria c'è di sicuro: già me ne son potuto accorgere. Ma ora starò sull'intesa, e spero di scoprir tutto. Lasci fare a me. Mi tocca a vedere e a sentir cose...! cose di fuoco! Sono in una casa...! Ma io vorrei salvar l'anima mia".

---

[126] Attilio Momigliano, *op. cit.*, p. 224.
[127] Questa e le altre citazioni sono del capitolo VI.

© ARMANDO EDITORE. La fotocopia non autorizzata è reato.

Il padre lo benedice con le parole e con l'imposizione della mano sul capo, nonostante avesse percepito che il servitore aveva spiato il suo padrone e stava per tradirlo. Non solo. Padre Cristoforo prosegue con un «Il Signore vi ricompenserà. [...] Non mancate di venir domani».

I fatti parlano chiaro. La delazione del servitore e il suo tradimento non solo vengono benedetti direttamente dal cappuccino ma ricevono per via mediata la benedizione divina e la promessa di una ricompensa pure divina. Mario Miccinesi, da buon *giacobino* – secondo la pertinentissima definizione del Russo – ha di che gioire[128].

Il frate se ne va un po' frastornato ma anche ristorato per «l'inaspettata esibizione del vecchio». L'autore racconta: «Gli pareva che il cielo gli avesse dato un segno visibile della sua protezione. Ecco un filo, pensava, un filo che la provvidenza mi mette nelle mani. E in quella casa medesima! E senza che io sognassi neppure di cercarlo!».

Ai suoi protetti poco dopo dirà: «Non c'è nulla da sperare nell'uomo: tanto più bisogna confidare in Dio: e già ho qualche pegno della sua protezione».

Se è lecito al padre Cristoforo – e solo al padre Cristoforo, come abbiamo dettagliatamente analizzato nel capitolo sul cappuccino - pensare che quella *inaspettata esibizione* fosse un segno del cielo, non è lecito al Momigliano affermare la stessa cosa e, in base a frasi di quel genere, definire il romanzo "epopea della Provvidenza". Ma non perché vogliamo che si neghi l'esistenza della Provvidenza (per carità!) ma perché un critico non può trasferire il pensiero e le parole di un personaggio nelle finalità artistiche e poetiche di tutta l'opera e del suo autore, come ha proceduto proditoriamente anche il Russo. Qui c'è soltanto la piena e chiarissima libertà del personaggio di dire e di credere quel che vuole, c'è in una parola autonomia totale. Anche il vecchio servitore è libero di tradire il suo padrone ed anche il cappuccino è libero di vedere in quell'azione un segno del cielo. Obiettivamente e basta!

A questo punto lo stesso Manzoni per evitare probabilmente i fraintesi in cui, ciò nonostante è caduta anima e corpo la critica dei *giacobini* e dei *piagnoni* insieme – prendendo a nolo la terminologia del Russo –, commenta extradiegeticamente l'evento così:

Quell'uomo era stato a sentire all'uscio del suo padrone: aveva fatto bene? E fra Cristoforo aveva fatto bene a lodarlo di ciò? Secondo le regole comuni e men contraddette, è cosa molto brutta; ma quel caso non po-

---

128 Mario Miccinesi, *op. cit.*, pp. 152-153.

teva riguardarsi come un'eccezione? [...] Questioni importanti, che il lettore risolverà da sé, se ne ha voglia. Noi non intendiamo di dar giudizi: ci basta d'aver dei fatti da raccontare.

L'autore non vuole espressamente partecipare per nessuno. Egli dichiara ancora una volta la sua estraneità alle azioni e ai comportamenti dei suoi personaggi e l'intento di rendere loro l'autonomia che gli compete.

Il commento del Manzoni ha riguardato però come si è visto solo l'azione dell'origliare indipendentemente dagli scopi. Il lettore viene invitato a riflettere solo su questioni morali. Ma il Manzoni ha voluto sorvolare che il frate ha benedetto e imposto la mano sul capo del vecchio subito dopo che il vecchio ha dichiarato «Ma io vorrei salvar l'anima mia». A queste parole il frate reagisce spontaneamente. L'anelito alla salvazione è subito condiviso e premiato dal frate cappuccino, il quale non solo vive in un periodo di fervida attività religiosa controriformista, ma è anche egli stesso in prima persona piagato dall'angoscia della salvazione messa in gioco dal suo omicidio[129]. Quell'immediata spontaneità di «Il Signore vi benedica!» era quasi un po' riferita a se stesso come se il semplice anelito alla salvazione fosse già un merito riconosciuto, quasi una caparra, ai fini della salvazione medesima!

Questa era la fede religiosa cattolica di quegli anni, e non solo di quegli anni, e questa è la libertà di fede del personaggio. È interessante come il Manzoni abbia voluto entrare nel commento soltanto per la questione di moralità, rimandandola peraltro al lettore, e tacere del tutto l'intento effettivo del vecchio servitore. Costui ha rischiato il collo non per salvare Lucia – si badi bene – ma per salvare l'anima sua e contemporaneamente per vendicarsi finalmente delle tante angherie subite in quella casa! Possiamo capire perché il Manzoni si soffermi a chiedersi se faceva bene o male il padre a lodarlo riferendosi solo all'origliare.

Il livello della religiosità tradizionale è direi endemico nel personaggio manzoniano in quest'ambiente. È una parte costitutiva che va al di là della semplice autonomia. Salvare l'anima per quel periodo era l'aspirazione massima di ogni sincero fedele. Possiamo dire che il fine era talmente alto e sacrosanto – benedetto e ricompensato da Dio! – che

© ARMANDO EDITORE. La fotocopia non autorizzata è reato.

---

[129] V. più diffusamente nel capitolo dedicato a padre Cristoforo.

l'origliare non poteva essere assolutamente una questione dirimente. Il Manzoni può tranquillamente passarne il dibattito al lettore.

Questo stato della vita umana viene dall'autore perfuso da una tale carica di poesia che i personaggi vivono la propria vita reale e contemporaneamente quella epica dell'universalità umana. Questi due personaggi, uno laico e l'altro religioso e tutti e due uniti dalla medesima brama esprimono e materializzano il motivo primo dell'ispirazione artistica e poetica dei *Promessi Sposi*, la descrizione sommamente realistica e obiettiva dell'anima e della condizione umana.

Al vecchio servitore, impastato e devastato da un ansioso quanto fanatico credo, viene negata da un'intensa predicazione religiosa l'idea e la volontà di un atto teso a realizzare del bene esclusivo, senza un secondo fine, il quale automaticamente, avrebbe apportato, se non proprio il paradiso, certamente una serenante soddisfazione interna, che gli somiglia molto.

Capitolo secondo

LA RELIGIOSITÀ INTIMA DEL *DEUS ABSCONDITUS*

IL BARCAIOLO - CARITÀ MEDITATA

«La figura del barcaiolo e la figura del barocciaio si muovono – scrive Giovanni Getto, uno dei rari commentatori che si ricordano che nei *Promessi Sposi* non ci sono solo l'innominato o la monaca di Monza – nell'alone della figura di fra Cristoforo. Sono squarci di un orizzonte di mite serenità, lembi di un cielo di sicura promessa, in un paesaggio morale che si va facendo sempre più cupo e desolato»[130]. Sì, certo, si muovono nell'alone di padre Cristoforo, questo sì, ma non in quanto celebratori della Provvidenza e cassa di risonanza delle predicazioni di padre Cristoforo dal punto di vista religioso e morale, ma come uomini che, come vedremo, esprimono solo se stessi.

Il barcaiolo è quello dell'«Addio, monti [...]»[131]. Era stato trovato in tutta fretta da padre Cristoforo, che era venuto a conoscenza del piano di don Rodrigo. Ricevette l'incarico di traghettare i fuggiaschi dall'altra sponda del lago. I tre fuggiaschi tornavano dal fallito tentativo di sorprendere don Abbondio, ma il barcaiolo non lo sa come pure non lo sapeva il frate. Questi, in seguito alla delazione del vecchio servitore sapeva soltanto che i tre erano sfuggiti per un soffio ad un delitto, sicché avrà raccomandato al barcaiolo certamente con parole e con atti colmi di religiosa cura e affettuosa preoccupazione per le sorti dei suoi poveri perseguitati, di fare tutto il possibile per compiere quell'opera di carità in nome di Dio, scusandosi sicuramente di non poterlo fare lui di persona e di non potersi disobbligare in altro modo se non ricordandogli che per quell'opera Iddio gliene avrebbe senz'altro reso

---

[130] Giovanni Getto, *op. cit.*, p. 152.
[131] Cap. VIII.

© ARMANDO EDITORE. La fotocopia non autorizzata e reato.

merito. Conoscendo le parole che il frate nell'arco delle volte che si presenterà nella vita del romanzo, andrà proferendo, non andiamo lontano dall'immaginarle reali per poter meglio capire la reazione del barcaiolo al gesto di Renzo.

Approdati e scesi,

> Tutt'e tre resero tristamente grazie al barcaiolo. "Di che cosa?" rispose quello: "siam quaggiù per aiutarci l'uno con l'altro", e ritirò la mano, quasi con ribrezzo, *come se gli fosse proposto di rubare*, allorché Renzo cercò di farvi sdrucciolare una parte dei quattrinelli [...][132] [corsivo nostro]

A quella dichiarazione di solidarietà umana forse il barcaiolo non sarebbe arrivato senza le preghiere e le raccomandazioni di padre Cristoforo. Egli sapeva di essere stato oggetto di scelta stimata da parte del frate e che il suo servigio era reso in primo luogo ad «un cappuccino tenuto in concetto di santo»[133], e a questi avrà lasciato molto probabilmente un cenno di promessa – forse una silenziosa ed eloquente mano destra poggiata sul petto, non molto lontano dalla maniera del turpe monatto – se mostra di ritirare la mano «*con ribrezzo, come se gli fosse proposto di rubare*». È proprio questa sensazione del rubare dopo avere dato la parola che illumina il barcaiolo facendolo uscire dal ruolo apparente della *fabula* ed entrare nel sodalizio della comunità umana. Quell'essere nati per aiutarsi l'un l'altro è un commento ovvero una parafrasi delle sentenze del frate predicatore. Se ha deciso di rifiutare la mancia deve anche trovare una giustificazione, anche un po' imbarazzata con quell'«*essere nati per*», integrazione un po' *naïf* alla esortazione alla solidarietà che ci svela il quoziente di appartenenza alla persona semplice del barcaiolo. Se questa integrazione fosse oggetto della predicazione del prete si dovrebbe dar ragione a Renzo che ebbe malinconicamente a constatare e poi a farne tesoro che «c'è una lega»![134], di birboni appunto, ma nessuno di tutti costoro probabilmente pensa di essere nato per aiutare l'altro!

Faremmo un grave torto a questo semplice e onesto barcaiolo se giu-

---

[132] Cap. IX.

[133] Che il cappuccino fosse tenuto "in concetto di santo" ce l'aveva raccontato l'autore un po' prima al cap. VIII.

[134] Cap. XIV.

dicassimo la sua uscita come una ennesima stucchevole manifestazione di fede nella Provvidenza, come vorrebbe il Miccinesi, per esempio[135]. Il suo comportamento è perfettamente coerente con la missione affidatagli dal cappuccino. Ma non solo. Egli esprime un proprio credo religioso nel momento in cui integra spontaneamente la dichiarazione di solidarietà ed una forte maturità morale con quella manifestazione di ribrezzo quale reazione all'idea del rubare dopo avere accettato un compito per carità. È dunque un onest'uomo, ma è soprattutto un personaggio che esprime se stesso, una personalità indipendente che mostra convinzione e coerenza. Manzoni con i suoi soliti mezzi artistici è entrato profondamente nell'anima di questo personaggio riuscendo a comunicarci in due righe il tratteggio di una figura sommamente autonoma.

Dopo aver ribadito ancora una volta che, essendo l'artisticità e la poeticità del romanzo indiscutibile e di raro livello, non faremo commento alcun per sottolineare la bellezza di questo o quel passo[136].

Qui giova invece aggiungere solo un codicillo.

La personalità del barcaiolo, espressione di palpabile sensibilità umana, la ritroviamo già subito dopo lo staccarsi della barca dalla proda.

> S'udiva soltanto [...] il tonfo misurato di que' due remi, che *tagliavano* la superficie azzurra del lago, uscivano a un colpo *grondanti*, e si rituffavano[137] [corsivi miei]

Il barcaiolo è consapevole della situazione dolorosa in cui si trovano i tre fuggiaschi. Egli non pronuncia nessun accento, ma quel fruscio sommesso e soave del remo che silenzioso s'immerge nell'acqua con trepida e delicata premura («*tagliava* la superficie azzurra del lago») e ne esce sgocciolando, *grondante*, quasi lacrimando le lacrime di Lucia ci svela la tenerezza pietosa e attenta di questo barcaiolo.

È una delicatissima silente sinfonia, un preannunzio d'apertura, quasi un avvio ai pensieri che da lì a un attimo bagneranno di lacrime gli occhi e le emozioni di Lucia («*Addio, monti...*»).

---

[135] Mario Miccinesi, *op. cit.*

[136] Cfr. a mo' d'esempio Getto, *op. cit.*, p. 153: «Bellissimo nella sua semplicità [...]». E di questo tipo se ne leggono a dozzine.

[137] Cap. VIII.

© ARMANDO EDITORE. La fotocopia non autorizzata è reato.

IL "TURPE" MONATTO: SPREGEVOLEZZA E LEALTÀ FIDATA

Nell'esaminare ed interpretare la presenza d'un personaggio non si tratta di credere o non credere, bisogna verificare e valutare. Attilio Momigliano ha creduto di vedere nei *Promessi Sposi* l'apoteosi della religione cattolica. Egli ha creduto, e, deduttivamente, ogni atto dei personaggi, ogni evento, ogni azione doveva essere l'espressione, la testimonianza di un disegno fatale. Ha pensato che il Manzoni abbia avuto questo specifico e unico intento. Per il credente, la vita di tutti i giorni, di tutti gli uomini è regolata costantemente da un disegno provvidenziale superiore.

Anche quello che è scopertamente effetto della volontà benigna o maligna dell'uomo per il credente è sempre ed in ogni caso frutto di "imperscrutabile" volontà che tutto vede e a tutto provvede. Il risultato è sempre lo stesso. Si tratta di credere o non credere. Se camminando su un marciapiedi si stacca una tegola malferma dallo spiovente d'un tetto e mi piove sul capo uccidendomi all'istante, si tratta di credere se sia stato volere del destino o coincidenza casuale conseguente all'incuria dell'uomo, in stretto parallelo all'idea del premio finale o della condanna inappellabile alla fine di tutti i nostri giorni.

Un tale procedere se da un lato contribuisce a confortare i derelitti con l'idea d'una ricchezza futura che non riescono a conseguire *hic et nunc*, uccide per altri versi l'attività spontanea della libera scelta dell'individuo. Non solo. Indebolisce quell'idea del *deus absconditus*, che la natura umana ha installato nel cuore di tutti gli uomini, come si è compiaciuto lo stesso Manzoni di affermare, quasi distrattamente, sostituendovi alla parola "bene", la parola "dovere" («L'idea del dovere, deposta come un germe nel cuore di tutti gli uomini [...]». Cap. XX. Vedi episodio della vecchia del castello), laddove il sentimento del bene picchia così forte dentro la nostra coscienza da farcelo sentire come un "dovere". E qui ci sta bene. E comunque come registrazione obiettiva di un dato di fatto e non di certo come esortazione. Che il Momigliano invece debba partire da quest'affermazione del Manzoni per concludere che «i processi della psicologia umana, nel giudizio della parte sublime e preponderante di questo romanzo, ci porteranno sempre soltanto ad un punto oltre il quale non si ascende che in virtù della fede»[138], ci sembra un atto di arbitrario discernimento. Così costui rifiuta la psicologia co-

---

[138] Attilio Momigliano, *op. cit.*, p. 233.

me «sostanza del libro»[139] per sostituirvi la fede, alla luce della quale «tutto acquista il suo valore e molte pagine un po' trascurate appaiono in tutta la loro grandezza»; solo la fede dà "immortalità" al poema[140].

Il procedimento critico del Momigliano è, lo si vede, fortemente contaminato dall'idea aprioristica e perciò non dimostrabile dell'esistenza della Provvidenza al di fuori di noi, cui credere per fede. Attraverso questo spesso filtro ha contorto e distorto il libro dei *Promessi Sposi,* «Storia milanese del secolo XVII», la quale storia, come storia non è nemmeno un romanzo psicologico, né tanto meno un romanzo religioso. È come abbiamo visto e come continuiamo a vedere attraverso l'esame dei suoi cosiddetti personaggi, la rappresentazione serena ed obiettiva del comportamento degli uomini di contro ad eventi puramente casuali che la vita e la natura ci pone innanzi e con i quali dobbiamo confrontarci soprattutto facendo uso del nostro buon senso, della nostra intelligenza, del nostro spirito d'iniziativa ed anche con quell'innata idea del bene, che come un "germe" è riposto dalla natura in tutti gli uomini indistintamente e che non si può non riconoscere.

Il turpe monatto pertanto non è lì in funzione della dimostrazione che «l'idea del dovere è riposta come un germe nel cuore di tutti gli uomini», come il Momigliano vorrebbe farci intendere[141], ma proprio il contrario. Proprio perché l'idea del bene è riposta in tutti gli uomini, esiste il turpe monatto come il Nibbio ed altri. Se il personaggio avesse, invece, il ruolo di affermare l'idea del bene, sarebbe una marionetta, e tutto il romanzo solo un mucchio di cartaccia in quanto non si può accettare la postulazione di un concetto, lasciarvi ruotare attorno dei personaggi che predichino quel postulato per poi da essi dedurre la validità di quel postulato. È un circolo vizioso dentro il quale il Momigliano sembra di trovarsi e sentirsi bene. E non solo lui. Anche il Russo con la sua tesi del personaggio-veicolo di sentimenti lirici. O il De Sanctis col suo ideale calato nel reale. E così via. Qualunque cosa il Manzoni si sia voluto proporre con il suo romanzo, indipendentemente dalle sue dichiarazioni d'intenti espressi con chiarezza assolutamente indubbia nella stesura della sua Introduzione al romanzo, senza contare le testimonianze dell'epistolario, qualunque cosa, dico, abbia vivificato ed irraggiato della luce della creatività artistica e poetica ed abbia posto a fine ed origine del suo atto creativo, resta il fatto che i personaggi del romanzo presentano

---

[139] *Ibid.*

[140] Attilio Momigliano, *op. cit.*, p. 233 *passim.*

[141] Cit. p. 228.

© ARMANDO EDITORE. La fotocopia non autorizzata è reato.

una totale indipendenza da funzioni e obiettivi di qualunque genere. Essi risultano chiarissimamente non creati per supportare un'ideologia assiomaticamente preformulata. L'esame del loro comportamento, delle loro parole, delle loro reazioni a determinati eventi ci dà dei personaggi identici ad esseri umani che racconteranno dal vivo volta per volta in prima persona la loro propria storia, il proprio essere, la propria immagine, il proprio sviluppo tra un mondo di uomini veri nel palcoscenico della realtà, i quali, messi dunque sulla scena della vita dalla natura creatrice, o se vogliamo, dal Creatore, non possono far altro che esprimere se stessi, in quanto non sappiamo, né può venire un Momigliano a dircelo, quale sia stato o sia il "ruolo" che ci abbia affidato il Creatore-Natura all'atto della creazione-nascita, dell'apparire su questo mondo.

Questo è un dato di fatto indiscutibile. Anche il personaggio, tema di questo capitolo, verifica la nostra tesi. Che ci fosse qualcosa di fondamentalmente nuovo dei PS l'avevano notato tutti coloro che hanno ricercato le trasformazioni verificatisi nel passaggio dal FL ai PS. I loro risultati si erano fermati alla notazione che i personaggi dei PS rispetto a FL presentavano il particolare fondamentale dell'autocaratterizzazione. Arcangelo Leone De Castris[142], per esempio, aveva evidenziato la soppressione delle parti extranarrative, che egli attribuisce non a un ideale estetico di oggettività equivalente a «scomparsa del narratore» – cosa che ritiene improbabile per quei tempi – ma all'esigenza di amalgamare storicamente l'ideale (che altrove era stato espresso, per es., dai "cori") all'interno stesso del reale: esigenza dunque non estetica ma storico-morale[143]. Oggetto di questa radicale riconversione sarebbero i personaggi che subiscono una profonda trasformazione espressiva. Il lavoro del De Castris si risolve nella ricerca delle cause e dei risultati che distinguono le due versioni come effetto di una più matura sensibilità etico-storica del Manzoni.

Sulla struttura interiore del personaggio, sulla sua personalità non si rileva nulla, se non che esso è più "realisticamente" tratteggiato rispetto a FL con il ribaltamento della funzione del narratore. A queste stesse conclusioni perverrà anche il De Robertis[144], il quale sottolineerà la costante presenza del personaggio sulla scena.

---

[142] *L'impegno del Manzoni*, Sansoni Editore, Firenze, 1978

[143] *Ibid,* pp. 140-141, *passim.*

[144] Domenico De Robertis, *IL personaggio e il suo autore*, in «Rivista di Letteratura Italiana», 1988, VI, 1, Giardini Editori e Stampatori in Pisa, pp. 71-99.

Ed in effetti l'autore tende a trasformare l'azione narrata in azione che narra se stessa. Il personaggio, scolpito a tutto tondo, lascia il ruolo rappresentativo per acquistare quello narrativo. Con quest'atto non abbiamo soltanto una rivoluzione stilistica ma l'affermazione di un valore artistico: il personaggio risulta automaticamente configurato come coincidente con la realtà umana. Qui comincia ad acquistare vivida luce il mondo poetico dell'autore che si incarna nei suoi personaggi per riviverne la natura e materializzarla. Sotto questo aspetto non può, per ragion di logica, essere contemporaneamente il giudice di se stesso, come vorrebbero invece vedere tutti coloro che parlano di un Manzoni moralista.

Il turpe monatto, assieme a tanti altri, è riportato da Roberto Salsano, che in un suo volumetto[145] ha evidenziato i particolari di trasformazione pittorica, che i personaggi hanno acquisito nel passaggio da FL ai PS. Egli ha notato, e riporta moltissimi esempi comparativi, che in questo passaggio si è verificato un salto qualitativo descrittivo e narrativo. I PS presentano, rispetto al FL una cura meticolosissima dei particolari mimici e gestuali, tipici dell'uomo reale, ed una tendenza spiccata a trasformare, quando è il caso, il racconto in azione, presentando il personaggio quanto più vivo e vero possibile (scoperta non eccessivamente grandiosa, se pensiamo che l'obiettivo precipuo e programmatico del Manzoni era il rispetto più totale della verosimiglianza). Qui si ferma l'indagine del Salsano, che ci fa ricordare il lavoro capillare di Karin Lizium[146] volto a verificare (sic) la verità storica di tutte le persone, luoghi e fatti presenti nei PS. Considerata però la gran quantità di "ritocchi" presenti nei PS rispetto al FL, non si può solo parlare di maturazione stilistica e improvviso interesse dell'autore alla raffigurazione plastica e umana del personaggio sic et simpliciter. Tale raffigurazione esterna è l'espressione di una concezione profonda della persona umana. Il turpe monatto ha tutta una sua qualità umana significativamente autonoma. Egli esprime se stesso, la sua personalità, la sua unicità di essere umano, come individuo e non come personaggio portatore di ruoli, per quanto realistico. Il "turpe" monatto ha attirato l'attenzione della critica per un gesto. La valutazione di questo gesto consegue da una verifica analitica obiettiva. Procedere alla rovescia è falso e tendenzioso.

---

[145] Roberto Salsano, *Ritrattistica e mimica nei Promessi Sposi*, Roma, Fratelli Palombi ed., 1979.
[146] Karin Lizium, *op. cit.*

© ARMANDO EDITORE. La fotocopia non autorizzata è reato.

Chi è il *turpe* monatto?

Renzo torna a Milano in cerca di Lucia (cap. XXXIV). A Milano la peste presenta agli occhi di Renzo squallidi e terribili spettacoli di morte e miseria. I cadaveri, come sacchi di granaglie[147], venivano caricati e scaricati a mucchi sui carri da individui sguaiati e pitocchi, chiamati *monatti* con voce lombarda e addetti a questa lugubre bisogna. In mezzo a tanta immane desolazione lo sguardo di Renzo «s'incontrò in un oggetto singolare di pietà, d'una pietà che invogliava l'animo a contemplarlo; di maniera che si fermò quasi senza volerlo»[148]. Qui giova sottolineare con buona pace di tutti coloro che vi hanno visto e vedono il solito motivo "manzoniano" della propaganda religiosa e cattolica[149], che la scena che in questo momento si apre, proprio perché è presentata come "vista" e seguita da Renzo, deve, letterariamente parlando, essere valutata con gli occhi ed i sentimenti di Renzo, il quale, alla fine della scena, appunto, esclamerà: «O Signore! esauditela! tiratela a voi, lei e la sua creaturina [...]!». Qui si nota ancora a margine l'estraneità morale dell'autore. La descrizione di questa scena, di una madre che porta in braccio la bambina spirata per deporla su uno di quei carri non ha ormai più bisogno di alcun commento. Il pregio artistico e poetico è stato tanto esaltato da innumerevoli parti che veramente non c'è più nessun modo né parola che non sia stata detta. Ma noi, ribadiamo, non abbiamo alcun intento commendatorio. Di questo episodio ci interessa soltanto il comportamento del monatto al quale si avvicina la madre con la sua creatura in braccio.

Si sa che l'aggettivo "turpe" non ha qui nessuna valenza morale ma come latinismo vuol dire solo "brutto":

> Un turpe monatto andò per levarle la bambina dalle braccia, con una specie però d'insolito rispetto, con un'esitazione involontaria. Ma quella, tirandosi indietro, senza però mostrare sdegno né ribrezzo, "no!" disse: "non me la toccate per ora; devo metterla io su quel carro: prendete". Così dicendo aprì una mano, fece vedere una borsa, e la lasciò cadere in quel-

---

[147] Cap. XXXIV.

[148] *Ibid.*

[149] Cfr. Mario Pazzaglia, *L'episodio della madre di Cecilia nelle tre stesure,* da *Letteratura italiana. Testi e critica con lineamenti di storia letteraria,* L'Ottocento, Bologna, Zanichelli, 1993³, *apud* I *Promessi Sposi*, a cura di Tommasi di Salvo, Bologna, Zanichelli, 1994, p. 801. Cfr. anche Getto, cit. p. 521, che parla di morte come "festa della vita".

la che il monatto le tese. Poi continuò: "promettetemi di non levarle un filo d'intorno, né di lasciare che altri ardisca di farlo, e di metterla sotto terra così".

Il monatto *si mise una mano al petto*; e poi, tutto premuroso, e quasi ossequioso, più *per il nuovo sentimento da cui era come soggiogato*, che per l'inaspettata ricompensa, s'affaccendò a fare un po' di posto sul carro per la morticina. [corsivo nostro]

La scena andrà concludendosi poi pian piano fino alla esclamazione di Renzo, il quale, «riavuto da quella commozione straordinaria [...]», ecc. Dal punto di vista artistico il commento migliore è la reazione di Renzo.

È stato detto che quel gesto di mettersi la mano al petto, assente nel corrispondente passo del FL (Tomo IV, cap. VI), sia stato ispirato dalla volontà di rendere più pittorica l'immagine del personaggio.

Ma vogliamo accostare quest'"aggiunta" ad un'altra, altrettanto "pittorica". Al cap. V del Tomo I di *Fermo e Lucia* si legge: «In verità», rispose il dottore, rivolgendosi al padre, «io non so intendere come il padre Cristoforo [...]». Al cap. V di *Promessi Sposi* troviamo [corsivo nostro]: «In verità», rispose il dottore, *«tenendo brandita in aria la forchetta, e* rivolgendosi al padre, [...]». Qui siamo nel salone del convito di don Rodrigo. Padre Cristoforo aveva dovuto appena esprimere un suo giudizio mentre il dottor Azzeccagarbugli sta replicando, e replica *tenendo brandita in aria la forchetta*. È certamente un gesto pieno di spettacolare realismo tridimensionale, ma questo realismo entra nelle vene del dottore ghiotto e parassita. La personalità impudente del convitato presenta una evidenziazione fortemente contrastante con la posizione umile e penitente del frate. La forchetta lo rappresenta quasi come simbolo dell'incontinenza e della violenza mondana, che viene "brandita", come una spada, per offendere e sopraffare la dignità religiosa del digiuno, cui un frate come Cristoforo non può essere estraneo; essa consolida la struttura rappresentativa della personalità vacua dell'anfitrione che ha bisogno della presenza della sua corte a convalida della propria esistenza. La prepotenza si mette in atto attraverso l'esternazione di un potere artefatto, che per reggersi ha bisogno di un apparato artefatto di sostegno.

Ora però quando finora si è parlato di coloritura realistica si è soltanto intesa la raffigurazione pittorica che meglio colora la figura. Ma "colorare" di che cosa?

Se quel gesto esprime sopraliminarmente la personalità abietta del

© ARMANDO EDITORE. La fotocopia non autorizzata è reato.

parassita del prepotente e ne sottolinea la coerente spregevolezza, nel turpe monatto il realismo del suo gesto stacca la forma esteriore per quanto "brutta", dalla manifestazione schietta dello spirito. Con la «*mano al petto*» il monatto rivela in sé la presenza di un moto istintivo di bontà e di sincera onestà come risposta a quel flebile «promettetemi» della madre di Cecilia. Che codesto gesto poi non sia pura velleità di realismo plastico ce lo racconta lo stesso monatto che mostrasi «*come soggiogato per il nuovo sentimento*». La fiducia nell'uomo solleva dalla pena. Dinanzi all'immagine fatale del dolore assoluto di una madre non può che corrispondervi un'assoluta onestà nelle sembianze di un moto istintivo. Si pensi allo scotimento profondo e drammatico in cui precipitò Lodovico alla vista della morte tra le sembianze immote del suo fiero avversario disteso.

Il "turpe" monatto è contrassegnato così d'un elemento fortemente umano. La funzione contrastiva con la cerea ed eterea figura della morente madre viene assorbita ed esaltata nell'espressione dell'universalità del sentimento umano. Il monatto rivela d'istinto la presenza d'un *deus absconditus*, che scopriremo anche nel Nibbio in modo più eloquente che non nel FL.

Se noi diciamo che quei due gesti sono espressione pura della personalità delle due figure, indipendentemente da ogni aggiunta di giudizio morale o religioso, che non c'è – e chi lo vede come voluto dal Manzoni fa atto di arbitrario discernimento –, ritroviamo in essi lo spirito del Manzoni che, calatosi profondamente nell'animo umano, esprime se stesso e si raffigura così come egli si ritrova e si rispecchia in quel mistero e con quei gesti.

Manzoni con il rappresentare la personalità universale dei suoi personaggi, non fa altro implicitamente che elevarli a pari dignità umana. Non vi sono protagonisti né personaggi maggiori o minori, messi lì a svolgere il ruolo assegnato loro dall'autore in un particolare momento per poi sparire di scena. Il personaggio continua a vivere la sua vita in modo del tutto indipendente da quell'occasionale entrata in scena che pur essa fa parte di quella sua vita. Con quella mano sul petto possiamo già immaginare il monatto che nell'orrore deforme dei cadaveri, tra gli sciacalli che cercheranno di depredare le spoglie di quelle misere vittime, come anche lui, il turpe monatto, sarà stato solito fare, si opporrà risolutamente contro qualunque atto che possa coscienziosamente fargli venir meno alla parola data con un semplicissimo gesto rivolto verso il cuore, o verso la sede della cosiddetta anima, con buona pace del Russo, che, dietro il gonfalone della sua tesi del personaggio veicolo di motivi lirici, aveva schernito le forme "grosse" della critica, le quali, configurando un realismo psicologico nei personaggi dell'opera d'arte, avevano parlato di "personaggi autonomi", di tipi[150]. Discorso che comunque vale per chi intende ricostruire un "tipo", come classica maschera della commedia dell'arte. Ma tra "tipo" e personaggio autonomo corre un abisso.

Il Manzoni ha creato le sue creature e le ha lasciate libere di costruirsi la propria vita, il proprio destino, di esprimere se stessi come vogliono secondo la propria credenza, la propria convinzione e la propria volontà. Il monatto, gaglioffo beccamorto, predatore e vile presenza abituale tra epidemie e altre sciagure umane, esprime la sua individualità e singolarità con un gesto tanto più desueto in lui quanto più leale e degno di credito.

Questa rappresentazione della figura *ab-soluta* dal romanzo è l'impronta di un Manzoni nuovo, di un suo personale sentimento "religioso" che investe l'universalità della vita umana.

IL NIBBIO: IL *DEUS ABSCONDITUS* E L'INNOMINATO

In questo paragrafo si vuole concentrare l'attenzione sulla figura del Nibbio. Ci si chiede chi fosse, quale fosse il suo ruolo nel contesto puramente narrativo, quali siano le modalità con cui gli viene concessa autonomia, di quali caratteristiche universali l'autore l'abbia investito e infine quali effetti abbiano provocato tali determinazioni ovvero in che modo esse si siano manifestate.

La prima conoscenza col Nibbio la facciamo dopo che don Rodrigo è stato dall'innominato per commissionargli il suo delitto. Qui siamo nel capitolo XX. La crisi dell'Innominato, della quale il narratore ci aveva già parlato nel capitolo precedente, è già ben avviata. Quando il Nibbio viene mandato a Monza, l'innominato si era già pentito dell'impegno assunto con don Rodrigo, non tanto perché avesse già deciso di convertirsi, questo non lo sa ancora anche se lo va sentendo in modo sempre più pressante, quanto perché provava in modo lucido rabbia nel sentirsi costretto quasi ad essere anche manovale dei delittuosi proposti altrui, il servo del crimine su commissione. Passare dalla rabbia alla ripugnanza

---

[150] Russo, *op. cit.*, p. 20-21.

per i tanti delitti è stato quasi automatico. L'efferato malvivente, il cui nome mitico al pronunziarlo era un presagio[151], ora è in preda a gravi problemi di coscienza. Adesso per tutte le impassibili infamie che hanno insanguinato i suoi anni qualcosa lo tormentava dentro, una specie di rimorso molto simile a quello che provano tutti gli altri uomini per molto meno. Non era ancora un pentimento al punto da iniziare un'analisi della propria coscienza, anzi, per evitare proprio questo e per tentare di scacciare quella voce fastidiosa, «per chiudersi l'adito ad ogni esitazione»[152], subito dopo congedato don Rodrigo,

> chiamò il Nibbio, uno de' più destri e arditi ministri delle sue enormità [...]. E con aria risoluta gli comandò che montasse subito a cavallo, andasse diritto a Monza, informasse Egidio dell'impegno contratto, e richiedesse il suo aiuto per adempirlo.

Questi quattro congiuntivi, stretti e uniti in rapida successione uno dietro l'altro con il loro carico di comando imperioso, ci dicono con quanta ansia l'innominato voglia disfarsi di quell'affare. Ci fanno sentire l'impeto di una volontà nuda, non umana, tramutata in un'arma adusa per lunghi anni a decisioni istintive che non ammettono discussioni, né revisioni. Adesso è in crisi quest'uomo dalla tempra di un selvaggio, dalla natura di una fiera, che s'era arrogato il diritto di abusare della propria vita per concederla a suo giudizio agli altri. Come potrà gestirla la crisi una tale feroce volontà?

Nel bel mezzo dei problemi esistenziali dell'innominato e nel passo or ora citato, facciamo la conoscenza del Nibbio, «uno de' più destri e arditi ministri delle sue [sc. dell'Innominato] enormità». Era quindi anche lui un sicario, che però, confrontato al Griso, così come ce lo ha descritto il Manzoni nel capitolo VII, risulterebbe un brigante quasi da strapazzo, se lo estrapolassimo dal contesto, in cui la sola immagine dell'innominato, suo padrone, di gran lunga "diverso" da don Rodrigo, ci lascia facilmente intendere, fuori dall'eufemismo, che si tratta di un assassino incallito.

Il messo ribaldo tornò da Monza con la notizia che la cosa era fattibile.

---

[151] Cfr. cap. XIX.

[152] Questa e le successive citazioni di questo paragrafo sono tratte dai capp. XX e XXI.

A quest'annunzio l'innominato, comunque stesse dentro, diede ordine in fretta al Nibbio stesso che disponesse tutto [...]

Che la crisi ci fosse, era stato già detto. Con quel «*comunque stesse dentro*» sembra che il Manzoni voglia dirci ad ogni costo che essa ha raggiunto il colmo, sta per traboccare, e i tentativi che farà l'innominato per ignorarla saranno del tutto inutili. In tutto l'episodio non c'è la più piccola occasione che lo scrittore si faccia sfuggire per comunicarci questa situazione: l'Innominato non ce la fa più, sta per giudicare se stesso, sta per condannarsi. Il lettore percepisce che da un momento all'altro deve succedere qualche cosa che faccia improvvisamente precipitare il tutto.

Nel capitolo XIX, dove comincia *ab origine* la biografia dell'Innominato, è interessante notare come il narratore senta il bisogno di informarci che quando codesto scherano era giovane provava sì un'«*invidia impaziente*» alla «*vista di tanti tiranni*» ma nello stesso tempo, il sentimento d'invidia era «*misto*» a un «*sentimento di sdegno*». Il Manzoni sente come una necessità informarci che in quest'uomo, in procinto di invertire la rotta della propria vita, era già presente, diciamo da sempre, il germe del bene. Ciò ci vuol suggerire che tutta quanta la storia della conversione deve essere letta alla luce di questa iniziale informazione, confermata e ripetuta, per evitare che qualcuno potesse fraintendere, anche nel capitolo successivo:

Una certa ripugnanza provata ne' primi delitti, e vinta poi, e scomparsa quasi affatto, tornava ora a farsi sentire.

Il germe dunque c'era, in lui come in tutti. Inizialmente attivo, poi sopito, ora stava per germogliare. Cosicché ci troveremmo automaticamente in errore se volessimo propendere più per una conversione miracolosa piuttosto che per una lenta evoluzione, la quale di più si addice alla realtà della natura umana. La trasformazione dell'uomo avviene all'interno dell'uomo stesso. Il ratto di Lucia era un ulteriore crimine che cadeva proprio nel mezzo di quel frangente critico. Ha accelerato il turbinio dei pensieri, il vortice luttuoso dei sentimenti sconvolti, ha moltiplicato le ansie, i dubbi, le paure. È molto più plausibile che i nuovi avvenimenti abbiano determinato le condizioni di una svolta decisiva verso il rifiuto di continuare ad accettare che la propria volontà fosse gestita da una forza infame, e quindi il ripudio radicale di una vita macchiata di violenza, di sangue e di dolore.

© ARMANDO EDITORE. La fotocopia non autorizzata è reato.

Vediamo adesso in che modo siano state predisposte ed esposte le condizioni per una tale svolta.

Poco prima che Lucia arrivasse, il Manzoni ci presenta un Innominato fortemente agitato al solo pensiero di star per venire a contatto di un altro delitto contro un'innocente quasi che presagisse che quest'ennesima vittima dovesse costituire per lui un grosso evento. Col desiderio, quindi, ne accelera l'arrivo:

> Era aspettata dall'Innominato, con un'inquietudine, con una sospensione d'animo insolita. Cosa strana! quell'uomo che aveva disposto a sangue freddo di tante vite, che in tanti suoi fatti non aveva contato per nulla i dolori da lui cagionati, se non qualche volta per assaporare in essi una selvaggia voluttà di vendetta, ora, nel metter le mani addosso a questa sconosciuta, a questa povera contadina, sentiva come un ribrezzo, direi quasi un terrore.

Siamo all'apice della parabola. Una forza interiore preme, sta per esplodere. Quest'uomo incoscientemente cerca, aspetta qualcosa, un segno. Non sa esattamente cosa, ma sente che ci dev'essere. Il seme del bene che era in lui, di cui abbiamo parlato innanzi, e che era stato umiliato per tanti anni e soffocato, è riuscito a farsi strada, sta per inondare di luce il buio del nulla, della morte dell'anima, della negazione dell'amore.

C'è bisogno proprio di un *clic*!

Ed il Nibbio è già di ritorno. Corre dal suo padrone con la relazione sulle labbra e con quel suo fatale *ma...*

> "Ma [...]
> Voglio dire che tutto quel tempo, tutto quel tempo [...] M'ha fatta troppo compassione".

Luigi Russo nel suo saggio citato, a p. 92, accomuna Lucia al Nibbio e alla vecchia come portatori non di grazia, semmai di contingenza della grazia. E più ancora che rivolgimento noi l'abbiamo voluto definire parabola che sta per iniziare la sua fase discendente. È una crisi compiutamente umana. Il delitto non è riuscito a erigersi il proprio simulacro. È rimasto azione dell'uomo, per quanto scellerata. Ed è proprio un altro scellerato che deve mettergliela in evidenza, deve strappargli di colpo, con violenza, le tenebre dagli occhi, deve fargli esplodere nel cuore la luce della verità. Per questo compito Lucia sarebbe ed è del tutto inadatta, nonostante molti critici le attribuiscano gran parte nella conversione (una specie di estemporaneo *La Bella e la Bestia*!). È impossibile attribuire a Lucia questo ruolo perché per Lucia è scontato sentire il bene, averne un'idea ben precisa, parlarne con tanta foga (come farà infatti). Non è invece scontato per uno scellerato come il Nibbio, la cui spietatezza doveva essere nota al suo padrone, se della *compassione* di costui resta tanto sbalordito e se il Nibbio stesso ammette che avrebbe avuto «*più piacere che l'ordine fosse stato di darle una schioppettata nella schiena*».

Questa del Nibbio si può definire devianza comportamentale tipica dell'uomo che reagisce al proprio istinto ed è proprio questo che ha creato la svolta. Il brigante si rivela improvvisamente pio e meraviglia non solo il lettore, ma, oltre al suo padrone, anche se stesso. La *compassione* provata dal Nibbio, da un criminale, è quella giusta. È quella che sconcerta l'Innominato, lo sbalordisce e lo disorienta. Il Nibbio è un assassino come lui, un suo pari nel delitto, forse ancora più spietato di lui stesso:

Compassione al Nibbio!
[...]
Compassione al Nibbio!

Per ben due volte se lo ripeterà, perché ha dell'incredibile, ma ciò porta anche il messaggio della verità. Di quella verità di cui lui sente di avere estremo bisogno: – «il Nibbio ha provato compassione, il Nibbio, ed io!?» – ci sembra che voglia commentare – «ed io?». Il Nibbio, che poc'anzi aveva anche detto:

"Non l'ho mai capito così bene come questa volta: è una storia la compassione un poco come la paura: se uno la lascia prender possesso, non è più uomo".

Ed inavvertitamente il Nibbio ci dice che questa compassione ancora altre volte l'aveva provata, il germe del bene, valore innato, presente in tutti gli uomini, qui altre volte aveva cercato di germogliare[153].

---

[153] Cfr. Italo de Feo, *op. cit.*, p. 356: «Nell'orizzonte dell'esperienza intima del Manzoni, v'è scarsa traccia di tenebra assoluta, di brutalità opaca, perché i suoi personaggi, tutti più o meno, o quasi tutti, sentono che la vita non si esaurisce nel fatto materiale: persino il Nibbio, il cui carattere è nel nome, ha compassione di Lucia e non vorrebbe aver compiuto un'opera tanto scellerata».

© ARMANDO EDITORE. La fotocopia non autorizzata è reato.

Durante la notte, in quella notte insonne, il Nibbio gli dà delle conferme.

- Ha ragione il Nibbio; uno non è più uomo [...]

Questo feroce, ma quanto umano assassino (mi si perdoni il terribile ossimoro), dà il colpo di grazia all'Innominato. La figura umana dell'Innominato risorge dalle ceneri della perdizione attraverso il lume della verità che, quale *deus absconditus* insito in ogni uomo, riesce a germogliare se il terreno è fertile di magnanimo volere. In quest'uomo non si compie nessun miracolo. La sua intima natura lo porta a provare ribrezzo di se stesso. Questo sentimento spontaneo, *deus absconditus*, si estende a tutta l'umanità intera, ne segna le tracce della sua universalità.

All'innominato è stata anche presentata la prospettiva della morte «*Invecchiare! morire! e poi?*», come deterrente. Il Russo considera «codesto pensiero della morte che viene dal di dentro come la prima fase della vera conversione dell'innominato»[154].

Noi tendiamo però a dare maggior peso all'ipotesi che il Manzoni potesse sì far fare breccia nell'animo dell'Innominato dalla paura della morte; ma questa paura rimane tale se non interviene una più profonda convinzione. Convertirsi e trasformare la propria vita solo perché si ha paura non mi sembra un elemento edificante, proprio perché fondato su un fattore negativo. E proprio per questo è sembrato che le preghiere e le enunciazioni di Lucia – '«*Dio perdona tante cose, per un'opera di misericordia!*» – avessero costituito l'avvio determinante.

Ma c'è tuttavia qualcosa che non va.

Il vero contributo, la vera svolta alla conversione non può venire, ribadiamo, da Lucia; e non solo per quello che si è detto dianzi, ma anche perché tutto quello che Lucia dice e fa è chiaramente finalizzato a salvare se stessa: se poi da ciò può derivare la salvazione anche per il suo carceriere, ben venga. La sua enunciazione della carità («*Dio perdona tante cose...*») è sì limpida e sincera, ma non può essere efficace per quanto riguarda la grazia, perché non è assolutamente neutra, visto che è annunziata da chi spera di godere degli effetti di quel perdono. Credo che il Manzoni dopo la stesura del Fermo e Lucia abbia sentito questa aporia, se qualche anno dopo nella versione cosiddetta ventisettana ha inserito un passo intero tra il congedo al Nibbio e la visita a Lucia. Vediamo sinotticamente le due versioni:

---

[154] Luigi Russo, *op. cit.*, p. 80.

Dal *Fermo*, Tomo II, c. X:

"*Ora*", *riprese il Conte, "lascia da parte la compassione, cacciati la via tra le gambe, vanne diritto al castello di quel don Rodrigo... Sai dov'è posto?" Il Tanabuso accennò di sì: "fagli dire che sei mandato da me, dagli questo segno nelle mani, e torna a casa. La giornata è stata faticosa, ma tu sai che il tuo padrone vuole essere servito ma sa anche pagare..."*
"*Oh illustrissimo!...*"
"*Taci, e vanne tosto... ma no, aspetta: dimmi un poco come ha fatto costei per muoverti a compassione. Che abbia un patto col demonio?*"
"*Niente, niente, signor padrone, era proprio il crepacuore che aveva quella povera ragazza. Se non avessi avuto un comando del mio padrone...*"
"*Ebbene?...*"
"*L'avrei lasciata andare.*"
Oh! andiamo a vederla costei; e tu aspetta, partirai, partirai domattina... dopo aver ricevuto i miei ordini... tanto fa che quello inspagnolato aspetti qualche ora di più... Domattina sii all'erta per tempo".
Il Tanabuso partì facendo un inchino,

© ARMANDO EDITORE. La fotocopia non autorizzata è reato.

Dai *PS*, cap. XXI:

[...] "ora," gli disse, "metti da parte la compassione: monta a cavallo, prendi un compagno, due, se vuoi; e va di corsa a casa di quel don Rodrigo che tu sai. Digli che mandi [...] ma subito subito, perché altrimenti [...]".
Ma un altro *no* interno più imperioso del primo gli proibì di finire. "No", disse con voce risoluta, quasi per esprimere a se stesso il comando di quella voce segreta, "no: va a riposarti; e domattina [...] farai quello che ti dirò!"

Un qualche demonio ha costei dalla sua, – pensava poi, rimasto solo, ritto, con le braccia incrociate sul petto, e con lo sguardo immobile su una parte del pavimento, dove il raggio della luna entrando da una finestra alta, disegnava un quadrato di luce pallida, tagliata a scacchi dalle grosse inferiate, e intagliata più minutamente dai piccoli compartimenti delle vetriate. Un qualche demonio, o [...] un qualche angelo che la protegge [...] **Compassione al Nibbio!...** Domattina, domattina di buon'ora, fuor di qui costei; al suo destino, e non se ne parli più, e – proseguiva tra sé, con quell'animo con cui si

comanda a un ragazzo indocile, sapendo che non ubbidirà, – e non ci si pensi più. Quell'animale di don Rodrigo non mi venga a rompere la testa con ringraziamenti; che non voglio più sentir parlar di costei. L'ho servito perché [...] perché ho promesso; e ho promesso perché [...] è il mio destino. Ma voglio che me lo paghi bene questo servizio, colui. Vediamo un poco [...] –
E voleva almanaccare cosa avrebbe potuto richiedergli di scabroso, per compenso, e quasi per pena; ma gli si attraversaron di nuovo alla mente quelle parole: *compassione al Nibbio*! – Come può aver fatto costei? – continuava, strascinato da quel pensiero. – Voglio vederla [...] Eh! No [...] Sì, voglio vederla. –

E d'una stanza in un'altra, trovò una scaletta, e su a tastone, andò alla camera della vecchia, e picchiò all'uscio con un calcio.
"Chi è?"
"Apri!" [corsivo e grassetto miei]

e il Conte s'avviò alla stanza dove Lucia stava in guardia della vecchia. Bussò, disse: "son io", (...)

Come si vede nel rifacimento del 1827 il contributo del Nibbio è reso evidentissimo. In questa versione l'idea che il Nibbio con la sua *compassione* possa avere fortemente influito sui rivolgimenti che nello spirito dell'Innominato erano in atto, ha spinto l'autore a inserire una lunga riflessione, foriera di una svolta decisiva, tra il congedo al Nibbio e la visita a Lucia. Se il Nibbio non avesse avuto quel moto del cuore, se in lui il *deus absconditus,* questa volta attivato da Lucia, non gli avesse dato la forza di quei sentimenti ed il coraggio di esporli al suo (terribile, anche se in crisi) signore, l'Innominato per forza di cose, avrebbe fatto quel che si sarebbe dovuto fare, e probabilmente, chissà, si sarebbe anche convertito, ma per altre ragioni.

Manzoni ha sentito la necessità che quella *compassione* fosse trasmessa dal Nibbio subito ed in diretta dalle sue stesse labbra, da quelle labbra che, molto probabilmente avevano avvertito già nell'Innominato qualche segno di crisi, qualche incrinatura della voce, qualche spiraglio nella tenebra che ne velava gli occhi già dubbiosi. Prima che l'Innominato vedesse Lucia, il Nibbio ha già abbattuto la muraglia. L'Innominato andrà ad abbracciare il cardinale Borromeo e dopo il Nibbio abbraccerà senza indugio la scelta dell'Innominato restituito alla vita.

E possiamo credere che d'ora innanzi il *messo ribaldo* sarà col suo padrone e del suo padrone un "messo d'amore". Quel germe, che in lui ogni tanto aveva fatto inutilmente capolino nel tentativo di diventare un bocciolo, adesso ce l'ha fatta.

Nel cap. XXIV il cardinale Federico Borromeo, subito dopo la manifestazione della conversione dell'innominato, dirà nella casa del sarto a Lucia: «[Dio] v'ha rimessa in salvo; e s'è servito di voi per una grand'opera, per fare una gran misericordia a uno, e per sollevar molti nello stesso tempo».

Dopo quello che abbiamo detto non occorre molto per commentare queste parole, che hanno indotto molti commentatori, che si sono fermati solo su questa superficie, a ritenere Lucia la causa, la grazia della conversione dell'Innominato.

Il cardinale evidentemente non poteva conoscere i presupposti e gli antecedenti della conversione dell'Innominato. E comunque, anche quando li avesse conosciuti, certamente non li avrebbe tenuti in conto: il cattolicesimo formale, quello che viene trasmesso attraverso le vie delle prediche e del pulpito, ha bisogno di una figura eclatante per entrare nelle menti del popolo. Il passaggio attraverso il Nibbio sarebbe stato assolutamente incomprensibile. Ma Manzoni, come vediamo, crea dei personaggi assolutamente autonomi. Se egli avesse voluto dire solo quello che il cardinale ha testé detto, non si sarebbe mai sognato di introdurre in quel punto l'episodio del Nibbio e renderlo tanto evidente. Si sarebbe servito solo di Lucia, delle sue (egoistiche) deprecazioni ed il romanzo sarebbe stato un altro romanzo, e non di Alessandro Manzoni.

© ARMANDO EDITORE. La fotocopia non autorizzata è reato.

LA FRAGILITÀ DELLA FEDE

IL BARROCCIAIO: PREMIO DELLA CARITÀ

Dopo la traversata del lago con l'aiuto del barcaiolo, Lucia, Agnese e Renzo, minacciati, perseguitati e fuggiaschi sulla via di Monza, trovano ad aspettarli, giusti i provvidi provvedimenti (che pasticcio!) di padre Cristoforo, un baroccio:

> Il baroccio era lì pronto; il conduttore salutò i tre aspettati, li fece salire, diede una voce alla bestia, una frustata e partì[155].
>
> (*passim*)
>
> Quel buon barocciaio [...] aveva ordine di guidarle [*sc.* Lucia e Agnese] al convento de' cappuccini, e di dar loro ogn'altro aiuto che potesse bisognare[156].
>
> (*passim*)
>
> [A Monza], tra i ringraziamenti, Renzo tentò pure di fargli ricevere qualche danaro; ma quello, al pari del barcaiolo, aveva in mira un'altra ricompensa, più lontana, ma più abbondante: ritirò le mani, anche lui, e, come fuggendo, corse a governare la sua bestia[157].

Il barocciaio dunque si comporta esattamente «*al pari del barcaiolo*»: l'uno ha *ribrezzo*, l'altro *fugge*. Sembra che abbiano ricevuto un espresso divieto di prender soldi, come abbiamo visto nel barcaiolo. E sembra davvero ch'egli si comporti come il barcaiolo. Entrambi sono stati pregati di aiutare i fuggitivi e di farlo per opera di misericordia, co-

---

[155] Cap. IX.
[156] *Ibid.*
[157] *Ibid.*

me possiamo congetturare che abbia detto padre Cristoforo. E in questo caso sarebbero due personaggi con lo stesso ruolo e la medesima funzione. Ma non è così. Essi in effetti, com'è prerogativa del Manzoni dei PS, sono, come uomini, diversissimi tra loro. Del barcaiolo, dinanzi al gesto di generosità da parte di Renzo, si dice ch'egli ritirò la mano «*come se gli fosse proposto di rubare*», mentre il barrocciaio corse «*come fuggendo*» a governare la bestia. Nel barcaiolo è presente un sentimento morale, segno indubbio che aveva preso l'impegno e la promessa di non ricever soldi con serietà ed onore. La *fuga* del barrocciaio rende solo impossibile a Renzo di metter in atto il suo proposito senza comunicarci granché dell'animo di quest'uomo, senza darci conferma che le predicazioni di padre Cristoforo e le raccomandazioni di non perder di vista la ricompensa «*più lontana ma più abbondante*» siano state intimamente assimilate. È difficile che si possa attribuire ingiustificatamente ad un personaggio un tratto caratteriale che non sia in qualche modo "leggibile" o dalle sue parole o dalle sue azioni o dalle reazioni degli altri quando non sia espressamente narrato.

Ed infatti la personalità di questo "buon uomo" presenta una devianza vistosa rispetto alle aspettazioni, che parla di lui come di un personaggio particolarmente autonomo. Lasciamo da parte il discorso che anche lui, «*al pari del barcaiolo*», parlasse della provvidenza. Qui, come in tutti gli altri luoghi ed ognuno per un suo verso, il tema della Provvidenza, che abbiamo già visto in modo particolare esaminando il personaggio di padre Cristoforo, appartiene alla consuetudine della credenza popolare particolarmente sentita ed acuita in quel tempo dalle intense predicazioni cattoliche e pertinente soprattutto l'opinione del personaggio anche se in questo frangente egli non fa che ripetere e rispettare il credo operativo del padre cappuccino stimatissimo che gliel'aveva ricordato nel mentre gli dava quell'incarico. E che sia l'opinione o del barrocciaio o del frate, e comunque non dell'autore, si evince ancora chiaramente dal testo: «ma *quello* aveva in mira un'altra ricompensa, più lontana, più abbondante». Se questa «ricompensa più lontana» fosse stata convinzione dell'autore e messa qui per divulgare la fede cattolica il Manzoni avrebbe senza dubbio scritto così:

> * ma quello [...] ritirò le mani, **perché** aveva in mira un'altra ricompensa, **che è** più lontana, ma più abbondante.

Queste due lievissime, "quasi" impercettibili variazioni, dimostrano

© ARMANDO EDITORE. La fotocopia non autorizzata è reato.

come sia stato e sia, purtroppo, facile per la critica contrabbandare la fallacia e la mistificazione. Il testo però non solo parla, incontrovertibilmente, di autonomia nella raffigurazione del personaggio che crede o non crede a quel che vuole, ma pure dimostra, di conseguenza, la totale estraneità del libro a qualunque presunto intento parenetico nel ritrarre la realtà della vita del XVII secolo, intrisa anche di intenso, fervido misticismo.

Ora quindi le pastoie della esternazione "provvidenziale" sembra però che al barrocciaio in particolare abbiano fatto perdere il controllo della situazione. La loro mancata introiezione gli ha fatto perdere di vista il dolore pungente delle due povere donne, scampate per un soffio al rapimento sicuro l'una, alla morte probabile l'altra, improvvisamente sbattute di qua e di là nella notte con l'animo schiacciato tra il buio angosciante e vago dell'incertezza del domani e l'ansia incredula di un persecutore certo, infame e senza scrupoli.

Ignorando del tutto il dramma che ha davanti a sé, codesto barrocciaio tradisce in un sol colpo la fiducia di padre Cristoforo, quella delle due donne ed imbocca una fatale devianza:

> [...] il buon uomo, da cui erano state scortate le donne a Monza, tornando, verso le ventitré, col suo baroccio, a Pescarenico, s'abbatté, prima d'arrivare a casa, in un amico fidato, al quale raccontò in gran confidenza, l'opera buona che aveva fatta, e il rimanente; e il fatto sta che il Griso poté, due ore dopo, correre al palazzotto, a riferire a don Rodrigo [... il quale] sentì rinascere un po' di quella scellerata speranza d'arrivare al suo intento[158].

Il *"buon uomo"* non perde tempo. Dell'*opera buona* non solo si vanta subito, ma racconta gratuitamente – per mostrare quante cose sapesse – anche *il rimanente*. Padre Cristoforo e Lucia sono belli e serviti!

Qui è evidente che l'autonomia del personaggio non solo si manifesta nell'esplicitazione di un credo religioso popolare, ma anche nell'ignorarlo all'atto pratico perché molto più debole di quanto l'altro sentimento si sia mostrato come effetto.

Se l'insipienza, la vanità e il pettegolezzo non possono essere testimoniati come presenti nel barcaiolo, nel barrocciaio invece costituiscono il nucleo portante della sua personalità distintiva – la necessità di rac-

---

[158] Cap. XI.

contare anche "il rimanente" ne è una conferma –, molto più forti di un qualunque credo religioso che gli avrebbe dovuto imporre il silenzio totale, difficilissimo da realizzare per chi non vi crede e non lo sente fermamente.

Anche se poi il Manzoni ha voluto velare d'ironia la tragicità del gesto del carrettiere, discorrendoci della catena ramificata degli amici fidati che diffondono e rivelano involontariamente ma naturalmente proprio quel che dovrebbe essere taciuto, nulla toglie alla raffigurazione di una personalità che agisce indubbiamente *motu proprio*. Certamente non era tanto pio da essere convinto che la sua opera buona costituisse una specie di ipoteca in paradiso, come andava padre Cristoforo predicando con passione e interiorità così intensa da credere che tutti gli altri dovessero crederci. Se così fosse stato, il barocciaio avrebbe dovuto conoscere anche la gioia intima che si prova nell'animo a tenere ben nascosto quel segreto come un bene prezioso. Invece non appena si trovò davanti alla soddisfazione immediata del riconoscimento sicuro in terra della sua opera buona e degli effetti positivi, anch'essi immediati e sicuri, dovuti alla necessità naturale di presentarsi al prossimo come un piccolo-grande eroe, trascurò subito la gioia futura ed incerta del riconoscimento in cielo della sua ipoteca, mandando alle ortiche la consegna del padre Cristoforo ed il destino di Lucia.

Qui è semplicemente ridicolo parlare di intenti parenetici. A questo livello il Manzoni non può entrare nella disputa tra dottrine che mistifichino la grazia e quelle che contrabbandino le opere buone. Egli è soltanto attento ad osservare lo svolgersi *reale* degli avvenimenti e di registrarlo, documentare la realtà dell'uomo, la sua indipendenza, la libertà di credere e di non credere, ed entrare fin nel fondo di questa realtà per meglio scrutarne le parti costituenti. Non è nemmeno un predicatore il Manzoni di questa libertà. Sarebbero i PS, se così fosse, anche per questo verso un romanzo "funzionale", come va scrivendo la critica senza stancarsi di ripetere sempre le stesse cose[159]. Se una cosa c'è a cui il Manzoni fermamente crede senza rischiare di far apparire il suo romanzo *funzionale* è l'assoluta autonomia del personaggio.

La *fabula* qui a questo punto sbiadisce nei suoi pallidi colori, che ha durevolmente assunto nel passaggio dal *Fermo e Lucia* ai *Promessi Sposi*. La

---

[159] Citiamo per tutti Girardi (1994), che in questa direzione è uno dei più eloquenti.

© ARMANDO EDITORE. La fotocopia non autorizzata è reato.

devianza del barrocciaio, la forza rappresentativa del suo gesto, espressione di una personalità distinta e solida, mette senza dubbio in secondo piano lo svolgimento della trama ad attestazione della scarsa importanza che essa in questo romanzo ha. Lo snodo narrativo sembra irrilevante, ma non lo è altrettanto per il personaggio che vive la vicenda e conosce il rischio della sorte di Lucia, se dobbiamo verosimilmente immaginare il calore ansioso e premuroso con cui si sarà espresso il frate cappuccino.

Giovanni Getto aveva parlato, commentando la figura del barrocciaio, di «squarci di un orizzonte di mite serenità, lembi di un cielo di sicura promessa, in un paesaggio morale che si va facendo sempre più cupo e desolato»[160]. Come facciano queste parole a "commentare" la figura del barrocciaio è un enigma! Esse si riferiscono senz'altro più alle frasi oratorie che non all'azione e alle persone. Il Getto è peraltro per una lettura parenetica del romanzo. E da parte del Momigliano, che aveva innalzato all'altare il vecchio servitore come esempio tangibile della provvidenza, di questo barrocciaio, esempio tangibile di Provvidenza alla rovescia, in tutto il suo saggio[161] nemmeno l'ombra, com'era prevedibile! In Ferruccio Ulivi[162], appassionato evocatore e continuatore delle visioni del Russo, intento a rimasticare tutte le situazioni che "sottolineino" gl'intenti moraleggianti e fustigatori del Manzoni con annessa attenzione al mondo storico del secolo, evidentemente nessuna traccia. Ma le finalità sono diverse.

Un accenno al barcaiolo e al barrocciaio si trova poi solo in Miccinesi, che aveva bisogno di "argomenti" *contro* il cosiddetto carattere parenetico del romanzo. I gesti e le parole di questi due personaggi vengono così commentati: «Sono proprio questi i momenti in cui l'intervento dell'autore, una volta di più, appare assolutamente artificioso, oltre che inappropriato in quanto gli atti di bontà vengono sempre compiuti – sottolinea questo critico di parte – in vista di una ricompensa che, per non essere terrena, non per questo diminuisce la grettezza d'animo di chi vi aspira e mortifica il comportamento di chi conteggia meticolosamente in vista di un guadagno. Spirituale, si dirà. Sì, certo e per questo è tanto insopportabile che sia messo in campo»[163].

La citazione del Miccinesi si è resa necessaria per sottolineare non

---

[160] Giovanni Guetto, *op. cit.*, p. 152.

[161] Attilio Momigliano, *op. cit.*, pp. 195-270.

[162] *Figure e protagonisti dei Promessi Sposi*, Torino, ERI, 1967.

[163] Mario Miccinesi, *op. cit.*, pp. 164-165.

tanto il carattere anticattolico del suo autore, che già conosciamo, quanto la facilità con cui si precipita nella fossa dell'illogico quando si voglia a tutti i costi vedere nelle parole e nelle azioni dei personaggi di questo romanzo il diretto pensiero dell'autore. E non si vede perché proprio con Manzoni debba essere così[164]. Diciamo "a tutti i costi", perché solo un critico fazioso nella frase «*ma quello aveva in mira un'altra ricompensa*» non riesce a vedere l'estraneità dell'autore e la chiarissima appartenenza esclusiva di queste parole al personaggio con annesso credo religioso.

Qui si impone quindi come assolutamente centrale l'autonomia del personaggio. Non solo. C'è anche in questo confluente la labilità della strutturazione dell'intreccio. L'interesse dell'autore è chiaramente centrato sulla raffigurazione dell'uomo e del suo reale modo di agire. Questi luoghi lo mostrano palesemente senza bisogno di ulteriori ed eccessivi commenti.

È inutile anche accennare che se il barrocciaio fosse stato meno pio e più responsabile, la storia sarebbe finita lì e il narratore non avrebbe avuto più nulla da narrare e che i due aspiranti protagonisti si sarebbero sposati chissà dove, e don Rodrigo, signorotto scapestrato, ostinato a coltivare e conciliare *eros* ed onore, ben presto dimentico, si sarebbe dato a più compiacenti scommesse, perché questo discorso lo fa chi pone la trama al centro dell'interesse.

Come pure è fuori luogo, come abbiamo visto, accettare l'opinione di coloro che considerano la "figura" del caritatevole barrocciaio come un *tópos* della letteratura parenetica.

È ridicolo infine attribuire al Manzoni, troppo realista, la creazione di personaggi come il barcaiolo ed il barrocciaio che fungano anche indirettamente da veicoli ove egli, proprio al contrario, non farebbe altro che stirare gli effetti di codesti triti cascami per farli semmai sbrandellare da soli.

© ARMANDO EDITORE. La fotocopia non autorizzata è reato.

---

[164] V. su questo tema l'obiezione che abbiamo condotto alla tesi del Russo nel capitolo dedicato al padre Cristoforo.

Capitolo quarto

IL DRAMMA DELLA PAURA

GERVASO: ISTINTO GREZZO

Gervaso è stato fin'oggi dalla critica, come tuttavia molti altri personaggi cosiddetti minori o addirittura minimi, o del tutto ignorato o, quando è stato raramente citato, lo si è dichiarato supporto del personaggio cosiddetto "maggiore". In questo caso avrebbe avuto la funzione di alleggerire con il riso la drammaticità della scena cui fa parte. Ma non è così. Se questo succede, è un fattore secondario. L'interesse primario dell'autore è la rappresentazione del personaggio nella sua personale, individuale, extrafunzionale, autonomia. Gervaso fa parte della nostra raccolta di personaggi a pieno titolo. Per la sua universalità epica non ha nulla di più o di meno di tutti gli altri personaggi. E noi l'abbiamo scelto per evidenziare anche con un tale "personaggio" il dato di fatto che una volta identificata e delineata l'attribuzione di autonomia e universalità del personaggio, questa può rilevarsi in qualunque personaggio, anche se ci discostiamo dal binario dei personaggi cosiddetti "religiosi" che più atterrebbero al nostro tema.

Ma c'è da dire però che, dimostrata l'estraneità dell'autore alla religiosità dei personaggi e chiarita quindi definitivamente la determinazione di non cattolicità del Manzoni che ovviamente si estende anche a personaggi che con la religione non hanno niente a che vedere, come per esempio il conte Attilio e don Rodrigo, non occorre più di tanto per evidenziare che anche Gervaso non abbisogna di alcuna giustificazione.

Il personaggio Gervaso è stato soggetto a facili fraintendimenti. Può tentare il lettore commentatore superficiale a farne il tipo classico dello sciocco imbelle e pauroso e così il personaggio sarebbe una maschera. Gervaso non lo è e in questa circostanza dobbiamo concordare con Luigi Russo quando dichiara, anche se per altri fini, di detestare la caratterizzazione del tipo. Gervaso ha la sua originalità, la sua individualità che si dispiega solo se lo consideriamo legato alla situazione contestuale della realtà della vita dentro la quale lui presenta sé come essere umano attivo.

La prima conoscenza, indiretta, di Gervaso si ha dal dialogo tra Tonio, fratello di Gervaso, e Renzo che cerca due testimoni per il matrimonio di sorpresa:

"Ma bisogna trovare un altro testimonio".

"L'ho trovato. Quel sempliciotto di mio fratel Gervaso farà quel che gli dirò io. Tu gli pagherai da bere?".

"E da mangiare", rispose Renzo. "Lo condurremo qui a stare allegro con noi. Ma saprà fare?".

"Gl'insegnerò io: tu sai bene ch'io ho avuta anche la sua parte di cervello"[165].

Gervaso è subito presentato quasi come il classico scemo del paese, che però sa eseguire ogni istruzione che riesca a capire. Sarà felice con qualche bicchiere di vino. L'indomani sera nell'osteria l'oste conferma:

"È un sempliciotto, che mangia però volentieri, quando gliene danno"[166].

Si vuol già evidenziare il primo tratto caratteriale di Gervaso: il bisogno primordiale.

Quindi ci viene presentato mentre è a tavola:

"Che bella cosa", scappò fuori di punto in bianco Gervaso, "che Renzo voglia prender moglie, e abbia bisogno...!" Renzo gli fece un viso brusco. "Vuoi stare zitto, bestia?" gli disse Tonio, accompagnando il titolo con una gomitata[167].

Per Gervaso ritrovarsi invitato a mangiare e bere non doveva essere un evento di tutti i giorni soprattutto in periodo di carestia. Gli sembra la manna dal cielo. Vorrebbe ringraziare Renzo in modo "gentile" mostrandosi lieto che Renzo pigli moglie e felice di essere lui il testimonio.

© ARMANDO EDITORE. La fotocopia non autorizzata è reato.

---

[165] Cap. VI.
[166] Cap. VII.
[167] *Ibid.*

Non è del tutto deficiente, ma non può rendersi conto degli effetti collaterali di quel che dice. Gervaso è fatto d'istinto. Qui ne ha mostrati due di aspetti. Fra poco ne vedremo un altro. L'autore crea il suo personaggio attraverso lo spirito della poesia, e gliene dispiega l'anima, lo rende vivo e palpabile. Gervaso, tranquillo, rilassato e del tutto ignaro di quel che si stava svolgendo nel sottofondo, si ritrova, insieme al fratello, davanti a don Abbondio, il quale era nello stesso identico stato d'animo, possiamo dirlo, di Gervaso: tranquillo, rilassato e del tutto ignaro. Ma d'un tratto qualcosa esplode nella mente di don Abbondio prima e subito dopo, quasi contemporaneamente nell'anima di Gervaso. Il prete, resosi improvvisamente conto di quel ch'era stato tramato a sua insaputa,

[...] lasciando cader la carta, aveva già afferrata e alzata con la mancina, la lucerna, ghermito, con la diritta, il tappeto del tavolino, e tiratolo a sé, con furia, buttando in terra libro, carta, calamaio e polverino; e, balzando tra la seggiola e il tavolino, s'era avvicinato a Lucia [...] le aveva buttato sgarbatamente il tappeto sulla testa e sul viso, per impedirle di pronunziare intera la formola. E subito, lasciata cader la lucerna che teneva nell'altra mano, s'aiutò anche con quella a imbacuccarla col tappeto, che quasi la soffocava; e intanto gridava quanto n'aveva in canna [...] andò cercando a tastoni l'uscio [...] lo trovò [...] si chiuse dentro, gridando tuttavia. [...] Nell'altra stanza tutto era confusione: Renzo, cercando di fermare il curato [...] Lucia chiamava Renzo [...] Tonio, carpone andava spazzando con le mani il pavimento, per vedere di raccapezzare la sua ricevuta. Gervaso, spiritato, gridava e saltellava, cercando l'uscio di scala, per uscire a salvamento[168].

Gervaso, con l'animo del tutto piatto davanti al curato, serenamente fiero di far per Renzo qualcosa, anche se non aveva capito esattamente cosa, si trova di colpo lanciato nell'occhio di un ciclone: la scena gli si stravolge dinnanzi in un attimo; lo scatto improvviso di don Abbondio, il buio improvviso e le urla improvvise lo terrorizzano, «*spiritato, gridava e saltellava*», cerca in tutti i modi, sotto la spinta di un altro impulso primordiale, di scappare per mettersi in salvo!

A queste ultime battute il sentimento del lettore si è trasformato anch'esso all'improvviso: esce dalla triste e malsana lacuna in cui era piombato nell'assistere alla reazione di don Abbondio, che con tutte le sue forze, gli espedienti e i mezzi a portata di mano addirittura collabo-

---

[168] Cap. VIII.

ra col lupo per tirare un salubre sospiro di sollievo dinanzi a una situazione di straordinario realismo. Si potrebbe dire che se la paura iniziale di don Abbondio dinnanzi alla minaccia di morte, ci aveva fatto sorridere, qui ci può essere profonda mestizia se la rapportiamo alla solare ilarità della schietta reazione di Gervaso. Il parallelo è spontaneo e inevitabile. Ma alla realtà della reazione di don Abbondio, per quanto meschina possa essere, c'è la realtà della reazione di Gervaso istintiva e realissima per la sua originalità. Qui Gervaso si discosta da tutti gli altri presenti sulla scena, tutti egualmente colpiti dalla brusca reazione di don Abbondio e tutti diversamente conseguenti ciascuno secondo la propria perfettissima natura. Il gridare e saltellare spiritato è di esclusiva pertinenza di chi non possiede quella parte della facoltà mentale che gli consente di controllare e valutare le circostanze di una situazione per quanto improvvisa ed impreveduta. È un modo anche istintivo di segnalare la propria presenza e chiedere aiuto. Ma non solo «*gridava e saltellava*», cercava anche l'uscio «*per uscire a salvamento*». Gervaso reagisce in perfetta consonanza con il suo proprio mondo, e come gli altri seguono ognuno il proprio consapevole interesse, lui segue, giustamente e d'istinto il suo proprio interesse, la propria salvezza! In Gervaso non c'è nessuna funzione, né egli recita alcun ruolo né tanto meno è una maschera. È l'immagine viva della realtà umana che esprime se stessa senza nessun regista e senza nessun'altra finalità che quella di manifestare se stessa. Personaggio universale dunque il nostro Gervaso, libero e assoluto.

Più avanti (cap. XI) Gervaso ci farà conoscere un altro aspetto della sua semplice ma ineguagliabile individualità. Anche se a livello superficiale sembra funzionale alla *fabula*.

Non sembrandogli vero di essere stato uno dei protagonisti della notte degli imbrogli non resisterà alla voglia/necessità di vantarsi – cosa che, è ovvio, darà una mano all'antagonista di Renzo nella ricostruzione dei fatti. Dico "necessità" perché sembra che questa sia una prerogativa umana generale, che a Gervaso, «mezzo scemo»[169], per natura mancava. Solo un parallelo senso di opportunità frena. Vantarsi è strettamente legato al bisogno naturale di un riconoscimento che è uno dei pilastri adibiti al sostegno dell'umanità e probabilmente solo gli asceti e i santi ne fanno a meno. Abbiamo visto che anche il barrocciaio, connesso strettamente con il discorso generale della rappresentazione del

© ARMANDO EDITORE. La fotocopia non autorizzata è reato.

---

[169] Cap. XXXIII.

cattolicesimo tradizionale, mostrerà la sua universalità epica proprio attraverso la soddisfazione di una tale necessità umana e naturale. Solo che in Gervaso è più a livello istintivo. A maggior ragione non possiamo non sottolinearlo nel nostro Gervaso spiritato, soprattutto se ci dà la conferma che un sorriso colorisce anche il dramma.

Un ulteriore codicillo. Abbiamo visto che in Gervaso, scarso di cervello, come ha detto Tonio, Manzoni evidenzia come preminenti due istinti primordiali: mangiare, bere e salvare la vita; dopo aggiunge anche la vanteria. Qui basta appena notare quanto significativo sia che in don Abbondio, non scarso di cervello, non sempliciotto, questo terzo elemento manca! In don Abbondio il quieto vivere nell'ombra, assurto a filosofia personale, ha oscurato anche questo piccolo lumicino dato dal riconoscimento altrui della propria esistenza che rende meno greve trascinare il fardello incomprensibile della vita.

FRATE FAZIO: APPARENZA DELLA REGOLA

Il nostro tema generale corre sul binario del sentimento religioso del Manzoni quale è stato inteso tradizionalmente anche, e spesso soprattutto, con riferimento ai *Promessi Sposi* e l'effettivo sentimento o atteggiamento spirituale che il Manzoni ha assunto nel concepimento e nella stesura del suo romanzo con particolare attenzione alla rappresentazione dei personaggi. Pertanto la nostra indagine analitica si è ristretta in prima linea alle figure che più o meno hanno a che fare con un credo religioso. Tra queste non potevamo tralasciare il buon frate sagrista, laico, di nome Fazio.

Frate Fazio, come peraltro tutti i personaggi del romanzo ha le sue personali peculiarità così come l'autore gliele ha immaginate e conformate sulla pelle e nell'animo.

Ora la ricostruzione di un personaggio può rimanere sul piano della funzione o ruolo della *fabula* o può scendere in fondo a toccare la personalità della figura "romanzata" nel senso della presenza sulla scena della vita del romanzo. Anche con frate Fazio il Manzoni non può fare altrimenti. Quando noi diciamo che l'autore si immerge nel personaggio da creare, vi si dissolve dentro e lo vivifica con lo spirito della sua concezione poetica, e parliamo di *identificazione naturale*, intendiamo che il personaggio porta il contrassegno dell'universalità umana, quella che l'autore possiede per sua natura e con la quale plasma il suo personaggio. E non solo quello. Il suo spirito poetico o "divinatorio" come il Manzoni l'ha chiamato nella lettera a M. Chauvet, è uno ma diventa cento, diventa mille, diventa tutte le diverse, molteplici, ineguali figure o individui della realtà umana tutte le volte che il poeta dà loro la loro diversissima vita dissolvendosi in essi.

Luigi Russo che è sempre, come sappiamo, andato dietro alla "funzionalità" del personaggio, anche per quanto riguarda frate Fazio osserva che il Manzoni è riuscito bene nell'evidenziare «l'idealismo eroico» di padre Cristoforo attraverso la "mediocrità" di frate Fazio, come del resto – egli afferma – fa con tutti gli altri personaggi. «Accanto all'idealismo di fra Cristoforo, l'ottuso egoismo fratesco e la prudenza e la pedanteria di frate Fazio»[170].

Noi abbiamo visto nel capitolo dedicato a padre Cristoforo, come, contrariamente soprattutto a De Sanctis che parlava di personaggi ideali calati nel reale secondo la concezione, secondo lui, "morale" tipica del Manzoni, padre Cristoforo non fosse poi in effetti quel santo che la gente del paese o gli altri personaggi del romanzo avevano veduto o come fin'oggi la critica manzoniana dei PS ha voluto intendere, dal momento che ogni sua azione non è espressione di totale abnegazione e dedizione al prossimo ma subordinata ad un suo problema personale, per quanto drammatico potesse essere stato. Già per questa sola ragione non si può parlare di mediocrità di un frate Fazio che abbia la "funzione" di illuminare di più la "grandezza spirituale" del padre Cristoforo.

Il Russo definisce il comportamento del frate «ottuso egoismo fratesco». Riprendendo il nostro discorso su padre Cristoforo siamo arrivati a parlare anche di "egoismo" e potremmo aggiungere anche ottuso se questo aggettivo può considerarsi sinonimo di fanatico. E la religiosità del padre Cristoforo era anche e soprattutto impastata di fanatismo, primo, nel voler lavare con l'espiazione a qualunque costo la macchia di quel suo delitto – commesso fra l'altro per legittima difesa –, secondo, perché il fervore religioso di quel periodo controriformista aveva assolutizzato nel pensiero e nelle convinzioni del prete il dubbio ansioso e morboso della salvazione e di conseguenza il pensiero della ricerca di qualunque cosa che potesse essere utile al guadagno del paradiso.

Se vogliamo fare un confronto tra frate Fazio e padre Cristoforo, va fatto su questo piano. Frate Fazio non è un "fanatizzato", mentre Cristoforo porta con sé i postumi di un'educazione paterna squilibrata. Frate Fazio non mette in evidenza un bel niente. Padre Cristoforo è quello

© ARMANDO EDITORE. La fotocopia non autorizzata è reato.

---

[170] Luigi Russo, *op. cit.*, , pp. 348-349, *passim*.

che è perché si è proposto di fare il santo in cerca di guai e quindi deve salvare a qualunque costo Lucia perseguitata e minacciata. Frate Fazio esprime semplicemente la sua personalità né potremmo dire che sia ottuso.

Leggiamo il passo che lo riguarda.

> La porta di fatto s'aprì, e la luna, entrando per lo spiraglio, illuminò la faccia pallida, e la barba d'argento del padre Cristoforo, che stava quivi ritto in aspettativa. Visto che non ci mancava nessuno, "Dio sia benedetto!" disse, e fece lor cenno ch'entrassero. Accanto a lui, stava un altro cappuccino; ed era il laico sagrestano, ch'egli, *con preghiere e con ragioni*, aveva persuaso a vegliar con lui, a lasciar socchiusa la porta, e a starci in sentinella, per accogliere que' poveri minacciati: e non si richiedeva meno dell'autorità del padre, della sua fama di santo, per ottener dal laico una condiscendenza *incomoda, pericolosa e irregolare*[171] [corsivo nostro]

Nonostante due pregevoli requisiti, «*l'autorità* e *la fama di santo*», padre Cristoforo, nei confronti del semplice frate laico sagrestano, era dovuto ricorrere persino alle *preghiere* e alle *ragioni*. Oltre quindi ad aver spiegato i seri motivi dello stato di pericolo cui erano esposte le due donne, padre Cristoforo l'aveva dovuto pregare. Perché questo? Non gli sarebbe bastato, per quanto riguarda la regola del convento, che padre Cristoforo si assumesse ogni responsabilità con le eventuali conseguenze disciplinari? Dinanzi al padre guardiano non poteva essere chiamato a rispondere il semplice frate sagrestano. Ecco che, dopo avere cercato, immaginiamo, in tutti i modi di tirarsi indietro, aveva dovuto cedere non potendo verosimilmente dire a padre Cristoforo quel che pensava. Che cosa? Continuiamo a leggere il testo:

> Entrati che furono, il padre Cristoforo riaccostò la porta adagio adagio. Allora il sagrestano non potè più reggere, e, chiamato il padre da una parte, gli andava sussurrando all'orecchio: "ma padre, padre! di notte... in chiesa... con donne... chiudere... la regola... ma padre!"

Di primo acchito non si riescono a comprendere questi ulteriori tentativi di dissuadere padre Cristoforo dal far entrare le due donne in chiesa. Se già aveva acconsentito, sebbene con preghiere e con ragioni, ad

---

[171] Questa come le altre citazioni di questo stesso paragrafo sono del capitolo VIII.

aiutare il padre, a stare in sentinella ad aspettare, non si vede perché all'improvviso il sagrestano debba mostrarsi sorpreso e ostinatamente riluttante al punto che padre Cristoforo è spinto a pensare tra sé e sé che «se fosse un masnadiero inseguito, fra Fazio non gli farebbe una difficoltà al mondo». Il comportamento di frate Fazio appare illogico. Padre Cristoforo deve ricorrere al *latinorum*[172] per mettere a tacere il frate ignorante:

> Al sentir quelle parole gravide d'un senso misterioso[173], e proferite così risolutamente, gli parve che in quelle dovesse contenersi la soluzione di tutti i suoi dubbi. S'acquietò, e disse: "basta! lei ne sa più di me".

Dobbiamo ipotizzare che padre Cristoforo non gli abbia detto tutta la verità ed abbia sperato che – nel caso che fosse riuscito a sventare il rapimento – alla eventuale vista delle due donne frate Fazio non avrebbe ormai frapposto ulteriori ostacoli. E logica risulterebbe così anche quella perplessità: se fosse un masnadiero inseguito [...]. Ma se padre Cristoforo non aveva voluto apertamente parlare di donne per non violentare la rigida osservanza del frate, perché era dovuto ricorrere a *ragioni* per indurre il sagrestano ad aspettare con lui? E quali sarebbero state tali ragioni, se, appunto, un masnadiero avrebbe avuto pronta accoglienza?

È inaccettabile pertanto supporre che il padre Cristoforo abbia mentito o soltanto taciuto, anche se a fin di bene, non solo perché era ritenuto, come si è visto, un santo – e ai santi, sembra, non è lecito mentire anche se a fin di bene –, ma anche perché il testo per motivi logici non lo permette.

Possiamo immaginare che padre Cristoforo abbia avuto bisogno di ricorrere a *ragioni* spiegando che sperava di strappare due donne, una dalle grinfie del lupo l'altra da sicura morte[174], e a *preghiere* nel notare che, nonostante ragioni così forti, frate Fazio non si mostrava affatto persuaso. Alla fine riesce a tirar con sé il frate.

Perché allora frate Fazio ha quel moto inaspettato di sorpresa e sgomento nel vedere le due donne entrare in chiesa? Credeva forse che il padre le avrebbe "accolte" fuori dalla porta?

---

[172] Cfr. per analogia questo termine diventato ironicamente proverbiale (capp. II, XIV, XXXVIII).

[173] «*Omnia munda mundis*» [Paolo, *Epistola a Tito*, I, 15].

[174] Non credo che il Griso le avrebbe risparmiato una coltellata, quando si fosse opposta al rapimento, come certamente si sarebbe opposta!...

© ARMANDO EDITORE. La fotocopia non autorizzata è reato.

Non si può dedurre altro che questo laico non solo fosse ciecamente ligio alla regola ma che avesse anche una buona dose di paura e di vigliaccheria. Lo stesso Manzoni aveva all'inizio parlato di *condiscendenza pericolosa*.

Noi crediamo che il Manzoni abbia messo in questo frate laico un mucchio enormemente grande di paura e non del padre guardiano. Sapendo che le due donne, o almeno certamente una di esse, era nel mirino di un prepotente, frate Fazio sperava solo che non si presentassero. Da ciò la reazione incredula e balbettante... di paura appunto, paura di un'eventuale ritorsione. Quando alla fine dichiara: «basta! lei ne sa più di me» sembra che voglia dire: guarda che io non c'entro, la responsabilità è tutta tua!

Frate Fazio non è dunque un ottuso ma un vile, debole e disumano, se ha sperato che le due donne non si fossero presentate, auspicando dentro di sé addirittura il successo di don Rodrigo: la sua carità, se ne avesse avuta, avrebbe dovuto farlo gioire nel vedere che erano scampate alle grinfie del lupo!

E se dopo anche lui saluta i fuggiaschi «con la voce alterata», ci torna pertanto alquanto difficile credergli; e ce ne dispiace. Ma questa è la realtà della vita umana. Quella stessa realtà che il Manzoni si prefiggeva di seguire quando scriveva al suo amico Fauriel che nel suo romanzo avrebbe «considerato nella sua realtà il modo di agire degli uomini»[175]. Fra Fazio non fa altro che affermare con il suo pensiero e anche con la sua continua obiezione, l'autonomia del personaggio ed esternare tratti inequivocabili di universalità umana, perché così è anche fatto l'uomo, tratti che sono tali da elevarlo allo stesso livello di dignità umana del padre Cristoforo. Non si può quindi parlare assolutamente di ruolo o di funzione né tanto meno di personaggi maggiori o minori. I due personaggi presentano entrambi caratteristiche universali, egoista e fanatico il primo, codardo il secondo. Sono caratterizzazioni negative, siamo d'accordo, ma noi non siamo dei moralisti, come non lo è il Manzoni, ci limitiamo ad osservare, sottolineando, che anche se queste sono due caratteristiche negative appartengono alla natura specifica dell'uomo, dinanzi alla quale non possiamo fare altro che accettare le cose così come sono anche se vorremmo che fossero diversamente. Ed è una fortuna che non lo siano!

---

[175] Milano, 29 maggio 1822.

LA VECCHIA DEL CASTELLO: PAURA PRIMORDIALE

Non ci si può sottrarre dall'evidenziare che i personaggi dei PS non hanno alcuna funzione di nessun tipo. Si legge spesso che per esempio frate Fazio viene descritto un po' ottuso e tuttavia arrogante per far risaltare per contrasto la grandezza del personaggio che gli sta accanto; oppure l'introduzione da parte dell'autore di un personaggio di cui l'interprete, vedendolo come "comico", spiega la *funzione* col voler evidenziare la tendenza del Manzoni ad attenuare i toni drammatici facendo entrare in scena un personaggio cosiddetto "comico" appunto. Sicché può Luigi Russo parlare di «funzione artistica»[176]. Ma per quanto "artistica" si voglia è sempre una "funzione". Come tale il personaggio non potrebbe avere affatto nessuna individualità, nessuna appunto autonomia.

Noi diciamo che non si può parlare di funzione artistica quando questa funzione risulta consequenziale. Il primo scopo artistico e/o poetico del Manzoni dei PS è la rappresentazione del personaggio come uomo o meglio l'uomo rappresentato da un personaggio, indipendente da qualunque ruolo ed automaticamente da alcuna funzione. Se poi nell'economia del contesto quel dato personaggio si contrappone a tal altro personaggio ovvero alleggerisce il *pathos* usando l'espressione del Russo, è una conseguenza, un fatto secondario del tutto naturale. Ma che sia stato concepito quel personaggio col fine unico e specifico di esaltare un altro personaggio o colorare di luce particolare una determinata situazione è da escludere, come si ricava minutamente dalla nostra analisi dei personaggi. In un altro luogo del suo saggio citato il Russo, per esempio, sulla scia della sua concezione "moralistica" di un Manzoni autore dei PS, è tenuto, riecheggiando fortemente il De Sanctis, a parlare di «mescolanza di reale ed ideale»[177], sicché sarebbe una specie di espediente artistico la presenza di figure come frate Fazio o il padre guardiano di Monza o il padre provinciale. E qui cita anche fra Galdino: «Ma il personaggio che più sistematicamente rappresenta la riduzione realistica della figura di fra Cristoforo è quello di fra Galdino. Egli rappresenta la parte più ingenua e il candido egoismo di quel mondo conventuale, di cui fra Cristoforo può apparire l'eccezionale eroe». Al personaggio così

---

[176] Cfr. Russo, *op. cit.*, p. 102: «Al Manzoni non piace mai accentuare il *pathos* di una situazione».

[177] *Ibid.*, p. 352.

© ARMANDO EDITORE. La fotocopia non autorizzata è reato.

viene automaticamente tolta, ovvero negata, ogni parvenza di personalità. Sarebbe una larva giostrata dall'autore in subordine ad un ruolo, di cui il personaggio non intende il fine. Grosso modo come un attore/comparsa ingaggiato solo per recitare una parte e poi mandato via senza cognizione del resto del copione.

La vecchia del castello per il Russo introduce la commedia che "serve" a spezzare la tensione drammatica in cui la crisi dell'Innominato sta precipitando. La deformità fisica della vecchia per il critico è un «motivo caricaturale»[178]; in essa il Manzoni metterebbe in risalto le due passioni, la *pigrizia* e la *stizza*, che sono – spiega il Russo – «due passioni che scivolano sul comico». Fissato il punto di vista, il Russo continua affermando che «la vecchia con le due passioni predominanti della pigrizia e della stizza riesce precisamente ad essere la nota della commedia e della fosca commedia, nell'episodio, in cui tutti gli altri personaggi hanno invece una loro parte drammatica e tragica»[179]. Al capitolo XX in effetti il Manzoni, descrivendo l'antefatto biografico della *vecchia*, ci informa che il comportamento non proprio galante della «masnada di sgherri» di stanza in quel castellaccio, nei confronti della *vecchia*, che suo malgrado doveva in qualche modo provvedere a quegli stessi che la ingiuriavano, la «disturbava nella pigrizia» e la «provocava nella stizza», aggiungendo subito dopo per definizione che codeste erano «*due delle passioni predominanti*» [corsivo mio] della vecchia.

Sappiamo però che il Russo, ha interpretato i personaggi del suo saggio partendo dal presupposto che il Manzoni sia un moralista. Lo abbiamo confutato dettagliatamente nel capitolo in cui abbiamo esaminato padre Cristoforo e sappiamo che proprio nei PS di un Manzoni moralista non si può parlare. Così facendo per il Russo la *vecchia del castello* non può essere stata altrimenti descritta che dominata dalla *pigrizia e* dalla *stizza*. Qui bisogna evidenziare se il Russo sia partito dal principio che il Manzoni fosse un moralista per dedurre la definizione, appunto moralistica, di *stizzosa e pigra* oppure se egli abbia visto prima che la vecchia fosse in preda alla stizza e alla pigrizia a ulteriore conferma induttiva di un autore moralista. Il commento che il Russo fa della vecchia del castello ci fa pensare che egli abbia guardato i personaggi dei PS attraverso le spesse e opache lenti del preconcetto.

Perché in verità la pigrizia e la stizza sono «*due delle* passioni pre-

[178] *Ibid.*, p. 101.
[179] *Ibid.*, p. 99.

dominanti», il che significa che se ce n'erano altre, esse non sono le note dominanti del personaggio. Sono "passioni", ma non costituzioni. Sono manifestazione, esteriorizzazione, materializzazione di uno stato d'animo più profondo. Non può una vecchia laida e scontrosa essere rappresentata caratterialmente dalla pigrizia e dalla stizza, come pretenderebbe il Russo, se non ci fosse il tronco con tutte le sue radici per dare adito a quel fenomeno. Un paio di righi prima il Manzoni aveva appena detto che «la volontà potente e sfrenata d'un così gran signore, era per lei come una specie di giustizia fatale»[180]. Non che il termine giustizia potesse essere consono al comportamento del tiranno, ma al contrario, il comportamento di quel tiranno definiva la denotazione della giustizia, che, accompagnata dalla connotazione dell'indiscutibilità, rendeva l'immagine del padrone sacra. Da qui la stizza, per il sentimento intimo ed istintivo d'un'impotenza immutabile, da qui la pigrizia, la rassegnazione immobile, istintivamente voluta come una specie di autodifesa. Obbedire al padrone e servirlo era il dovere che coincide col fanatismo religioso entro il quale, in realtà è il terrore la componente dominante. L'autore non poteva esprimersi più chiaramente:

> L'idea del dovere, deposta come un germe nel cuore di tutti gli uomini, svolgendosi nel suo insieme co' sentimenti d'un rispetto, d'un terrore, d'una cupidigia servile, s'era associata e adattata a quelli[181].

E questo personaggio dovrebbe essere il personaggio comico? Ma proprio il contrario! Qui è l'asse portante del personaggio. Una drammaticità alta e profonda, che scava nell'animo umano radici lunghe ed eterne, che si perdono e confondono con la nascita e la sua vita sulla terra. Più avanti leggeremo che essa dava a Lucia «occhiate di terrore e di astio». Ella odia Lucia che è la causa del suo rinnovato terrore.

Non è di quest'avviso però il Getto che nelle sue *Letture Manzoniane* riprende e ripete il tema del Russo della "funzione": «La macchia oscura della vecchia risponde a una funzione complessa. Alle suggestioni del tenebroso si sostituisce una sfumatura di sorriso, che, imprimendo una cadenza umoristica ai gesti e alle parole, giova ad equilibrare la tensione di queste pagine, nelle quali culmina la tragedia di Lucia»[182]. Come si vede anche per il Getto il personaggio della vecchia

---

[180] Cap. XX.
[181] *Ibid.*
[182] Giovanni Getto, *op. cit.*, , p. 331.

© ARMANDO EDITORE. La fotocopia non autorizzata è reato.

sarebbe un personaggio minore messo lì ad esaltare il personaggio maggiore. Come né più né meno una rappresentazione teatrale.

Giova invece a questo punto richiamare un'osservazione sulla «cadenza *umoristica*» che la vecchia imprimerebbe ai gesti e alle parole. Così il Getto che si è adagiato sulla superficie della scrittura artistica. La vecchia è brutta e malforme, parla a Lucia mettendo «il mento sullo sportello» (cap. XXI) e guarda giù nella vallata «cacciando avanti il mento appuntato e aguzzando gli occhi infossati, come se cercasse di spingerli su gli orli delle occhiaie» (cap. XX). Quel «*cacciare* avanti il mento appuntato» non solo ha una forza rappresentativa plastica, ma dipinge all'istante una caricatura fisica. Tralasciando il tratto spirituale, evidenziato da quel non sapere «come si fa coraggio a una creatura» (*ibid.*) e dal suo continuo ripetere «il padrone mi ha ordinato di farvi coraggio ed io vi faccio coraggio», l'elemento comico o "umoristico", come vuole il Getto, sembra scoperto ed intenzionale. Ma è proprio questo che vuole il Manzoni? O non è invece quella maschera di bruttezza la conseguenza spontanea e naturale della negazione della cura della persona umana parallela all'incuria dell'anima? Quella maschera non è perfettamente consona a quell'ambiente? La cecità spirituale, ovvero la mancanza di ogni minima sensibilità femminile non è la conseguenza diretta di una vita bruta trascorsa tra esseri bruti? Avrebbe potuto imparare le parole che fanno coraggio là dove si vive solo di odio e terrore? Fare coraggio vuol dire confortare e per confortare bisogna amare. Lì si è in verità nel posto sbagliato.

Che cosa può esserci di comico e di umoristico in questo personaggio? È quello che affiora alla superficie, quello che un lettore frettoloso vede ed al quale può suscitare il riso e far dichiarare dall'alto dell'interpretazione critica che si tratta di un personaggio che l'autore introduce per distendere la tensione drammatica. Pirandello l'avrebbe chiamata questa comicità, questo "umorismo" il «sentimento del contrario» *ante litteram* che ci rivela e ci svela e, direi, ci spiana il dramma di questa povera vecchia.

Se «il comico è un *avvertimento del contrario*»[183] [corsivo dell'autore], dobbiamo dedurre che il Getto nel non "avvertire" il contrario, ma rilevando solo il comico, ci dà l'involontaria e l'indiretta conferma che sotto la maschera comica c'è quella tragica. Qual è allora la rappresentazione di questo "personaggio"? È d'uopo ricercare intorno all'autentica ispirazione poetica e artistica che da questa figura sprigiona.

---

[183] Luigi Pirandello, *L'umorismo*, parte II, cap. II.

Chi è dunque esattamente questa *vecchia del castello*?

Situazione. Al castello dell'Innominato sta ritornando la carrozza che dovrebbe trasportare Lucia rapita. L'innominato, esecutore del misfatto, l'attende con sempre crescente, incontrollata e temuta trepidazione. In quest'uomo è in atto una profonda crisi esistenziale che sta mettendo in discussione l'intero corso della vita e il suo senso. Quest'ultima scelleratezza sta segnando il colmo. Egli può sempre più chiaramente vedere la cecità della sua passione. È un caso che l'effetto della sua ultima infamia sia una donna. Non si sa né si vuole immaginare e navigare sulla fantasia, che cosa sarebbe successo se la vittima fosse stata un uomo innocente invece della innocente e pietosa Lucia. Il fatto è che, ed è qui che il Russo ha cominciato a cadere in errore, trattandosi di una donna e trattandosi soprattutto di un incipiente ripudio dei propri delitti, l'innominato sente spontaneo, anche se ancora quasi incosciente, l'inizio di un nuovo corso. L'ordine di far chiamare «una sua vecchia donna»[184] nasce proprio da questa circostanza. Se la metamorfosi esistenziale non fosse stata già in atto, non sarebbe sorta spontanea nessuna figura femminile. L'innominato nella sua selvaggia crudeltà ha qui già il sentimento che la vista di una donna avrebbe un po' lenito il terrore che egli supponeva a ragione in Lucia. È qui, diciamo di passaggio, del tutto fuori campo l'osservazione di Sergio Pautasso che dice che la vecchia «va vista come altri personaggi di contorno del romanzo, che, in certi momenti, servono a completare di elementi accessori una determinata situazione»[185]. A questo critico sfugge la realtà sensibile del mondo poetico del Manzoni. Il far chiamare una donna, che andasse incontro a Lucia è già segno tangibile dell'irreversibilità della crisi esplosa nell'animo duro del delitto. E che quella donna dovesse essere una donna vecchia, brutta e deforme scaturisce anche dalla realtà poetica del Manzoni. Quale altra donna avrebbe potuto avere l'Innominato da mandare incontro a Lucia? Quale altra donna avrebbe potuto esserci in quel covo di briganti, in mezzo a quella «masnada di sgherri»[186] dove, ci dice in un altro passo l'autore[187], non c'era uomo che non si fosse macchiato di un delitto o fosse

---

© ARMANDO EDITORE. La fotocopia non autorizzata è reato.

[184] Cap. XX.

[185] *I Promessi Sposi, Appunti e ipotesi di lettura*, Milano, Arcipelago Edizioni, 1988, p. 213.

[186] *Ibid.*

[187] Cap. XIX: «Quella casa era come un'officina di mandati sanguinosi: servitori, la cui testa era messa a taglia, e che avevan per mestiere di troncar teste: né cuoco, né sguattero dispensati dall'omicidio: le mani de' ragazzi insanguinate».

dispensato dall'omicidio e dove insanguinate erano anche le mani dei ragazzi? In quel bruttume umano non può germogliare null'altro che bruttume: e brutta e laida è la vecchia, storpia e deforme, lercia e gracchiante. Più che consona al luogo è un portato naturale del luogo. La creatività artistica del Manzoni non può che partorire una figura come questa. È la necessità. È così perché così è, esiste. Non avrebbe potuto vederla altrimenti. Ad una eventuale "funzione comica" per attenuare la drammaticità della situazione, questa figura è del tutto estranea. Che risulti anche goffa e comica nel suo atteggiamento e nel suo movimento è fatto del tutto secondario e per niente preminente, anzi proprio questa secondarietà ravviva ed esalta il dramma.

Ma Manzoni non ci descrive soltanto una persona portato di quell'ambiente. Egli ci rappresenta, come in tutti i suoi personaggi, una personalità del tutto distinta e particolare. Questa donna non è un personaggio ma una figura umana con dei tratti sensibili fortemente connotativi. Quali? Che tipo di sentimenti può avere quest'essere brullo, in grado di contraccambiare le parolacce, che le venivano indirizzate, con parole «in cui Satana avrebbe riconosciuto più del suo ingegno, che in quelle de' provocatori»?[188]. L'Innominato all'obiezione della vecchia che chiede di sapere cosa dire per "fare coraggio" a Lucia, rispondendo con delle esclamazioni e delle interrogazioni mette a nudo uno stato d'animo in cui il sentimento è vissuto allo stato brado, del puramente sensibile, privo e orbo della riflessione "umana" composta e definita dal pensiero e dalle parole. L'Innominato incalza: «Hai tu mai sentito affanno di cuore? Hai tu mai avuto paura? Non sai le parole che fanno piacere in que' momenti? Dille di quelle parole: trovale, alla malora. Va». Il killer sanguinario non indugia a chiacchierare con la turpe vecchia; egli è più innervosito dagli artigli che hanno incominciato a graffiargli la coscienza, ma parla di paura, di quella paura che gli sta rodendo il potere, quell'abitudine invariata ad affrontare impavido qualunque paura. Sì, la vecchia la paura ce l'ha avuta e ce l'ha ancora, e senza parole come il fare coraggio. Le parole, cui ella è adusa, sono quelle in cui Satana riconosce «più del suo ingegno». Né il coraggio sa suscitare con le parole, né la paura potrebbe alleviare col sentimento. Non ha questo come non ha quelle. Ha solo delle sensazioni allo stato grezzo. In una di queste sensazioni, accanto a quella *stizza* e a quella *pigrizia*, sta rannicchiata la figura della vecchia del castello, la caratteristica propria, unica, personale, che fa di essa un personaggio autonomo senza ruolo ed

---

[188] Cap. XX.

assolutamente indipendente. Ogni moto articolato di questo "essere umano" è contraddistinto da un moto sensoriale che poco la differenzia da una bestia. Ha paura. Le parole che va dicendo, ripetono invariabilmente un solo motivo:

"Ho ordine di trattarvi bene e di farvi coraggio"[189].

Qui il Russo e la critica in genere non possono trattenere il riso come in una battuta da commedia dell'arte. «Ho ordine di farvi coraggio» è decisamente ridicolo, roba da avanspettacolo. Ma la vecchia, personaggio o attore che sia non ha nessuna intenzione di far ridere: qui c'è un uomo che esprime il dramma profondo di chi sa di non avere nessuna parola che possa *far coraggio* e che sa invece che se non riesce a fare coraggio piangerà le stesse conseguenze di chi non ha eseguito un ordine! Un ordine di quel signore, di cui ella conosce molto bene la spietata efferatezza, di quel signore il cui nome, all'infuori del castello, «significava qualcosa d'irresistibile, di strano, di favoloso» (cap. XIX), e all'interno del castello «da chiunque fosse pronunziato li faceva spicciar tutti; perché a nessuno veniva in testa che ci fosse uno tanto ardito da servirsene falsamente» (cap. XXI). Informazioni eloquenti che ci narrano come in quell'ambiente non si vivesse che di punizioni, come là dentro non vigesse che la legge del terrore, là dentro come fuori.

La paura delle conseguenze per non aver saputo eseguire un ordine del padrone è presente in quest'essere dalla componente solo sensoriale, a livello più che endemico, psichico. La vecchia ripeterà con assillo questo motivo che la occupa e la domina:

"Glielo direte, eh? che v'ho fatto coraggio".

Non l'ha fatto, l'ha solo detto, ma lei veramente non ne conosce la distinzione! E davanti al padrone presente, raddoppierà la dose:

"Coraggio, coraggio [...] se ve lo dice lui che non vuol farvi del male...".

Poco dopo il padrone ribadirà l'ordine, rinnovando invariabilmente la minaccia:

---

[189] Cap. XXI.

© ARMANDO EDITORE. La fotocopia non autorizzata è reato.

"E tu, falle coraggio che mangi; [...] Falle coraggio, ti dico; tienla allegra. E che non abbia a lamentarsi di te!".

E qui a questo punto abbiamo chiarissimo il motivo della "paura" della vecchia. Ella sa che il suo padrone non scherza. È abituata a vedere la disubbidienza pagata col sangue. Ha acquisito nella psiche che il tiranno non conosce amore, se amare è segno di debolezza, rischio di schiavitù. La paura della vecchia ne modella la persona e ne esprime l'essere, che allo stesso tempo rende tangibile una componente primordiale dell'uomo assimilato all'essere animale. La paura delle percosse è la paura della morte fisica. L'istinto di autodifesa e conservazione spinge alla fuga e alla ricerca della salvezza. Quello stesso che mise nei piedi di Gervaso il fuoco e nella gola il panico nel sentire in pericolo la sua sopravvivenza che lo fa gridare, saltare e cercare drammaticamente una scappatoia. Gervaso, debole di mente, esprime la paura primordiale dell'uomo e soltanto nella determinata circostanza. Per la vecchia è invece una costante cosciente, ne è la dipintura dell'intera personalità. Tutta la sua azione esprime solo questo. E continua quasi con monotonia instancabile:

"Volete farne andar di mezzo me. [...] S'io vi contentassi non mi toccherebbe di quelle buone parole che avete sentito voi".

Lei sa bene che tipo di "buone parole" potrebbero toccarle.
Questa figura umana, qui, come si vede, non recita assolutamente nessun ruolo, ha una personalità ben precisa. Sa quello che il suo padrone vuole, ma sa che non può sfuggirgli. Sta per far esplodere la sua rabbia invidiosa nei confronti di Lucia trattata così bene, ma subito si ricorda come una bastonata sul groppone dell'ordine *minaccioso* del suo padrone («e tornandole minaccioso alla mente il comando del suo padrone»). Non ha un'anima per la povera Lucia. Se è vero che gli animali non hanno un'anima la nudezza di quell'istinto primordiale l'ha resa identica ad un cane. Né deve trarci in inganno quell'accenno alla «impressione confusa» suscitata con «quel nome santo e soave», di cui il Manzoni ci discorre quando Lucia nel vedere il volto, la presenza di una donna in quel covo di briganti spaventosi si rincora e invoca il nome di Maria Vergine, che il Manzoni definisce «nome santo e soave»[190]. È qui

---

[190] Cap. XXI: «Quel nome santo e soave, già ripetuto con venerazione ne' primi anni, e poi non più invocato per tanto tempo, né forse sentito proferire, faceva

un esempio chiaro di ὕστερον πρότερον. È, come dire: ha destato un'impressione strana e lenta, cioè santa e soave, appunto. Questa sensazione di santità e di soavità che ha avuto la vecchia, ma indistinta, come qualcosa di confuso, strano e lento, come poteva solo definirlo la vecchia, si è spenta all'instante, né poteva essere altrimenti, con la stessa istantaneità con cui si era accesa. Come il dardeggiare nel cielo d'un fulmine che ravviva per un istante l'occhio socchiuso del moribondo che ne avverte il bagliore tendendo verso quella luce invano per richiudersi nello stesso istante e spegnersi.

La vecchia, che lanciava occhiate di terrore e di astio, non che volesse spaventare Lucia, ma perché ne era spaventata, la vediamo abbinata alla parola "covo":

> Dava alla poverina certe occhiate di terrore e d'astio insieme; e poi guardava il suo covo, rodendosi d'esserne forse esclusa per tutta la notte, e brontolando contro il freddo.

Il terrore del dolore fisico l'accomuna alla bestia, ad un cane. L'associazione con il "covo" ne è spontanea conseguenza. Il poeta la pensa, si è dileguato dentro di lei, ha sentito col suo animo quella «giustizia fatale», il suo destino di «cane», contro il quale non può che «brontolare». Le bastonate ed il freddo la dipingono di solo istinto. Ragionando con Lucia non ha nessun'altra parola che non quelle che la spingono a salvaguardare e conservare la vita.

A Lucia la vecchia, cresciuta in quell'ambiente selvaggio e inumano, espressione di totale, spaventosa assenza di sensibilità d'animo, dopo aver lodato invano la squisitezza del cibo e del vino fatto portare eccezionalmente per lei per indurla a mangiare, credendo miserabilmente che Lucia potesse davvero scendere a queste piacevolezze (!), preme di ricordare:

> "Siete voi che non volete. Non istate poi a dirgli domani che non v'ho fatto coraggio"[191].

È un'ossessione. Potrebbe a questo punto farci ridere? O non dobbiamo

© ARMANDO EDITORE. La fotocopia non autorizzata è reato.

---

nella mente della sciagurata che lo sentiva in quel momento, un'impressione confusa, strana, lenta, come la rimembranza della luce, in un vecchione accecato da bambino».

[191] Cap. XXI.

piuttosto tremare per la grave tragedia in cui un essere umano precipita in un clima di terrore e di morte? Non aveva detto qualche capoverso dinanzi che in quel castello non c'era nessuno che non era macchiato dal delitto ed anche i ragazzi avevano le mani bagnate di sangue? Che cosa sarebbe costato al padrone dare un ennesimo calcio a quella bestia, meglio assestato di tutte le altre volte e lasciarla stecchita per aver disubbidito? L'istinto della sopravvivenza è l'unico che questo essere derelitto abbandonato dal consorzio umano può esprimere. E purtroppo ne esprime, e dobbiamo così pur chiamarla, la personalità. Il tiranno uccide il corpo, ma nella veemenza bestiale della forza uccide anche lo spirito. Alla vecchia del castello era rimasto quel povero corpo anche se sgangherato. Di spirito ne aveva avuto ben poco e ben presto niente affatto.

Poi ancora poco più in là con un ritmo allucinante:

"Siete voi che lo volete. [...] Se volete venire a letto sapete come fare. Ricordatevi che v'ho pregata più volte".

Lucia dovrebbe "ricordarsene"! La vecchia non vuol rischiare che non glielo dica, nella speranza di evitare anche un solo calcio.

Il giorno dopo, prima di andar dal cardinale l'Innominato passa dalla stanza-prigione di Lucia e picchia alla porta. «La vecchia *scese* dal letto *in un salto*, e *corse* ad aprire». Molto plasticamente l'artista se da un lato ci descrive il movimento dall'altro ci comunica la paura della vecchia di essere sorpresa su quel letto che il padrone la sera prima aveva ordinato di lasciare a Lucia («tu puoi ben dormire una notte in terra»[192]).

L'indomani mattina[193] la prima cosa che la vecchia dirà è «Io ho fatto di tutto...» per scagionarsi immediatamente. È dopo aver tentato la leva tanto penosa quanto inutile della vanità femminile con Lucia, in quello stato!

"Uh come siete brutta! Avete bisogno di mangiare".

E non perché abbia avuto pietà di Lucia quanto perché ancora una volta ha paura:

"E poi se, quando torna, la piglia con me?".

---

[192] *Ibid.*
[193] Cap. XXIV.

In questo cuore di donna è assente qualunque altro sentimento che non sia la paura. La legge del terrore rende l'uomo una bestia! Il nome di Maria è soltanto un bagliore incosciente.

A questo punto ritorna il tiranno-signore. La vecchia accorre e apre. Compare don Abbondio con una donna e poi c'è l'innominato che manda la vecchia «in una parte lontana del castellaccio».

Qui il "cane di guardia" esce di scena. L'Innominato non ha bisogno di nessun resoconto. Gli è bastato tenerla e saperla nell'angoscia del terrore, e la vecchia non ha bisogno di parlare. Avrà fatto ancora il suo dovere? Avrà eseguito gli ordini del padrone? Non ha niente da dire. Non dice niente più. Le sue parole sono prive di significato, sono vuote, non esistono. La parola, manifestazione dello spirito, è scomparsa assieme allo spirito. L'animale, l'essere posseduto dalla sola paura primordiale vien mandato lontano, in una parte lontana del castellaccio.

La comicità della vecchia, l'umorismo artistico, si sgretola sulle palme del sacrificio sacrale.

Dobbiamo a questo punto notare, a mo' di codicillo, che la paura primordiale, quale è stata evidenziata presente nel personaggio della *vecchia del castello*, se nella vecchia è una manifestazione preminente, che determina tutto il suo atteggiamento nei confronti di Lucia e costituisce il nucleo del suo carattere, come si evince dalla conseguente e corrispondente descrizione biografica che ne ha fatto l'autore, sotto diverse colorazioni e modulazioni è la sorgente limpida e vivificante di moltissimi personaggi di questo romanzo, inesauribile e incantevole fonte d'una bibliografia torrenziale.

Non è un esame di tal genere oggetto del nostro tema. Ma vogliamo tuttavia darne un cenno sintetico che ci ha anche dettato delle corrispondenze curiose.

Molti personaggi agiscono sotto determinati impulsi che si possono agevolmente far risalire a diversi moduli di paura:

- frate Fazio sotto lo schermo delle regole nasconde la paura di un'eventuale ritorsione da parte di don Rodrigo;
- Azzeccagarbugli, timore di perdere le parassitiche libagioni nella mensa di don Rodrigo;
- padre Cristoforo sotto una fanatica azione di carità cela la paura di non fare abbastanza per non perdere l'anima dopo quel "giorno terribile";
- il padre provinciale obbedisce al ricatto per paura di perdere i privilegi di classe;

© ARMANDO EDITORE. La fotocopia non autorizzata è reato.

- il conte zio e don Rodrigo sono ossessionati dall'idea che la loro fiera "nobiltà" possa essere in qualche modo appannata e incrinata dalla perdita dell'*onorabilità*;
- Lodovico soffriva patologicamente per paura di non poter entrare mai nel club dell'*élite*;
- per don Abbondio è scontato: è il suo esclusivo segno di riconoscimento e anche il mezzo per l'inizio della *fabula*;
- il barrocciaio ed il vecchio servitore, spiccata e dichiarata paura di non potersi guadagnare il paradiso;
- Ferrer sotto i sorrisi sparsi tra la folla nasconde la paura d'essere linciato;
- il Griso ha paura di essere riconosciuto a Monza;
- il Nibbio ha paura del sentimento nuovo che egli addirittura paragona alla paura!;
- Gertrude, paura patologica del padre prima e paura di perdere l'amore, seppure scellerato, di Egidio, dopo;
- il principe-padre, paura di non poter perpetuare il patrimonio del casato;
- l'Innominato, paura della morte ("Morire! e poi?");
- l'amico di Renzo ha paura della solitudine;
- ecc.

Sembra che la paura sia il regista superiore alla concezione artistica e poetica di Manzoni. Solo il conte Attilio non avrebbe paura, come entità astratta, personificazione dell'idea del male fattasi uomo per tentare l'uomo dal di dentro. Egli è la cattiva coscienza di don Rodrigo, il diavolo istigatore e provocatore, corruttore di ogni bene, tentatore di quel *deus absconditus* col quale costantemente trovasi in conflitto.

La paura è quasi un protagonista emergente un po' dovunque. Ma comunque è sempre la manifestazione della natura umana così come è stata evidenziata nei nostri personaggi fatti e creati per essere esseri umani. E ognuna delle nostre azioni non è forse guidata da un aspetto comportamentale che più o meno possiamo far risalire alla paura?

Sappiamo che l'infanzia di Manzoni ha sperimentato dolorosamente e quotidianamente la paura fisica e psicologica; da adulto soffriva di gravi crisi agorafobiche. I personaggi dei suoi *Promessi Sposi*, del suo straordinario poema umano non potevano non presentare che i lineamenti fisionomici del loro creatore. Indagare quanto ci sia di vero in queste nostre supposizioni equivale a presumere di poter leggere il misterioso ed affascinante libro dell'animo umano.

DON ABBONDIO: SOFFERENZA DELLA PAURA

Esaminando il personaggio della *vecchia del castello* vediamo come la paura sia un elemento costitutivo non solo del carattere o della personalità di quella vecchia, ma della sua tessitura organica stessa, come fosse l'incarnazione della paura primordiale. La sua reazione è esclusivamente condizionata dalla paura. In questa vecchia serva, in cui vegeta una vita bruta e brulla tra gente selvaggia e crudele, la paura è allo stato brado, istintivo di bestia ombrosa alla minaccia della propria incolumità. La paura occupa ogni cellula di quell'essere vivente e ne costituisce anche lo spirito. Per questo la vecchia non ha nessun avvertimento del proprio stato e la sua reazione è materiale, fisica, corporea.

La paura è quasi un'entità che tra i personaggi di questo romanzo serpeggia, regola e domina in vario modo un po' la vita di tutti impregnata dai riflessi di tale colore che tinge il sottofondo e lega come *Leitmotiv* il loro comportamento e le loro decisioni. E si sente un'eco dell'insicurezza generale, dello stato di anarchico abbandono che regnava «a que' tempi» nella società del Seicento[194].

Di paura don Abbondio, personaggio di primo piano della critica tradizionale e non tradizionale, è impastato. Per noi, che durante il presente lavoro andiamo alla ricerca di caratteristiche che possano rivelare una peculiarità nella rappresentazione manzoniana del personaggio, egli ha la stessa "dignità umana" di qualunque altro personaggio, come abbiamo evidenziato in particolare nell'Introduzione, sia che sia il cardinale Borromeo in persona, per esempio, o la vecchia del castello. Per cui un personaggio di primo piano non è, nel senso del ruolo assegnatogli nella *fabula*.

La vecchia del castello è *fatta* di paura. Don Abbondio *ha* paura. Don Abbondio dirà, quasi griderà, al cardinale in mezzo a una grandine di belle e sante ed eroiche parole che piove sul suo capo scoperto, griderà con il cuore in mano e la forza della verità sottolineata da un energico anacoluto: «Il coraggio, uno non se lo può dare». Non è un'espressione o una confessione di viltà, come moltissimi commentatori e critici amano monotonicamente ripetere. È la dichiarazione sincera e rabbiosa del suo stato. Don Abbondio ha paura e sa di avere paura. Le prediche del cattolicissimo cardinale, i rimproveri morali e gli energici e stringenti richiami sono parole vuote alle orecchie sorde di don Abbondio, che si è

---

[194] V. l'eloquente dettaglio del Manzoni al capitolo I di PS.

© ARMANDO EDITORE. La fotocopia non autorizzata è reato.

fatto prete perché cosciente di trovarsi «in quella società, come un vaso di terra cotta, costretto a viaggiare in compagnia di molti vasi di ferro»[195]. Della missione, che il cardinale ancora continua a ricordargli, non gliene era importato più di tanto, dal momento che il suo scopo primario di vita, elevato a "sistema", a principio, era appunto salvare la vita. «Quando la vita non si deve contare, non so cosa mi dire», cercherà di replicare al cardinale, le cui orecchie per questa parte, data l'aperta indisponibilità del prelato a entrare nella stessa lunghezza d'onde del povero curato, erano pure sorde.

Di don Abbondio, del suo carattere, della sua personalità si è detto e scritto tutto quello che si è creduto possibile scrivere: viltà, paura, meschinità, egoismo, ecc. E lo si è giudicato e lo si è condannato. La cosiddetta "ironia" del Manzoni, che ci trascina a sorridere per tutti gli atti effettivamente ridicoli con cui il povero prete esterna il suo continuo disagio e tutti i suoi tentativi di trovare una scappatoia in situazioni di imbarazzo o di temuto pericolo può aver anche dato l'illusione dell'esistenza di un Manzoni moralista, e solo illusione o arbitraria e parziale, che dir si voglia, interpretazione, come abbiamo minutamente mostrato in altro capitolo. Gli atti di un pauroso visti da chi assiste solo alla scena senza parteciparvi destano sempre un sorriso. Le commedie dell'arte lo sanno bene e parlare di moralismo è fuori luogo.

Noi qui non vogliamo ancora una volta commentare tutti quei luoghi che parlano della paura di don Abbondio.

Luigi Russo nel suo saggio sui personaggi scaglia i suoi dardi contro chi tende a descrivere i personaggi come tipi: «Caso tipico quello di don Abbondio, che è stato spesso studiato, e fino a ieri possiamo dire, come un personaggio autonomo del mondo manzoniano, di cui si è fatto un tipo a sé, il tipo classico del pauroso, quasi che a noi ci importi questo tipo un po' generico del pauroso»[196]. Che non si debba parlare di "tipi", questo è parvente. Ma che non si possa parlare di "personaggi autonomi" è solo conseguenza della erronea tesi del Russo, di cui abbiamo già parlato. Abbiamo messo in evidenza che per il Russo e per la critica successiva il personaggio manzoniano *in sé* non è tenuto in conto, dato che ci si è fissati sulla "funzione artistica"[197] del personaggio. In nome di questo metodo interpretativo la paura della vecchia è identica alla pau-

---

[195] Cap. I.

[196] Luigi Russo, *op. cit.*, p. 21.

[197] *Ibid.*, p. 180 e sgg.

ra di don Abbondio in quanto entrambe hanno la "funzione" di elemento di comicità che da un lato alleggerisca la drammaticità della scena, che smorzi le tonalità, attenui la spinta sovversiva della mediocrità ed introduca artificiosamente – sinonimo di "funzione artistica" – una rappresentazione ironica, amena, distensiva, comica appunto e dall'altro funga da veicolo del messaggio morale del Manzoni. Ognuno col suo ruolo, ognuno con la sua gradazione.

Noi non solo respingiamo le conclusioni del Russo come errate, ma non accettiamo di parlare di un personaggio comico per la sua inerte paura in quanto si tratta di un'interpretazione insufficiente.

Abbiamo tratteggiato le linee dell'autonomia ed indipendenza del personaggio della vecchia del castello che non ha nessun'altra funzione che quella di parlare della propria dolente persona. E di don Abbondio vediamo adesso di quale peculiarità lo dipinge il poeta al di là della superficiale paura che può ben essere scambiata per "funzione" narrativa al fine di avviare il romanzo, la *fabula* o per intavolare il cosiddetto discorso morale.

Lungi pertanto da un rifacimento commentatorio dei luoghi, degli atti e delle massime del prete "codardo" vogliamo circoscrivere l'esame di questo personaggio a soli quattro episodi-chiave della sua vita all'interno dello scenario del romanzo, fortemente densi, quasi come *quattro movimenti della stessa sinfonia*, ove le dette peculiarità del personaggio acquistano evidenza. Ne deriverà di conseguenza che don Abbondio, tratteggiato di caratteristiche tipiche di un essere umano appartenente all'universalità *a*temporale dell'uomo e non al palcoscenico di un romanzo, non può essere stato creato per avere una funzione narrativa. Ma al contrario è stato visto e creato come uomo nella sua epicità che si ritrova violentemente coinvolto in una situazione drammatica che lo travolge a causa della propria umana debolezza collisa per accidente con la forza, anch'essa umana (!), della prepotenza.

Primo movimento. Siamo al capitolo II. Sotto la pressione minacciosa di Renzo – pericolo immediato – don Abbondio è costretto «strisciando le consonanti» a cedere e rivelare il nome del pauroso oppressore. Don Abbondio, sconvolto dalla propria rivelazione e sdegnato per la reazione ancor più e diversamente minacciosa di Renzo, grida le sue ragioni e la rabbia d'essergli toccata a lui quella sciagura che non c'entrava, invece che a Renzo, al quale adesso «certamente non sarebber rimasti tanti grilli in capo».

Questa sfuriata contro Renzo non proviene però, come vuole quella

© ARMANDO EDITORE. La fotocopia non autorizzata è reato.

critica che persegue l'onda del romanzo avventuroso, da un don Abbondio di fronte a sopravvenuta paura di trovarsi adesso sottoposto alle rappresaglie del malvagio con conseguente aumento di *suspense* per il lettore: e qui torneremmo alla funzione artistica. Don Abbondio si rende drammaticamente conto di aver ceduto alla sua debolezza. Egli è cosciente di essere un inetto incapace, capace solo di strillare davanti alla sua perpetua che lo compatisce e lo lascia strillare; e qui anche davanti a Renzo, che, «tra la rabbia e la confusione, stava immobile, col capo basso»; per don Abbondio dunque inoffensivo. La presenza della coscienza d'essere incapace di strillare con chi potesse reagire il Manzoni ce l'ha descritta nel I capitolo, dove anche ci informa, si badi bene, che la paura o la viltà di don Abbondio non era totale passiva remissività e indifferenza abulica o conformazione statica dell'animo. Egli riusciva tuttavia a non accettare tutto, anche se poi la sua reazione moriva sul nascere:

> Non è però che non avesse anche lui il suo po' di fiele in corpo; e quel continuo esercitar la pazienza, quel dar così spesso ragione agli altri, que' tanti bocconi amari inghiottiti in silenzio, gliel'avevano esacerbato a segno che, se non avesse di tanto in tanto, potuto dargli un po' di sfogo, la sua salute n'avrebbe certamente sofferto. Ma siccome poi v'eran finalmente al mondo, e vicino a lui [probabilmente Perpetua o il sagrestano Ambrogio], persone ch'egli conosceva ben bene per incapaci di far del male, così poteva con quelle sfogare qualche volta il mal umore, lungamente represso, e cavarsi anche lui la voglia d'essere un po' fantastico, e gridare a torto.

Raccordiamo adesso questa informazione con quell'altra seguita all'estorsione del nome scellerato da parte di Renzo:

> [...] e, accorgendosi sempre più d'una gran collera che aveva in corpo, e che fin allora era stata nascosta e involta dalla paura [...]

Questa informazione parentetica, appena appena accennata, all'interno delle invettive, se così possiamo chiamare i rimproveri del prete vigliacco, a Renzo, è illuminante. Il narratore onnisciente ci parla di collera, che c'era in quel corpo, e che fino allora non s'era fatta sentire perché *coperta* dalla paura. Quindi oltre alla paura, dominante, esiste dentro di lui, *in corpo*, anche la collera. Ma collera di che? Per essere stato minacciato? Per essergli toccata a lui la disgrazia di essere avvicinato da quelle due canaglie? Per la quiete che aveva perduto? Manzoni ha buttato lì quella parola, e l'ha lasciata sospesa, senza risposta, senza altro, curandosi di dipingere ulteriormente la sua figura che, nel vedere Renzo buono buono lì quasi disposto a farsi insultare e quindi inerme e inattivo, sfoga il suo cilizio:

> "avete fatta una bella azione! M'avete reso un bel servizio! Un tiro di questa sorte a un galantuomo, al vostro curato! in casa sua! in luogo sacro! Avete fatta una bella prodezza! Per cavarmi di bocca il mio malanno, il vostro malanno! Ciò ch'io vi nascondevo per prudenza, per vostro bene! e ora che lo sapete? [...] Per amor del cielo! Non si scherza".

È forse allora la collera dovuta alla coscienza di non essere in grado di reagire. Qui c'è un uomo in grado di porsi al di fuori di se stesso e di guardarsi dentro. In grado di vedere la propria miseria, giudicarla, condannarla e deplorarne l'inettitudine. Quest'uomo si sfoga, si dibatte, è in collera e capovolge i termini logici della realtà, accusa «tra la rabbia e la confusione» Renzo. Si potrebbe dire qui, seguendo il filo della logica alla rovescia di don Abbondio, che si tratta di un personaggio indubbiamente comico. Egli è lì per far ridere o almeno sorridere il lettore con quel suo rovesciare i termini della situazione: «un tiro di questa sorte a un galantuomo»! Renzo da perseguitato diventa persecutore. È un capovolgimento umoristico. Don Abbondio non ha nessuna voglia di scherzare. Egli veramente crede di essere stato tradito dal suo parrocchiano. Il pensare che tacere fosse un bene anche per Renzo – paradosso iperbolico! – deriva dalla globalità della sua paura. Se si fosse realizzata la minaccia di morte avrebbe, pensa, certamente coinvolto anche il povero Renzo, il diretto ideale antagonista. La logica inetta del prete terrorizzato al di fuori della soglia della propria tana vede ovunque pericolo. E lo dimostra un istante dopo quando aggiunge una sentenza di particolare, realissima e alta drammaticità:

> "Non si tratta di torto o di ragione; si tratta di forza".

Qui c'è lo statuto della realtà umana. Quest'uomo non ha la tempra né la voglia di fare l'eroe in nome di nessun principio sia che fosse un dovere imposto dalla sua missione, sia che fosse un sentimento morale di orgoglio personale. Il colloquio – se colloquio si può definire – con il cardinale qualche tempo dopo chiarirà la totale assenza di un qualche spirito eroico che grosso modo alberga un po' in tutti gli uomini quando

© ARMANDO EDITORE. La fotocopia non autorizzata è reato.

esso non è soffocato dal ricatto vile. Quest'uomo crede e ne è fermamente cosciente che da un lato sta il diritto, su cui si può discutere, opinare, dibattere, dall'altro sta la forza, che sarebbe una specie di diritto del più forte su cui non si può né dibattere né tanto meno discutere. E il diritto del più forte impone la totale obbedienza da parte di chi questo diritto non può fare altro che riconoscerlo anche con tutta la collera di questo mondo. Allora la coscienza morale impotente dell'intima violenza affonda la mano nel mistero del dramma puro, squisitamente umano, ingenerato dallo scontro con l'istinto della conservazione.

Secondo movimento. Capitolo VIII. Tentativo di sorprendere don Abbondio. Ritroviamo ancora un capovolgimento di situazione. Don Abbondio da oppressore passa ad oppresso. Griderà: «Perpetua! Perpetua! tradimento! aiuto!». Anche qui si sente tradito dal suo parrocchiano e questo spiega l'atto repentino di imbacuccare Lucia con il tappeto del tavolino per impedirle di pronunziare la formula *fatale*. Qui è sempre sembrato un collaboratore dell'oppressore. Se più su abbiamo visto che la reazione alla violenza esercitata da Renzo per cavargli il nome dell'abietto persecutore aveva suscitato la collera di don Abbondio, qui, di fronte ad un secondo atto di violenza il curato invasato dalla paura dà in escandescenze trascurando di considerare che quella sarebbe stata un'occasione favorevolissima per liberarsi dall'incubo della minaccia di morte opponendo la sopraffazione proditoria in assenza della propria volontà (!). Ma il personaggio non ha un ruolo. Egli è coerente con se stesso. La collera diventa esagitazione. Qui tutta la rabbia repressa fino a quel momento viene sfogata con più forte veemenza. Il sentirsi tradito gli fa perdere il lume della ragione. Renzo e Lucia poverini, nella sua psiche tramutata dal dramma della paura, gli appaiono dinanzi come due sicari mandati dal tiranno per mettere ad esecuzione la loro minaccia. Cercherà di scappare in quel trambusto generale in mezzo al buio. Riuscirà a rinserrarsi in un'altra stanza continuando a gridare al tradimento e a chiamare aiuto. «Fuori di questa casa! fuori di questa casa!». Qui c'è il fantasma della sua imminente morte. Non serve a niente la scena di Gervaso che «spiritato, gridava e saltellava», come qualche commentatore ha detto (Getto e Russo) essere lì messo a smorzare con la comicità le tonalità drammatiche della scena. Gervaso, come vediamo in un capitolo a parte di questo lavoro, esprime in pieno tutta la sua personalità di deprivato mentale. Ognuno è se stesso e funzione di nessuno. Non c'è nella rappresentazione di don Abbondio nessun intento letterario, c'è la rappresentazione artistica e poetica di un uomo in lotta con il suo dramma. Il dramma della paura da un lato, la collera di dover convivere quotidianamente con questo dramma e con la coscienza rabbiosa di non avere assolutamente nessun mezzo per cambiare quello stato.

Ora se noi scorriamo i passi paralleli nel FL troveremo delle sorprendenti suggestioni. Don Abbondio si trova per due volte di seguito a scontrarsi con Renzo, verso il quale, in grazia del noto carattere non violento del giovane, il curato può sfogare la sua collera. Ma, mentre nei PS l'autore ci aveva raccontato che la collera era già in quel corpo «*nascosta e involta dalla paura*», nel FL leggiamo che «*la paura si cangiò in collera*»[198]. Nel FL quindi chiaramente la *collera* non c'è prima di quel momento. L'assenza della collera repressa, o *nascosta e involta* – come si esprime il poeta – dalla paura rivela l'assenza di un'evoluzione. Ciò significa che ancora nel FL don Abbondio era visto come personaggio veicolo di funzioni tipiche del romanzo melodrammatico e/o d'avventura. L'uomo è sul nascere. Vedremo fra poco come sia effettivamente questa *collera* che coesistendo con la paura ovvero generata dalla coscienza imbelle della paura sia la chiave che conduce alla lettura delle peculiarità manzoniane nella rappresentazione del personaggio don Abbondio.

Terzo movimento. Al capitolo XXIX incontriamo don Abbondio trascinato dagli eventi a rifugiarsi nel castello dell'innominato neo convertito nel quale aspettare la fine del passaggio disastroso dei lanzichenecchi. Il sarto del villaggio, presso il quale si era soffermato per una pausa assieme ad Agnese, gli offre dei libri «da portar lassù [...] per passare il tempo».

"Grazie, grazie", rispose don Abbondio: "son circostanze, che si ha appena testa d'occuparsi di quel che è di precetto".

Il De Feo commenta queste battute con il chiedersi se il sarto possedesse altri libri o se avesse solo quei tre che egli intendeva prestare a don Abbondio[199], mentre Giovanni Getto nelle sue *Letture Manzoniane* non vi vede altro che «una punta di nostalgia per la canonica lontana, sede riposante di tranquille letture serali, ormai esposta ai rischi della guerra

© ARMANDO EDITORE. La fotocopia non autorizzata è reato.

---

[198] Tomo I, capitolo II.
[199] De Feo, Italo, *Manzoni, L'uomo e l'opera*, Milano, Mondadori, 1973², p. 377.

e al saccheggio dei soldati»[200]. Ma sembra questa piuttosto un'affermazione fuori luogo e comunque non rispondente al testo. Il punto focale non è la nostalgia delle inermi letture serali. Lui si trova adesso lì in mezzo al ballo e deve ballare. La preoccupazione che gli suscita la situazione contingente lo costringe a pensare solamente alle cose di prima necessità, tra le quali il primo posto assoluto è occupato dal pensiero della propria vita in pericolo per la quale appunto bisognava stare ogni istante attenti, né era permesso un attimo di distrazione – altro che leggere! questo lo si fa nel chiuso della propria canonica!

Don Abbondio è profugo, ha dovuto lasciare tutto alle incertezze del passaggio di una soldataglia immonda e adesso sta per recarsi in quel territorio dove fino a qualche giorno prima l'Innominato metteva ad esecuzione i suoi delitti. Per don Abbondio è veramente troppo. Qui non si ha cuore nemmeno di abbandonarsi a nostalgie! L'animo angosciato di don Abbondio da un lato ci dice, a confronto con quello terso, gioioso e un po' sciocco del sarto, che la lettura è un passatempo per spensierati (Si veda il «Carneade! chi era costui?»[201]), dall'altro lato, da un punto di vista interno, il dramma della paura che invade l'uomo, lo occupa e lo possiede, togliendogli qualunque altra determinazione, se non l'autodifesa istintiva (ricordiamo che alla visita dei bravi aveva cercato istintivamente a destra e a sinistra una scappatoia): non si tratta affatto di dipingere un don Abbondio eternamente pauroso, ma è la paura come entità astratta che trascende la storicità del personaggio e si fa persona per testimoniarne la propria universalità.

Don Abbondio è uno dei personaggi che più rispecchiano l'autonomia che il Manzoni ha concesso ai suoi personaggi, l'indipendenza assoluta da qualunque ruolo. Quella che si è sbizzarrita a inserire le sue apparizioni "comiche" come finalizzate ad attenuare con la loro "mediocrità"[202] la drammaticità solenne di eventi immediati, ove anime "grandi" esercitano la loro "grande" tragicità[203], commette un atto gra-

---

[200] Giovanni Guetto, *op. cit.*, p. 459.

[201] Cap. VIII.

[202] "La piccola anima", così qui il Russo definisce don Abbondio accostato all'innominato con grande limitatezza di vedute umane. Russo, *op. cit.*, p. 187.

[203] Così appare al Russo contrastivamente l'evolversi dello stato d'animo dell'innominato: "grande avvenimento spirituale", il "grande afflato". Russo, *op. cit. ibid.* Il Russo disprezza, avvilisce don Abbondio, primo, perché egli ha già operato arbitrarie categorie all'interno dei personaggi, secondo, perché non riesce a liberarsi dall'idea del personaggio come funzione, terzo, perché in Abbondio non vede altro che la paura "comica".

tuito di acrisia che si compiace di adagiare la propria pigrizia sulla superficie piumata degli schemi letterari.

Ma vedremo fra poco che c'è ancora un elemento nella rappresentazione del personaggio che ci darà per don Abbondio l'effettiva sintesi della sua originale personalità.

Quarto movimento. Durante la "cavalcata" verso il castello dell'innominato assieme al neo redento per andare a prendere Lucia (cap. XXIII), don Abbondio dopo una serie di ragionamenti e sospiri e giudizi e imprecazioni e rassegnazioni, dopo avere constatato di essere proprio lì nel bel mezzo di un'angosciante situazione trascinato da eventi contrari dinanzi ai quali non trova nessuna soluzione né via d'uscita non può fare altro in conclusione che disperarsi («Oh povero me! povero me!») e invocare drammaticamente il cielo, ma, e qui sta il culmine della tensione, non con la preghiera del credente che si affida al cielo in dedita speranza di salvezza, alla stregua delle preghiere di Lucia durante la sofferta e disperata notte nel castellaccio dell'Innominato, ma con i termini di chi abbia stabilito un contratto, un accordo che in realtà egli aveva stabilito con la sua propria "filosofia della vita":

"Basta: il cielo è in obbligo d'aiutarmi, perché non mi ci son messo io di mio capriccio".

A tutta prima potrebbe far sorridere questa "pretesa". Si potrebbe anche pensare che il Manzoni volesse estendere la sua moralità – così pervicacemente sostenuta dal Russo – nei confronti dell'ottusa distorsione di fede che il vile curato avrebbe il ruolo di rappresentare.

Ma se noi accostiamo tale convinzione del curato a un'altra argomentazione parallela pronunziata questa volta a voce alta, avremo un quadro palmare dell'intima personalità di quest'uomo. È un religioso che "convive" con l'idea della Provvidenza, ovvero *con* la Provvidenza come si potrebbe convivere con un socio nella e della stessa azienda: – io credo nella Tua esistenza – è il congetturare "logico" del mite curato – e credo che il non far del male debba essere premiato alla stessa stregua del far del bene; e Tu adesso devi mettere in atto il Tuo *status*, così come io lo credo. Questa espressione di religiosità popolare e pusillanime don Abbondio la esprime fortemente dunque con l'altro tratto parallelo. Al capitolo XXXVIII dicevamo quando Renzo ed il sagrestano gli comunicano l'effettiva scomparsa di don Rodrigo, don Abbondio leva il suo canto apologetico alla Provvidenza. Ma in quali termini? Grosso

© ARMANDO EDITORE. La fotocopia non autorizzata è reato.

modo con gli stessi con i quali adesso pretende che il suo *socio* "debba" aiutarlo:

"Vedete, figliuoli, se la Provvidenza arriva alla fine certa gente. Sapete che l'è una gran cosa! [...] È stata un gran flagello questa peste; ma è anche stata *una scopa*"[204].

E adesso che la Provvidenza ha adempiuto al suo "obbligo" di aiutare il povero don Abbondio che non aveva fatto mai male a nessuno, adesso egli può liberarsi anche della collera che esprimeva la sua impotenza. Adesso leva il canto delle sue buone ragioni nel pretendere l'aiuto divino:

"ha spazzato via [*sc.* la peste] certi soggetti, che, figlioli miei, non ce ne liberavamo più".

Bàrberi-Squarotti aveva commentato questo passo osservando che se la Provvidenza riceveva da don Abbondio una tale "apologia" nell'essersi servita della peste, sciagurato malanno dell'umanità, per spazzar via il suo nemico o il suo oggetto di paura, non poteva essere la Provvidenza la chiave di lettura del romanzo[205].

Noi aggiungiamo che l'atteggiamento di don Abbondio non solo non è funzionale alla dimostrazione di niente, ma rivela la lucida ignavia di un essere tanto vile da identificare il mondo con la propria personale esistenza. Non è affatto un giudizio morale. Si rileva che solo l'azione dell'uomo tesa all'edificazione di un progetto di vita, qualunque esso sia, purché attivo e operoso esprime la concretezza del senso della vita.

Don Abbondio afferma la propria ignavia con l'affidarsi alla Provvidenza e col pretenderne l'intervento come dovuto. Con ciò automaticamente smentisce il senso religioso circoscritto solo alla fede e all'azione dell'uomo. Questo tipo di cattolicesimo tradizionale può dettare al prete vile addirittura la formulazione di un principio etico: «a un galantuomo il quale badi a sé [...]».

Se l'*accadere* è regolato dalla Provvidenza – argomento caro a frate Cristoforo – l'accadimento di un accidente viene dunque attribuito alla Provvidenza stessa cui tocca di rimediare alla sventura che senza sua intromissione è capitata al soggetto.

---

[204] Corsivo dell'autore.
[205] Giorgio Bàrberi Squarotti, *op. cit.*, p. 113.

Se noi teniamo alla nostra tesi del rifiuto di intenti moraleggianti nel Manzoni dei PS non possiamo accettare le varianti di Ferruccio Ulivi, il quale, procedendo da interpretazioni sociologiche risalenti a De Sanctis, vorrebbe evidenziare una componente funzionale del personaggio col fine di «denunziare uno degli aspetti tradizionali della nostra società»[206]. A questa considerazione il critico perviene prendendo come massima del Manzoni – alla Russo – e non del personaggio la protesta di don Abbondio che trovavasi nella morsa della forza e non al tavolo di un dibattito accademico sul diritto. Così Ulivi conclude riportando testualmente il De Sanctis: «la forza di una classe una volta derisa, la debolezza in una classe più istruita; per cui nasce anche la coscienza della debolezza. Ciò ha pervertito il carattere italiano e l'ha reso comico»[207]. Don Abbondio – conclude Ulivi – verrebbe così a rappresentare «la borghesia fiacca ed ipocrita messa in caricatura». Crediamo che si voglia proprio «tirar cogli argani»[208] una funzione e una funzione moralistica a qualunque costo.

Se noi adesso rileggiamo le partiture di cui abbiamo dianzi discorso nella trasparenza di un altro aspetto che il prete vile ci offre, potremo concludere il finale della sinfonia con ben altre tonalità.

Abbiamo visto che don Abbondio è un uomo pauroso e che sa di esserlo («Il coraggio, uno non se lo può dare!»). E abbiamo pure visto che è un uomo che vorrebbe anche sfogare la collera di dover solo inghiottire, e abbiamo visto che, seppur vigliaccamente, lo fa con chi egli sa che non reagirà. Di tutto ciò Abbondio ne ha piena e lucida coscienza.

Sulla paura e sulla viltà di questo prete si sono scritti e si continuano a scrivere inesauribili torrenti di parole, tra cui l'evidenziazione, e sempre ancora funzionale, che don Abbondio avrebbe il ruolo di screditare con la sua persona ancora una volta la chiesa (dopo Gertrude perversa e omicida assieme a Cristoforo!).

Noi diciamo che don Abbondio è semplicemente se stesso nel suo non-coraggio di alcuna impresa che possa turbare in qualche modo la propria quiete incolume. Ma vediamo adesso se qui dentro in lui c'è una maschera o per converso un vero e proprio uomo.

[206] Ferruccio Ulivi, *op. cit.*, p. 155.
[207] *Ibid.*
[208] Similitudine avuta "in prestito" dal Manzoni, PS, cap. XXXVIII.

© ARMANDO EDITORE. La fotocopia non autorizzata è reato.

Finale. Capitolo XXIII. Il povero curato aveva ricevuto l'incarico, per non dire l'ordine, di recarsi assieme al terribile neoconverso al castello a prelevare Lucia. Il pensiero di dovere fare una camminata insieme a quel temuto bandito e andare in quel covo di tagliagole è un'impresa assolutamente superiore alle sue capacità d'animo. È qui il passo in cui si rivolgerà al cielo ricordandogli che adesso è in obbligo di aiutarlo! Ma un momento prima, nell'avviarsi al castello, si trova a passare davanti «alla porta spalancata» della chiesa.

> Don Abbondio si levò anche lui il cappello, si chinò, si raccomandò al cielo [*melius abundare*....]; ma sentendo il concerto solenne de' suoi confratelli che cantavano a distesa, provò un'invidia, una mesta tenerezza, un accoramento tale, che durò fatica a tener le lacrime.

Il Getto in questo passo chiave, risolutivo, non dice altro che: «vediamo don Abbondio [...] commuoversi su se stesso»[209]. Ma qui c'è invece un *crescendo* tumultuoso di costernazione: l'*invidia* di non poter godere dell'anonima serenità di quei confratelli gli rende evidente la propria perdita, si trasforma in *tristezza*, le forze scemano, *si intenerisce*, tocca il fondo della propria disgrazia, e lì trova la causa del suo dolore, si *accora*. È un precipizio: l'angoscia, lo struggimento, le lacrime. *Durò fatica a tener le lacrime*. Non pianse quindi, ma peggio. Gli occhi gli vennero lucidi e gonfi. Non vere e proprie lacrime, ma il risultato di uno sconforto. È il pianto dell'infelice condannato, che si sente stringere e soffocare il cuore in situazioni particolarmente dolorose, qualunque sia la cagione del dolore. In don Abbondio qual è la cagione?

Adesso possiamo riprendere quella «*collera che aveva in corpo*», di cui l'autore ci discorreva più su; quella collera di cui ci chiedevamo la ragione. Adesso ci appare nitida. Don Abbondio è un pauroso, è cosciente della propria paura, sa di non essere in grado di reagire, e sa che ciò lo addolora. Don Abbondio tocca con la limpidezza della sua coscienza questa drammatica incapacità, ne sente l'amara sofferenza e se ne duole così angosciosamente da piangerne in silenzio. Quel canto sereno che si leva nell'aria gli dà l'immagine ingigantita della sua infelicità. Non può avere la serenità di quei confratelli. Quest'essere condannato a morire ogni istante di paura e sapere di non essere in grado se non di cercare sempre delle scappatoie gli fa compiangere la sua misera esistenza.

---

[209] Giovanni Getto, *op. cit.*, p. 367.

Qui non c'è niente a che fare con nessun ruolo, qui c'è il fondo del cuore umano. Non si tratta di commozione dinanzi ad un «cantico lento lento» che si leva nell'aria e può toccare il Giusti. Qui c'è la sofferenza della coscienza del proprio dramma, della propria nullità, il dolore della propria lacrimosa solitudine.

Ora se ricerchiamo il passo parallelo nel FL, scritto tra l'aprile del 1821 e il settembre del '23, ci possiamo rendere conto come nel giro di qualche anno sia radicalmente mutata l'ispirazione poetica del romanzo. Abbandonato definitivamente il melodramma, Manzoni passa decisamente a cantare il poema della natura umana. In quel passo parallelo cercavamo le *lacrime*, ma non le abbiamo trovate, l'*accoramento*, nemmeno, la *mesta tenerezza*, neppure quella, ma un generico: «*provò forse per la prima volta un sentimento d'invidia in una tale occasione*». C'è solo questo, perché solo questo corrisponde alla raffigurazione del curato pauroso, che, trovandosi malvolentieri a viaggiare assieme a quel terribile brigante, avrebbe ben voluto «star lì a cantar fino a sera; in quella santa pace; e invece bisogna andare...»[210]. Qui c'è il personaggio che ha paura perché deve aver paura. Non vuol essere quindi in quel posto e vorrebbe essere altrove, invidiando giustamente tutti quelli che non sono nelle sue condizioni, ma non c'è tristezza né tenerezza né accoramento né tantomeno lacrime. L'invidia soltanto basta al personaggio ma non all'uomo. Difficilmente da sola inumidisce gli occhi di pianto. Ci vuole molto di più. Ci vuole, come abbiamo visto, la coscienza della paura, la rabbia impotente, la collera repressa che esplode, e più giù ancora, nel fondo dell'animo umano, ci vuole l'accoramento, il dolore, la sofferenza che segue all'amara constatazione del proprio misero stato imbelle. Ci vogliono le lacrime.

Qui l'assolutezza dell'autonomia del personaggio è allo stato puro.

La conferma ulteriore e conclusiva dell'esistenza di questa piega così articolata dell'animo di don Abbondio la ritroviamo alla fine del poema.

Abbiamo più sopra accennato, ma per altro verso, all'apologia della peste che il vile curato innalza alla notizia della scomparsa del suo supplizio. Esaminiamo ora i toni di quest'apologia per cercare la conferma dello stato d'animo, che ha il suo culmine nel sentire quel «concerto solenne de' suoi confratelli» ed in cui giaceva don Abbondio durante tutto quel periodo. È un cantico che don Abbondio leva alla natura, alla peste e alla Provvidenza ma soprattutto alla vita e alla gioia di

---

[210] Tomo terzo, capitolo II.

© ARMANDO EDITORE. La fotocopia non autorizzata è reato.

vivere ritrovata. La peste *provvidenziale* gli ha levato di torno chi gli scavava la piaga della sua impotenza, chi lo costringeva con nodo alla gola a sentire l'angoscia della sua inettitudine. È ovvio che non si renda conto che quel ringraziare giulivo l'avvento della peste "liberatoria" è pure un atto mostruoso di egoismo e non tien conto della presenza e del giudizio degli astanti. Dal suo animo esplode festoso finalmente il giudizio severo e duro del suo carnefice e nello stesso tempo l'espressione di totale disponibilità nei confronti dei suoi due parrocchiani che *adesso* vuol avere la "consolazione" di sposare lui. È felice finalmente di essere se stesso, può abbandonarsi all'ilarità dei commenti giulivi e non stancarsi di ripetere a voce alta, come se non gli paresse effettivamente vero, i modi dell'avvenuta sua totale liberazione. Non si può fare nessun uso di questo brano, che riportiamo qui di seguito, e forse nemmeno quello del citato Bàrberi-Squarotti, se non che prenderlo soltanto come espressione e contemporaneamente testimonianza e conferma dell'angoscia lucida, penosa e pietosa in cui versava quest'uomo, cosciente del suo doloroso personale dramma. La paura *travagliosa* di don Abbondio è lontana le mille miglia dalla paura *bestiale* della vecchia del castello e dalla "cupidigia servile" di costei. Solo hanno in comune entrambi l'autonomia sovrana della epicità.

"Ah! è morto dunque! è proprio andato!" esclamò don Abbondio. "Vedete, figliuoli, se la Provvidenza arriva alla fine certa gente. Sapete che l'è una gran cosa! Un gran respiro per questo povero paese! Ché non ci si poteva vivere con colui. È stata un gran flagello questa peste; ma è anche stata *una scopa*; ha spazzato via certi soggetti, che, figliuoli miei, non ce ne liberavamo più: verdi, freschi, prosperosi: bisognava dire che chi era destinato a far loro le esequie, era ancora in seminario, a fare i latinucci. E in un batter d'occhio sono spariti a cento per volta. Non lo vedremo più andare in giro con quegli sgherri dietro, con quell'albagìa, con quell'aria, con quel palo in corpo, con quel guardar la gente, che pareva che si stesse tutti al mondo per sua degnazione. Intanto lui non c'è più, e noi ci siamo. Non manderà più di quell'ambasciate ai galantuomini. Ci ha dato un gran fastidio a tutti, vedete: ché adesso lo possiamo dire"[211].

E, dopo uno scambio di battuta con Renzo, quasi a giustificare qualche sproposito pronunziato col suo lungo sfogo, aggiunge e conclude il

---

[211] Cap. XXXVIII.

tema, prima di dichiarare la sua totale disponibilità, insieme anche alla sua "consolazione", di maritare i due:

"ma si può anche ringraziare il cielo, che ce n'abbia liberati"[212].

In effetti non ha *ringraziato il cielo*, come ha avvertito istintivamente Renzo che ha voluto dirgli in netta contrapposizione «Io gli ho perdonato di cuore», ha don Abbondio sottolineato a se stesso l'attualità di una realtà cui non sembrava vero che così fosse. La minacciosa presenza fisica di quel bellimbusto l'aveva profondamente afflitto come una malattia incurabile. Poi arriva improvviso ed assolutamente inaspettato il "miracolo"! Le frasi, le parole, le ripetizioni, l'ironia fiorita e rilassata della rappresentazione (*una scopa - i latinucci - quel palo in corpo*) dicono ed esprimono la gioia dell'evento. Gioia poco cristiana, per la verità, ma a don Abbondio non importa, non è questo il punto! Se il portentoso miracolo l'abbia compiuto la peste, insieme a migliaia di altri "miracoli" innocenti, per lui non ha alcuna rilevanza. La liberazione della sua personale sofferenza che gli apportava tanta incomprimibile collera e miseria ha priorità assoluta. E noi gli crediamo. La sofferenza non conosce precetti morali. È uguale in tutti.

© ARMANDO EDITORE. La fotocopia non autorizzata è reato.

---

[212] *Ibid.*

Capitolo quinto

IL CREDO IN SE STESSI

L'AMICO DI RENZO: SOLITUDINE OPEROSA

Tra le pagine del *Fermo e Lucia*[213] quest'amico di Renzo, suo compagno «fin da piccino»[214], non esiste. Lì nel suo ruolo, in termini di *fabula*, c'era invece Agnese. Durante la elaborazione della bozza però, dal 1821 al 1827, in cui l'intreccio e i ruoli, rispetto ad un "normale" romanzo, sono stati svuotati della loro funzione narrativa e il "romanzo" ha assunto altro aspetto e consistenza, prende corpo la poesia dell'animo umano, di cui il Manzoni dei *Promessi Sposi* è inimitabile e alto cantore. Qui, in questi luoghi, l'autore sente e si avvede che per questi fini, Agnese, per quello che ella è già, sarebbe stata – e lo vedremo ben presto – del tutto inadatta. Bisognava creare una nuova raffigurazione, una persona che nasce da un preciso stato d'animo in una ben determinata situazione e che incarni con la sua autonomia la realtà umana di sempre.

Siamo al cap. XXXIII. Renzo, in esilio, ancora perseguitato, è appena sfuggito alla peste guarito. Con la salute ritrovata riacquista il gusto alla vita e con esso il desiderio irrinunciabile di volere notizie di Lucia, a qualunque costo. Nemmeno quella pendenza con la giustizia può frenare la sua ferma inquietudine. Ogni rischio viene liquidato con la fiducia empirica nella "obblivione" generale in cui quel mandato potrebbe essere stato affogato dalla peste[215]. Decide quindi di andar prima al suo

---

[213] Tomo IV, cap. V.

[214] Cap. XXXIII.

[215] In *Fermo e Lucia* (T. IV, c. V) il Manzoni, parlando "da autore", ci dice che Renzo, nella voglia di partire, aveva liquidato l'inciampo della cattura giudicando la peste «un'obblivione o un giubileo per tutte le cose passate».

paese nella speranza di trovare viva Agnese e di avere da lei la risposta ad angoscianti interrogativi.

Verso sera scoprì non senza emozione il profilo, il disegno dei tetti natìi. L'avvicinarvisi è un tumulto di sentimenti e di incognite.

La lontananza di profugo, la persecuzione minacciosa, i lanzichenecchi, la peste, l'incertezza del presente ed il doloroso passato rendono i luoghi e gli uomini agli occhi e all'animo di Renzo oggetto di muta quanto angosciante afflizione.

È già l'imbrunire quando Renzo farà il suo primo incontro, triste, con Tonio trasformato dalla peste. Lo scambia per quel «povero mezzo scemo di Gervaso»[216]. Tonio, che non riconosce Renzo, andrà stupidamente ripetendo come lugubre campana «A chi la tocca, la tocca!»[217].

Momigliano affermerà che «la costernazione è il tono continuo di queste pagine dove passano, con una sobrietà immortale, i dolori di tutto un popolo»[218]. Per Giovanni Getto più lapidariamente questo incontro è «pieno di desolazione»[219].

Il secondo incontro Renzo lo fa con «una cosa nera»[220], don Abbondio, e certamente non poteva essere più deprimente, nero e luttuoso un tale incontro. Don Abbondio, il parroco, il pastore di Renzo, segnato dal passaggio della peste nel fisico ma non nell'animo, nega a Renzo il riconoscimento della sua presenza, respingendolo apertamente: non c'è nessuno, tutti morti, Agnese è in un altro paese, intere famiglie sono state sterminate dal contagio! Renzo deve andarsene! Il paesaggio è desolato. Incombe lo spettro della disperazione.

L'amaro incontro con don Abbondio, per Giovanni Getto «intonato a tetra malinconia»[221], rattrista ancor di più Renzo, ma non riesce a scoraggiarlo. Non può andar via così. Il buio della sera sta per penetrare in ogni dove. Fa caso che uno dei superstiti tra i suoi conoscenti, unico di tutta la famiglia, è un giovanotto, suo amico e compagno «fin da piccino»[222]. L'arco più acuto del dramma sta per richiudersi.

Con quest'animo poco allegro avviene il terzo incontro con il nuovo personaggio:

---

216 *Ibid.*
217 *Ibid.*
218 Attilio Momigliano, *op. cit.*, p. 205.
219 (1964), p. 507.
220 *Ibid.*
221 *Ibid.*, p. 508.
222 Cap. XXXIII.

© ARMANDO EDITORE. La fotocopia non autorizzata è reato.

Già principiava a farsi buio. L'amico era sull'uscio, a seder sur un panchetto di legno, con le braccia incrociate, con gli occhi fissi al cielo, come un uomo sbalordito dalle disgrazie, e inselvatichito dalla solitudine. Sentendo un calpestìo, si voltò a guardar chi fosse, e, a quel che gli parve di vedere così al barlume, tra i rami e le fronde, disse, ad alta voce, rizzandosi e alzando le mani: "non ci son che io? non ne ho fatto abbastanza ieri? Lasciatemi un po' stare, che sarà anche questa un' opera di misericordia".

[...]

"Sei proprio tu!" disse l'amico, quando furon vicini: "oh che gusto ho di vederti! Chi l'avrebbe pensato? T'aveva preso per Paolin de' morti, che vien sempre a tormentarmi, perché vada a sotterrare. Sai che son rimasto solo? solo! solo, come un romito!"[223].

Il Momigliano, dopo aver parlato di «costernazione continua»[224], in questo passo rileva «lo sgomento freddo di quella solitudine, il grigio di quell'esistenza trascinata senza più nemmeno il pensiero d'un barlume lontano»[225]; continua commentando che quando il Manzoni «ritrae il dolore senti nella sua pittura un non so che di meditativo e di pietoso che diffonde intorno alle sue parole una melanconica austerità religiosa [e che] il suo spirito fugace è l'espressione d'un'anima che sa che la vita è un esercizio di dolori ma che ogni angoscia terrena è misurata dal tempo»[226]; e conclude che «le sue rassegnate contemplazioni dei tormenti umani sottintendono sempre la certezza del coro di Ermengarda: *Fuor della vita è il termine / Del lungo tuo martir*»[227]. In definitiva Momigliano postula il «dolore quale sale della vita»[228] e crede di vedere Manzoni preso da misericordioso compatimento che «stende il suo sguardo comprensivo e pietoso su tutte le vicende umane e sul teatro stesso delle nostre fugaci miserie»[229].

È questa in altri termini un'improponibile esortazione ad accettare il dolore con rassegnazione in quanto strumento della Provvidenza e mezzo catartico di redenzione. L'uomo non avrebbe via d'uscita, o rassegnarsi o disperarsi. Oltre ad Ermengarda, per Momigliano nei *Promessi*

---

[223] *Ibid.*
[224] Cit., p. 205.
[225] *Ibid.*
[226] *Ibid.*
[227] *Ibid.*, p. 202.
[228] *Ibid.*, p. 196.
[229] *Ibid.*, p. 198.

Sposi c'è ancora Adelchi con il suo manicheistico «o farli – i torti – o subirli».

È una considerazione consequenziale piuttosto grigia di siffatta concezione dell'uomo alla quale Momigliano perviene con vellutata leggerezza in virtù delle sue sentenziose sintesi a priori: «la grandezza dei *Promessi Sposi* non si comprende con un'analisi minuta ma con una considerazione sintetica della loro fisionomia»[230].

Ma qui c'è invece l'analisi minuta. Manzoni poeta è in effetti dentro ogni fibra delle sue creature, su ogni pietra, su ogni filo d'erba, in ogni più piccola e recondita sinuosità dell'animo umano. Come potrebbe non esserci? Sotto il velo di un tale dolore, non si scorge ombra di espiazione né di catarsi, c'è una lucida visione obiettiva, serena e realistica della vita, dei sentimenti e del comportamento degli uomini. C'è la sofferenza della solitudine, della perdita degli affetti, del desiderio di amore, ma non c'è la rassegnazione quale insegnamento evangelico e l'accettazione del tormento quale espiazione.

Il Momigliano che, come sappiamo, aveva definito nello stesso saggio i PS come epopea della Provvidenza[231], non ha saputo scorgere quella cesura ideologica e poetica che separa nettamente il Manzoni cattolico-formale degli Inni e delle Tragedie dal Manzoni *"cattolico"*-universale dei PS. Il vizio della sua impostazione critica, che lo porta a sostenere deduttivamente la funzione parenetica del romanzo, risiede già in questa arbitraria scelta metodologica. Sul piano ideologico, critico e letterario questa "sintesi" ha provocato quei guasti nello studio del romanzo manzoniano, che hanno impedito per molti decenni di avvicinarsi a quelle pagine con la serenità necessaria per gustarne la fresca poesia dell'uomo che da esse sgorga inesauribile e sempre nuova, come sempre nuovo, infinito ed inesauribile nella sua originalità è lo spirito dell'uomo[232].

Che cosa può aver indotto in effetti il Manzoni a sentire e a creare in quel determinato punto un nuovo "personaggio"?

© ARMANDO EDITORE. La fotocopia non autorizzata e reato.

---

[230] *Ibid.*, p. 197.

[231] *Ibid.*, p. 225.

[232] A mo'di esempio citiamo Libero Torraca, *Alessandro Manzoni*, Rovigo, Istituto Padano di Arti Grafiche, 1954, p. 305: «In un mondo religioso tanto saturo di Provvidenza, è naturale che non manchi un altro tema: la rassegnazione». E Mario Miccinesi, cit., che, accettando *in toto* i postulati di Momigliano e ignorando le ritrattazioni del Croce, liquiderà i *Promessi Sposi* come opera di «meschina e gretta sottomissione alla divinità», p. 153.

C'è un prologo, che sono le valutazioni di Renzo sulla concreta minaccia di quel mandato di cattura ancora pendente con cui si apre lo spazio immaginativo della sua ferma decisione di ritornare al paese; e c'è poi l'osservazione degli atti e delle parole del nostro personaggio-amico di Renzo che si estendono ben oltre gli angusti limiti di quelle sole prime battute viste estrapolate ad arte dal Momigliano per i suoi scopi ideologici, che pur sono significative per la loro parte.

Al cap. XXXIII troviamo dunque:

> La cattura? eh! adesso hanno altro da pensare, quelli che son vivi. Se lascio scappare una occasion così bella, – (*La peste! Vedete un poco* come ci fa qualche volta adoprar le parole quel benedetto istinto di riferire e di subordinar tutto a noi medesimi!) – non ne ritorna più una simile!–
> Giova sperare, caro il mio Renzo. [corsivi nostri]

Gli snodi interpretativi di questo passo sono due ed entrambi, significativamente, in contesti extradiegetici: *La peste! Vedete un poco* [...!] e *Giova sperare*.

Nel primo, al di là della ridente ironia[233] sull'intraprendenza spensierata di Renzo innamorato, quell'esclamazione «La peste!» all'inizio di frase, così secca, in contrasto netto con le parole candide e piene di vitalità, *occasion così bella*, non può, per la carica ineliminabile della sua devastante connotazione, non suonare nell'animo del poeta che come lugubre rintocco di dolore e di morte. Ci aspettiamo già quindi di trovare nei luoghi dove sta per arrivare Renzo squallore e desolazione.

Nel secondo, accettando l'ottimismo di Renzo pur derivato dalle decimazioni dovute alla peste, il Manzoni stimola il suo "interlocutore" a credere in se stesso con fiducia e coraggio. Il succedersi delle azioni e il loro evolversi traducono senza dubbio e realizzano in creatività poetica quella sorprendente apostrofe con la quale nasce il nuovo "personaggio". Ci aspettiamo già quindi di trovare in quei luoghi anche l'azione fiduciosa dell'uomo, che spera perché agisce.

Qui è la radice della redenzione. Nella fusione o contrapposizione dialettica di questi due poli. La peste, quale sentimento del dolore serpeggia nell'uomo quale il peccato sentimento della morte. La necessità

---

[233] Al cap. XXXVIII ritroviamo invece don Abbondio a fare l'apologia della peste. Il commento che qui in parentesi ne fa il Manzoni può essere valido anche per quell'altro passo. L'egoismo di don Abbondio paradossalmente si ritrova identico a quello di Renzo ma agli antipodi.

di credere e sperare nell'azione dell'uomo libera dalla disperazione e dal dolore rassegnato. «*Giova sperare*». Qui, in questo contesto, è chiaramente *non* la speranza passiva nella benevolenza della Provvidenza, ma una esortazione fiduciosa ad agire. La rassegnazione connessa alla disperazione – come vorrebbe il Momigliano – sarebbe, per contraddizione in termini, la negazione della speranza, della fiducia nell'energia vitale dell'uomo, unico artefice del suo destino.

Da queste premesse nasce spontaneamente nello spirito del poeta il personaggio – la rappresentazione dell'animo umano – il quale, grazie al suo fortissimo realismo, possa identificare con la sua persona, le sue vicissitudini, il suo dolore disperato ma anche con la sua carica di fiducia nell'uomo questi punti cardinali della visione del mondo del Manzoni. Non il dolore penitente è funzione di redenzione, ma l'operosità benefica dell'uomo fatta di speranza positiva.

E infatti in quel primissimo incontro, in quell'uomo «*sull'uscio, seduto sur un panchetto di legno con le braccia incrociate, con gli occhi fissi al cielo, come un uomo sbalordito dalle disgrazie, e inselvatichito dalla solitudine*» c'è tutta la desolazione umana condensata nell'animo di un uomo solo, ancor che piccolo e sparuto, ma grande nella sua sofferenza. Qui il Manzoni non descrive il dolore, come pensa Momigliano, lo incarna.

Quest'uomo ha perduto tutti i suoi cari, tutta la sua famiglia. Li ha visti, impotente, morire tutti uno dopo l'altro. Li ha seppelliti, insieme a tutti gli altri, ha continuato ad aiutare Paolin de' morti, il becchino in quell'opera misericordiosa, curvo, muto e dolente.

Adesso in quel già farsi buio, quando il leggero avvicinarsi delle tenebre era associato all'allegro vocìo della famiglia e dei suoi figli e della moglie che lo chiamavano e gli attestavano la loro gioia di vederlo ritornare dal lavoro intorno al focolare già crepitante di odor di polenta; letizia, che addolciva la lenta perdita del colore delle cose nell'oblìo che lentamente va distendendosi come un manto per ogni dove e nel cuore dell'uomo e gli rende bella l'incertezza del domani; adesso quando neppur la misericordia ha un senso; adesso in quella stessa ora se ne sta inerte «*con le braccia incrociate, con gli occhi fissi al cielo*», come se volesse chiedere il perché di un'inutile misericordia. In quest'immane solitudine quel calpestìo lo fa rizzare di scatto, gli fa alzare le mani per difesa e gridare disperato: «*non ci son che io? non ne ho fatto abbastanza ieri? Lasciatemi un po' stare, che sarà anche questa un'opera di misericordia*».

Malgrado sapesse che quello che faceva era un'opera di misericordia,

© ARMANDO EDITORE. La fotocopia non autorizzata è reato.

che certamente avrebbe confortato la sua anima terrena, tuttavia la desolazione del suo stato non gli fa sentire più nemmeno la necessità di avere un po' di quel conforto. – A che pro? – La misericordia avrebbe lenito la sofferenza per la scomparsa di chi gli riempiva la casa e gli affetti e gli dava un senso alla vita? Di chi gli confermava la sua propria esistenza e gli dava motivo certo per ricambiare quella conferma con il proprio amore? Forse con quegli *occhi fissi al cielo* andava chiedendo, cercando, una risposta.

Nei PS, epopea dell'uomo, non c'è spazio né per una ideologia religiosa, né tanto meno per l'idillio, come crederà di qui a poco il Getto. Se noi pensiamo per un attimo al dramma della vita dell'uomo, alla solitudine cieca di cui essa è tinta ogniqualvolta tentiamo di indagarne il senso, vi troviamo lì ergersi questo minutissimo personaggio in tutto il suo dolore, non quello "santificante", inventato dal Momigliano, ma il sentimento del dramma.

Fin qui *l'amico di Renzo* esprime per intero la desolazione devastante connessa con la peste e non solo il dolore umano come avrebbe voluto il Momigliano che peraltro aveva limitato il suo esame critico solo fino a questo punto, ingannato dalla visione parziale del cattolicesimo formale.

Qui Agnese avrebbe potuto scarsamente rappresentare la disperazione della solitudine selvatica e sarebbe stata del tutto inadatta ad interpretarne il clima e i fini.

Avevamo dianzi detto che due interventi extradiegetici dell'autore entro quel passo sui rischi della pendenza penale costituivano la chiave di lettura del nostro personaggio. L'amico di Renzo fino a questo punto impersona la solitudine e la disperazione umana, quando appena vi si aggiunge quell'altra battuta:

"[...] Chi l'avrebbe pensato? T'aveva preso per Paolin de' morti, che viene sempre a tormentarmi, perché vada a sotterrare. Sai che son rimasto solo? solo! solo, come un romito!".

che, senza ulteriori commenti conclude lo squallore della giornata di questo povero uomo. Ma prima di continuare vogliamo precisare che se parliamo di chiave di lettura ciò non vuol dire che a codesto personaggio sia stato assegnato il ruolo di rappresentare la disperazione come realtà umana. Egli non è un personaggio, ma un uomo che vive la sua propria personale desolata situazione. Non ha nulla a che vedere con eventuali intrecci melodrammmatici. Il Manzoni avrebbe potuto fare a meno di lui nel proseguire la sua avventura, se di avventura si fosse trattata. Lì la desolazione universale dell'uomo quale è senz'altro quella seminata dalla peste ha bisogno di una personificazione, dell'individualità dell'uomo desolato che la vive con il suo personale unico e irripetibile dolore.

E questo, tutto questo e solo questo in quei pochi momenti di quel primo incontro davanti all'uscio. E subito dopo quel «*Lo so, pur troppo*» di Renzo pronunziato ancora davanti alla porta come se si volesse lasciare fuori l'intero discorso su quel tema, i due «*entrarono insieme nella casuccia*».

Qui ripeterà di lì a poco quel suo ritornello del «sono rimasto solo! ma! son rimasto solo», ma molto indebolito da quel *ma!*, quasi ridotto ad una pura eco, adesso che il vuoto delle sue contemplazioni solitarie veniva travolto da una serie dinamica di azioni che Renzo quasi non può seguire:

- si mise in faccende per fare
- mise
- cominciò a far
- cedè il mattarello a Renzo perché la dimenasse
- se n'andò
- tornò con [...] con [...] con [...] con [...]
- si misero
- si trovarono

All'alba del giorno dopo a Renzo in procinto d'avviarsi alla volta di Milano

l'amico gli disse, come s'usa, di sperar bene; volle che prendesse con sé qualcosa da mangiare; l'accompagnò per un pezzo di strada, e lo lasciò con nuovi auguri.

Qui quella che sembra soltanto un'apostrofe «Giova sperare, caro il mio Renzo» è tradotta in realtà umana. L'amico, di cui non ci viene fatto il nome, come a rappresentare l'amicizia assoluta, compie una serie di azioni concrete. Le sue meditazioni si trasformano in azioni, in elementi reali, attivi, proiettati verso la vita: il calore del fuoco, il cibo per il corpo, la conversazione «tra amici» che «è un sollievo», calore e cibo dell'anima. Ed infine quell'accompagnare Renzo per un pezzetto di strada, quella voglia di non lasciarlo, di prolungare il dare e l'avere conforto come se si volesse prestare lui stesso alla riuscita delle speranze di Renzo incarnano nel personaggio la poesia più della fiducia che della speranza quale necessità umana, che illumina la via che l'uomo si apre davanti al suo domani.

Dov'è Manzoni "poeta del dolore"? Diciamo che la "poesia" si estende in egual misura sia sul dolore che sulla gioia di vivere all'interno della svariatissima gamma degli atti e dei sentimenti dell'uomo.

La conferma a queste nostre righe ce la dà lo stesso Manzoni e sempre, naturalmente con lo stesso "personaggio". L'amico di Renzo, lasciato il cap. XXXIII, lo ritroviamo nel cap. XXXVII, dove diventa "l'ospite amico". L'amico nel giro di ventiquattro ore è già completamente trasformato. Con Renzo fradicio e infangato di pioggia può addirittura fare delle battute:

- [...] potresti adoprare il da tanto in su per lavare il da tanto in giù
- capisco che da bere, per la strada, non te ne sarà mancato; ma da mangiare...

E riprende le azioni di prima per accogliere Renzo, metterlo a suo totale agio, farlo sentire bene e con molta maggiore intensità:

L'amico andò e tornò con due bracciate di stipa: ne mise una in terra, l'altra sul focolare, e, con un po' di brace rimasta della sera avanti, fece presto una bella fiammata.

Il dettaglio minuzioso di quelle azioni ci parla della serenità e della gioia di vivere che brulica istintivamente dentro quest'uomo. È la serenità e la voglia di vivere che ogni uomo semplice sente incoscientemente spesso dentro di sé quando sente fortemente il calore del bene che fa e che fa sentire (*una bella fiammata*). E quindi continua la minuzia allegra dei gesti che si snodano sicuri e festosi uno dopo l'altro attorno a Renzo:

- "lascia fare"
- mise l'acqua
- attaccò
- "vado a munger"
- "tornerò col latte – l'acqua sarà all'ordine"

- "si fa una buona polenta"
- andò
- tornò al suo paiolo

Ci si immagina questa giostra di mani, di cose e di parole che ruota con instancabile letizia attorno a Renzo quasi a festeggiare senza volerlo la gioia di Renzo (per Lucia, come sappiamo, ritrovata).

Ma quell'apostrofe a Renzo: «Giova sperare» ha ancora qui di seguito la sua particolare e coronante determinazione. L'amico ospita per tutta quella giornata piovigginosa Renzo che peraltro sarà poi suo ospite per alcuni altri giorni fino al ritorno di Lucia.

Qui l'amico di Renzo lo troviamo indaffarato

in faccende intorno a un suo piccolo tino, e a una botticina, e ad altri lavori in preparazione della vendemmia; nei quali Renzo non lasciò di dargli una mano[234].

Questi passi, ignorati dal Momigliano preso dalla sua critica cattolica formale, vengono definite dal Getto una «pagina saporosa di poesia della casa campestre»[235]. Un idillio caro al Pascoli ma che non si attaglia affatto al nostro Manzoni, il quale durante la sua creazione artistica e poetica non può non volere concretizzare quel «Giova sperare caro il mio Renzo», che ribolle nel suo animo e trabocca fiducia nella vita.

Avevamo detto che quella sera con l'incontro tra Renzo ed il suo compagno-amico si stava raggiungendo l'apice della parabola e che il dramma stava per concludersi. Abbiamo visto che il culmine della desolazione *l'amico di Renzo* ce lo fa vivere col suo atto davanti alla porta e con quel lapidario ritornello. Ma abbiamo anche notato che non appena egli ha la possibilità di comunicare il suo triste stato, il suo animo comincia a riprendersi, comincia a trasformarsi. Egli diventa immediatamente attivo, lo abbiamo visto. E questa animosità cresce in proporzione al tempo in cui Renzo starà da lui. Il nostro, chiamiamolo ancora così, "personaggio", sente la sperduta amarezza dell'uomo privato del proprio simile, di chi ti accettava, di chi credeva in te, di chi ti faceva sentire suo simile e con esso potevi comunicare.

Adesso l'essere rimasto solo con quel vuoto abissale attorno a lui, lo

---

[234] Cap., XXXIII.
[235] Giovanni Getto, *op. cit.*, p. 563.

© ARMANDO EDITORE. La fotocopia non autorizzata è reato.

ha precipitato nella disperazione più profonda, ma tanto acuta quanto più forte era il desiderio di uscirne. La presenza di Renzo, il suo pacato comprendere e compatire – «Lo so pur troppo»[236] –, il suo dialogare amico, quasi si sostituiscono d'incanto agli affetti perduti. L'amico appare rigenerato, quasi riacquista la percezione della sua esistenza, sente il senso della vita che si sta rimarginando, d'istinto ne segue il progredire e non vorrebbe interromperlo, e a mo' di ringraziamento, accompagna «per un pezzo» Renzo, ignaro ed involontario artefice di quel lieto processo.

L'amico non solo naturalmente ospiterà Renzo in casa sua finché quel benedetto matrimonio finalmente si farà, ma mostra ora un sicuro ottimismo fiducioso.

I lavori di preparazione della vendemmia non possono essere altro che interpretati come espressione di ottimismo. Lavorare per programmare il proprio futuro non significa spirito o istinto di sopravvivenza, se questo futuro è visto attraverso un lavoro come la vendemmia che ha bisogno di una serie laboriosa di operazioni che possono essere compiute solo da chi ha voglia di vivere. Ed insieme ai lavori per la vendemmia ritroviamo più in là, nello stesso capitolo XXXVII l'amico che ritiene *«una gran fortuna l'avere in tal tempo spesso al suo comando un'opera»* [corsivo mio], cioè l'aiuto efficace e la presenza attiva di Renzo. La disperazione della solitudine è scomparsa. C'è da immaginarsi che con questo stato d'animo non sentirà più come un tormento l'eventuale aiuto a Paolin de' morti.

La risalita della china, l'ottimismo fiducioso dell'amico di Renzo lo vedremo infine e definitivamente confermato e consolidato poco più avanti (cap. XXXVIII), quando Renzo porterà le sue donne a far conoscenza dell'amico ospite. Lì non solo sarà «un'altra festa», ma addirittura bisognerà insistere per fargli promettere che andrà a desinare con loro quel giorno e tutti gli altri giorni quando ne avesse avuto voglia. *L'amico* ha compiuto la sua trasformazione. Il dramma del lutto è solo latente, non più acuto. L'amico è rinato. Adesso può ben stare anche solo. L'isolamento mortale che la peste aveva scavato attorno a lui togliendogli la gioia della parola cara, è rotto definitivamente:

"[...] cose da levarvi l'allegria per tutta la vita; ma però a parlarne tra amici, è un sollievo"[237].

---

[236] Cap. XXXIII.
[237] *Ibid.*

L'amico di Renzo ha consegnato infine alla parola un riconoscimento vitale, un *sollievo*, già di per sé, che concretizza l'amicizia e gli affetti e ci discorre una fiducia operosa che dà le ali alle nostre cure con la magia del suo suono che sa di sorriso.

FRA GALDINO: UMANO CIARLARE *AB-SOLUTUS*

Sulla scena del palcoscenico della vita del paesello di Lucia appare fra Galdino annunziato da un picchiettìo alla porta della casetta di Agnese. Due parole lo accompagnano quasi misurate, «*Deo gratias!*». Potrebbero essere amaramente sarcastiche queste due parole che risuonano nell'aria nel bel mezzo della disperazione delle due donne sopraffatte dall'infame certezza degli ignobili piani del prepotente. Sarcasmo e sacrilegio si intreccerebbero se prevalesse l'inconsistenza di ogni atto finalizzato all'intreccio e si perdesse di vista così la forte determinante della casualità. Ciò esclude anche l'eventualità che si possa vedere come «un segno della mano del cielo» la presenza inaspettata del fraticello – come in altro luogo il Momigliano interpretò l'azione, sebbene proditoria, del vecchio servitore di don Rodrigo – data l'ansia in cui le due donne erano dibattute tra la necessità di avvisare padre Cristoforo, il loro padre spirituale, e l'impossibilità prudente di recarsi di persona al convento proprio in quel frangente. Eppure la radicata e generalizzata credenza comune che il Manzoni abbia nel suo romanzo raffigurato la provvidenza come un ente addetto a controllare e guidare l'universale azione di tutti gli uomini fa scrivere al Caccia che «mentre la via della giustizia terrena ingenuamente tentata da Agnese fallisce, la Provvidenza con la venuta di fra Galdino già opera, perché proprio fra Galdino permette di chiamare fra Cristoforo»[238]. È veramente sorprendente come si possa con serietà fare un discorso critico sulla struttura letteraria e sulla concezione poetica del romanzo continuando ad usare gli stessi parametri dell'ideologia o della credenza popolare ingenua.

Un altro commentatore, Gorizio Viti, vede il frate, giunto in quel particolare momento, come «Quasi mandato dalla Provvidenza»[239], aggiungendo però un timido "quasi" di riserva nel tentativo di attenuare banali modulazioni.

---

[238] Nel commento a *I Promessi Sposi*, Brescia, Editrice la Scuola, 1986[8], p. 108.

[239] *Guida ai Promessi Sposi*, Firenze, Le Monnier, 1967, p. 40.

© ARMANDO EDITORE. La fotocopia non autorizzata è reato.

È interessante notare che la presenza inaspettata di Galdino come "caduto dal cielo" ovvero segno di disegni superiori, da Attilio Momigliano, sensibile e attento osservatore, ricercatore e raccoglitore di fenomeni forti di tale natura e che amava adagiarsi sulla scia logora e improduttiva della Provvidenza, non sia stata vista tale nonostante egli avesse definito il vecchio servitore di don Rodrigo «l'unica figura dei *Promessi Sposi* che non sia altro che uno strumento della Provvidenza»[240]; e tale non sia stata vista addirittura dallo stesso Manzoni che pure aveva lì, disponibilissima e adeguatissima la pia Lucia che avrebbe potuto averne un'ottima ragione dato che in quel momento cercava smarrita con la madre un modo di avvisare padre Cristoforo. Già questo, prima ancora della lettura del testo per delineare la rappresentazione del personaggio, dovrebbe bastare per scartare del tutto l'idea della funzionalità del personaggio.

Tuttavia Ettore Bonora nell'esaltare la figura di fra Galdino come «personaggio simbolico, portatore di valori»[241] che lui vede nell'*idea della carità* impersonata dal frate cercatore, non solo ne deduce così arbitrariamente una presenza deterministica e quindi funzionale, ma conferma senza avvedersene il concetto di ruolo, una caratteristica della religione cattolica del *do ut des*. Una delle prime battute del frate, eloquentissima, è

"E per far tornare il buon tempo, che rimedio c'è, la mia donna? L'elemosina".

e da qui poi si dipana l'aneddoto del miracolo delle noci. Il frate non fa altro che partecipare della comune credenza cattolica del far del bene per ricevere del bene con implicita minaccia che se non fai del bene riceverai del male, qui nella fattispecie sotto il nome di *carestia*!

Persistendo nell'interpretazione funzionale del personaggio dei *Promessi Sposi* non si esce dal terreno argilloso della presenza della Provvidenza. Se la si vuole ammettere, una volta entrati nell'ambito delle congetture, si deve anche ammettere che quel *Deo gratias* accostato a quella situazione drammatica ha la stessa valenza esegetica di un "rendiamo grazie a Dio della disgrazia che vi sta toccando", tema caro al cat-

---

[240] Attilio Momigliano, *op. cit.*, p. 224. V. anche il nostro capitolo su Padre Cristoforo.

[241] Ettore Bonora, *Manzoni e la via italiana al realismo*, Napoli, Liguori Editore, 1989, pp. 59-65, *passim*.

tolicesimo predicato soprattutto da padre Cristoforo, ritornello bizantino dei guai che arrivano come prova di meriti santi, estraneo del tutto, come estesamente tratteggiamo nell'ambito di questo lavoro, al pensiero genuinamente *cattolico*, in senso originario di *universale* – se proprio vogliamo usare questo termine –, del Manzoni, lontano dalla concezione della vita non determinata dall'azione casuale e volontaristica dell'uomo.

Ma il personaggio fra Galdino non solo è estraneo alla funzionalità religiosa cosiddetta *di fondo*, ma è anche estraneo ad una funzionalità propagandistica dell'Ordine cappuccino. Il suo intervento narrativo vedremo che non è finalizzato a mettere in evidenza particolari messaggi. Il frate presenta, alla luce della nostra analisi, una personalità tutta sua, indipendente da qualunque ruolo, che pure c'è, ma non è quello che tratteggia la figura, quello che gli dà l'autonomia caratteristica dei singolarissimi personaggi del mondo manzoniano dei *PS*.

Quel «picchiettio all'uscio»[242] del frate è accompagnato, dice e precisa il nostro autore, da un «sommesso ma distinto *"Deo gratias"*», ben noto a Lucia che «si immagina chi poteva essere». Lucia «corse ad aprire». *Corre* non perché zelante di carità inquieta ma perché, pragmatica, intuisce senza esitare, né giudicare, né ringraziare, che quel frate può essere la soluzione al suo problema.

Frate Galdino è venuto con la bisaccia sulla spalla per la consueta *cerca* delle noci, la periodica raccolta di elemosine, cui la gente del paese era ben abituata. Lucia va a prendere le noci, e, con accortezza consapevole, dietro le spalle del frate, fa risoluto cenno con un dito alla madre di star zitta. Il frate entra subito in azione domandando del matrimonio. È normale e naturale abitudine di tutta la gente dei climi caldi la ricerca di un contatto immediato attraverso la parola. Agnese spiega che il «curato è ammalato e bisogna differire». Manzoni commenta aggiungendo che «se Lucia non faceva quel segno, la risposta sarebbe probabilmente stata diversa». Da ciò si apprende che Agnese aveva una certa confidenza col frate, noto come ben disposto alla conversazione, e col quale dunque ella volentieri avrebbe scambiato quattro parole non foss'altro che per sfogarsi.

Il frate Galdino apparirà sullo scenario della *fabula* solo due volte. Questa e un'altra più in là quando Agnese, lasciata Lucia nel convento

© ARMANDO EDITORE. La fotocopia non autorizzata e reato.

---

[242] Cap. III.

della Monaca di Monza, tornata al paese, trovandosi sulla piazzetta del convento, vorrà vedere Padre Cristoforo.

In entrambi i casi il frate laico si esibisce in un'articolata celebrazione dell'Ordine dei cappuccini, della loro missione, della loro infaticabile attività caritativa, della loro vita umile sostenuta a sua volta dalla carità dell'elemosina.

Mentre Lucia va a prender le noci, il frate – esauritosi subito prima ancora di cominciare il tema del matrimonio – aveva iniziato una normale, quasi banale, conversazione sulla scarsità della cerca. «Per mettere insieme questa bella abbondanza – dice il frate facendo saltare fra le mani la bisaccia quasi vuota – ho dovuto picchiare a dieci porte». Agnese giustifica il fatto alludendo alla carestia e qui l'abile frate coglie al volo l'aggancio per raccontare le gesta d'un cappuccino santo di un convento di Romagna «di molti anni or sono». L'aneddoto è noto. È stato sempre additato dalla religiosità cattolica e morale come monito per gli scapestrati che vivono senza timor di Dio. Seguendo questo presupposto errato, Ettore Bonora corre diritto senza ostacoli sulla corsia dell'oratoria: «Su tutto domina, sentita ed espressa generosamente, l'idea della grande funzione dell'Ordine. [...] Così la funzione simbolica di fra Galdino viene ribadita e, in un certo senso, sancita dal romanziere»[243]. Con questo procedimento fra Galdino viene cristallizzato in un personaggio, quando con questo termine si voglia intendere quella figura addetta a svolgere un ruolo senza dover dire nulla di sé. Ancora una volta il lettore saputo si esibisce nel tema stralogoro del personaggio-ruolo. E Manzoni, accomunato in quest'avvertimento, avrebbe approfittato della presenza di questo cappuccino per affidargli il ruolo di svolgere la lezione di educazione morale attraverso l'esaltazione dell'Ordine dei religiosi cappuccini.

Ma la figura del "fraticello" ha ben altri tratti. Già nella primissima presentazione, con quel «picchiettio all'uscio sommesso ma distinto» c'è subito un primo *flash*. Quel *distinto* ci avverte immediatamente che stiamo per conoscere non una funzione né un simbolo ma un uomo che sa quel che fa e perché lo fa. Lì c'è un frate cercatore concreto che pronunzia quell'espressione non solo per salutare ma per farsi sentire, farsi riconoscere e farsi aprire subito. Egli non avverte della presenza di qualcuno, egli avvisa la *sua* presenza. Sta agli antipodi, vedremo, dell'umile modestia propria dei cappuccini e dell'Or-

---

[243] Ettore Bonora, *op. cit.*, p. 64.

dine così come il Manzoni ce li presenterà per tutto l'arco della lettura. E produce l'effetto.

Il frate, sappiamo, racconterà il suo apologo del miracolo del noce che produrrà «noci a bizzeffe» che saranno trasformate (per punizione divina, evidentemente) in mucchi di foglie secche. Ora qui il frate cercatore potrebbe essere scambiato come mezzo di fini celebratori. Ed in effetti a una lettura superficiale la sua parola si mostra adeguata ad esprimere una regola religiosa e morale di cui egli potrebbe essere considerato come il simbolo. La carità cristiana che i cappuccini affermano e veicolano è certamente indiscussa. Così il nostro personaggio si ritirerebbe obbedientemente per lasciar il posto al suo ruolo. Il discorso del frate cercatore, preso per buono, ha null'altro che distinta funzionalità parenetica. E qui visto all'interno del primo livello di lettura.

E così è per Giovanni Getto che vuol scorgere nel personaggio un «abuso della parola», perché finalizzata – secondo lui – ad espediente per procacciare un guadagno, e, scorgendovi un «limite morale» condannare di conseguenza il frate, paragonandolo ad Azzeccagarbugli[244] e, diremmo noi, al frate Cipolla di Boccaccio.

Ma se noi esaminiamo la dialettica predicatoria con cui si esprime il frate avremo subito gli elementi per cogliere i tratti rappresentativi della effettiva personalità del frate e la ragione della sua poetica presenza. Centrando l'attenzione non tanto sul "cosa" dice quanto sul "come" egli parla, vedremo che il racconto del cosiddetto miracolo delle noci, più che una dimostrazione di fede (Il benefattore *che sapeva chi era colui che aveva detta quella parola...* [corsivo mio]) ed ancora più che «un espediente impiegato innumerevoli volte per indurre a fruttuose elemosine», come crede Getto, è semplicemente un saggio della istintiva affabulazione loquace del frate e della sua disposizione a raccontare e presentare ogni sorta di cose, aneddoti e frasi e figure in prima linea per il solo piacere di raccontare. Questo frate cercatore non sta tranquillo e ubbidiente dentro il ruolo del cercatore che bussa, chiede e aspetta, egli vuole parlare. La parola è espressione di se stesso come uomo e non funzione di un frate umile, cui la regola avrebbe imposto addirittura di non alzare gli occhi.

Egli gode soddisfatto di vedere il volto e gli occhi dell'ascoltatore ascoltare affascinato un racconto più per la *suspence* che il "narratore" ad arte v'intesse che per il contenuto vero e proprio. Il frate Galdino sente la misura spirituale di chi gli sta davanti e sia ad arte che con abile

---

[244] Getto (1964), p. 60.

© ARMANDO EDITORE. La fotocopia non autorizzata è reato.

spontaneità per ben quattro volte in quel breve racconto richiama e sostiene l'attenzione con degli interventi diretti tesi a vivacizzare il racconto e renderlo interessante:

- Ma il miracolo fu tanto più grande, *come sentirete*
- *Sapete ora cosa avvenne?*
- Un giorno (*sentite questa*),
- *Ma sentite* [corsivi nostri]

Un racconto che sia internamente carico di tensione non abbisogna di alcun richiamo extradiegetico. Ed anche se gli fosse premuta solo la morale, si sarebbe limitato semplicemente al racconto srotolato lì così com'era disposto. In fra Galdino può essere una strategia ma è sicuramente un vezzo per sottolineare man mano quello che dice. Ciò ci rivela un'abitudine all'eloquio, una disposizione e anche una passione. Il chiacchierone parla e parla e si bea di parlare. Non gli interessa la recettività dell'ascoltatore, né tanto meno la sostanza del raccontato. È indispensabile interesse *la presenza* di un ascoltatore. Agnese è lì presente, zitta, ad ascoltare quell'acceso fiume di miracoli e di parole con la docilità di chi ha ben altro per la testa, di chi è compreso da gravi pensieri, che il frate sagace evidentemente scambia per conferma disponibile ad ascoltare – peraltro la stessa Agnese aveva detto "raccontatemelo un poco" certamente per contenere e distrarre il tema grave che le ribolle nell'animo – e così la carica narratoria aumenta, sale ed acquista ritmo ed accelerazione. Le ultime frasi, allo *sprint* finale, cominciano con la congiunzione "e", qui grammaticalmente poco elegante perché è una congiunzione che non congiunge due elementi sintattici equivalenti[245], ma due idee, acquistando più una valenza consequenziale che coordinativa:

a. Que' giovinastri ebber voglia d'andar a vedere quello sterminato mucchio di noci; *e* lui li mena su un granaio[246]
b. Fu un esempio questo? Un bel mucchio di foglie secche di noce. *E* il convento invece di scapitare, ci guadagnò.
c. Un benefattore]...] fece al convento la carità d'un asino, che aiutasse a porta le noci a casa. *E* si faceva tant'olio [corsivi e grassetti miei]

---

[245] Cfr. *Grande Grammatica Italiana di Consultazione*, a cura di Lorenzo Renzi, vol. I, Bologna, Il Mulino, 1991, p. 234.
[246] Cap. III.

Un andamento stilistico di tal genere è tipico del linguaggio informale, enfatico, della variante diastratica popolare, ma accresce però la movenza del discorso e lo rende più vivo e più gradito. Galdino, si può dire, esteriorizza un particolare godimento linguistico unito all'orgoglio della sua arte retorica.

Nemmeno la chiusa dell'apologo («perché noi siam come il mare, che riceve acqua da tutte le parti e la torna a distribuire a tutti i fiumi») dovrebbe far parlare di "espediente", come ha detto invece Getto, né di simbolo, come sosteneva il Bonora, né di «candido egoismo non per sé ma per il convento» secondo il Viti[247]. È un'immagine molto espressiva, coerentissima in stile e contenuto con il resto del racconto. Ma poco si addice a una funzione persuasoria al fine di ottenere una maggiore elemosina, se dobbiamo ritenere vere le parole stesse del frate che dice d'aver dovuto picchiare a dieci porte «per mettere insieme questa bella abbondanza». La parola ha la sua vita e dà la vita. Fra Galdino sa con chi parla e conseguentemente adatta il suo linguaggio, il suo stile, le sue immagini, le sue parole. Galdino apparirà, come detto, un'altra sola volta e per la seconda volta si troverà dinanzi la stessa persona, ancora più sovrappensiero di prima. Non avremo modo di sapere quale linguaggio e quale registro linguistico il frate avrebbe sciorinato in presenza di un altro "ascoltatore" un po' meno popolano ed analfabeta di Agnese. Possiamo supporre che fosse in grado di usare più registri vista la sua loquacità. Ma discutere su supposizioni non è nostro gradito obiettivo.

Nella seconda apparizione, più in là, al capitolo XVIII, fra Galdino si trova per la seconda volta in presenza di Agnese, alla quale porge la scioccante, solo per Agnese naturalmente, notizia del trasferimento di padre Cristoforo. Fra Galdino si ritrova di nuovo un interlocutore spiritualmente assente. Informerà la buona donna che il convento tutto è a sua disposizione se ha bisogno di aiuto e consiglio, spiegando quindi la funzione ed il ruolo e l'importanza evidentemente della predicazione dei cappuccini.

Anche qui potrebbe parere un simbolo. Osservato più da vicino *il modo* con cui il frate, apparentemente ingenuo, «scemo ed insulso» come lo avrebbe trovato qualcuno[248], tratteggia l'assenza del padre Cristoforo ed il compito e l'incarico che questi ricevette, troviamo un altro saggio di sapienza affabulatoria. Altamente espressiva, come la

---

[247] Gorizio Viti, *op. cit.*, p. 40.
[248] *Apud op. cit.*, Gorizio Viti, *op. cit.*, p. 40.

© ARMANDO EDITORE. La fotocopia non autorizzata è reato.

precedente figura del mare, è l'immagine del predicatore che «quando prende il volo non si potrà prevedere su che ramo potrà andarsi a posare». Ma è anche altamente sapiente e edotta sull'interlocutore dal punto di vista spirituale e culturale, ma non affatto psicologico. Come nella precedente scena, quella delle noci, al frate ciarliero bastava la presenza fisica della donna, così qui egli non si accorge né può capire che proprio quell'immagine dell'uccello, di cui non si sa su quale ramo va a posarsi per Agnese è profondamente dolorosa. Ella non potrà saper nemmeno dove poter cercare di padre Cristoforo. Il suo stato di smarrita disperazione passa del tutto inosservato agli occhi e alle orecchie del frate che si sta beando del suono delle sue parole e della sua pirandellianamente umoristica mimica. La presenza fisica e lo stato culturale dell'interlocutore è la sola informazione necessaria. Cosciente del piacere edonistico della sua loquela, sa distinguere gli interlocutori. Alla stessa Agnese, nel celebrare le doti retoriche e dottrinali del padre Cristoforo egli può ben dire:

[...] perché non predica sempre a braccio, come faceva qui, per i pescatori ed i contadini: per i pulpiti delle città, ha le sue belle prediche scritte; e fior di roba.

Non c'è un pio e umile cercatore che si intrattiene a dialogare con la gente per accattivarne la simpatia onde trarre il maggior profitto possibile. Questo potrebbe essere un effetto collaterale, che è poi l'effetto pratico. Ma la maggiore e principale ragione di tanto parlare, e le immagini e le coloriture e le esagerazioni e le realistiche quanto comiche mosse teatrali («trinciando verticalmente l'aria con la mano distesa per significare una gran distanza») sono dettate da un intimo bisogno di rendere tangibile il riconoscimento del suo atto fatico.

Egli ne morirebbe come d'inedia se gli proibissero di intrattenersi a chiacchierare con la gente; se gli dicessero, tieni questo è per il convento e va'. Il suo vivere è il suono della sua parola, l'immagine pregnante e cromatica che lo appaga, la gente la meno colta, la più colta, fin dove possono arrivare i registri del suo discorrere.

Dal punto di vista contenutistico, senza nessuna emozione il frate troverà modo di esaltare e celebrare la missione ed il compito del predicatore e soprattutto dei suoi doveri morali: il bravo predicatore deve andare dove vien mandato «perché – egli spiega – noi viviamo della carità di tutto il mondo, ed è giusto che serviamo tutto il mondo». Con queste parole, che il frate crede piene di carità e d'alto senso morale, ma quanto fredde e burocratiche!, egli vorrebbe rabbonire Agnese, che invece evidentemente trova più giusto che il padre debba trovarsi lì ad aiutare materialmente loro, minacciate da un pericolo reale e vicinissimo che non il bene spirituale dei fedeli di chissà quale pulpito lontano. È una "giustizia" che Agnese non può accettare, che aumenta la sua disperazione. Né tutte le altre profferte di aiuto che il frate cercatore elencherà nei nomi di tanti altrettanto bravi cappuccini scodellati come il campionario del rappresentante sotto il naso dell'indifeso e confuso cliente, potranno alleviare quel panico esploso nell'animo generoso di Agnese che vede già la sua Lucia in gravissimo pericolo; anzi quell'esibizione di superficialità sicura e piena di sé non può che aumentarle il sentimento della debolezza impotente e smarrita.

La rappresentazione del personaggio non può consistere in una forma così banale, semplicistica e abbastanza rozza di celebrare l'attività caritativa dei cappuccini. Manzoni avrà ben altre parole a lode e gloria dei frati quando ne commenterà l'azione durante la peste di Milano[249].

Dopo aver tratteggiato la figura di fra Galdino attraverso l'esame del suo modo di esprimersi, c'è ancora un'ulteriore e definitiva conferma alla nostra raffigurazione del personaggio, e ci viene dalle informazioni indirette che gli astanti ci forniscono con la loro reazione. Abbiamo già visto Agnese, disposta a scambiare quattro chiacchiere col frate, come certamente aveva fatto molte altre volte, o come si presume che certamente abbia fatto e faccia chi venga rappresentato con queste linee. Ma è soprattutto Lucia che indirettamente ci fornisce gli argomenti per l'interpretazione completa di un personaggio squisitamente manzoniano. Fra Galdino non è portatore di nessun messaggio né morale né religioso, ovvero non è stato creato per questo fine. Egli, in quanto uomo che devìa dal ruolo per affermare l'aspetto preponderante della propria personalità – il fruitore edonistico della propria affabulazione –, è in prima linea un rappresentante dell'universalità umana. Sentiamo come ce lo conferma Lucia:

"Mamma, perdonatemi, [...] ma, se avessimo fatta un'elemosina come gli altri, fra Galdino avrebbe dovuto girare ancora, Dio sa quanto, prima

© ARMANDO EDITORE. La fotocopia non autorizzata è reato.

---

[249] «E perciò l'opera e il cuore di que' frati meritano che se ne faccia memoria, con ammirazione, con tenerezza, con quella specie di gratitudine che è dovuta, come in solido, per i gran servizi resi da uomini a uomini, e più dovuta a quelli che non se la propongono come ricompensa». Cap. XXXI.

d'aver la bisaccia piena: Dio sa quando sarebbe tornato al convento; e *con le ciarle che avrebbe fatte e sentite,* Dio sa se gli sarebbe *rimasto in mente...*" [corsivo mio].

Lucia che avrà dovuto sentire il racconto del frate, accomuna, nonostante la sua devota religiosità, il così descritto miracolo delle noci a *ciarle* che il frate è solito *fare* e *sentire*, e teme non solo che arrivi tardi al convento, ma che addirittura possa dimenticarsene, nonostante ella gli avesse manifestato il suo impellente bisogno con le seguenti parole che non sono altro che un vero e proprio accorato appello:

"Vorrei un servizio da voi; vorrei che diceste al padre Cristoforo, che ho *gran premura* di parlargli, e *che mi faccia la carità* di venir da noi poverette, *subito subito*; perché *non possiamo andar noi* alla chiesa..." [corsivi nostri]

Per ben quattro volte – «*gran premura*»; «*mi faccia la carità*»; «*subito subito*»; «*non possiamo andar noi*» – ripete dubbiosa la sua urgenza. E nonostante ciò teme che se ne possa dimenticare. Addirittura l'ultimo motivo poi, che è il più grave ed allarmante, che avrebbe dovuto far scattare il frate e correre al convento, e non fargli dire: «Non volete altro?», ci dà l'immagine della tendenza irrinunciabile del frate alle amenità della conversazione.

Il buon frate è quindi conosciuto per un ciarlone, un chiacchierone che volentieri si intrattiene presso la gente, alle porte della quale bussa per l'elemosina, dalla quale può accettare volentieri qualunque cosa che gli fosse di ristoro per mantenere alta la simpatia ed il salutare cicaleccio. E di che cosa può chiacchierare un povero fraticello se non dei fatti del suo convento? Di che cosa può parlare se non di fatti che tornano a gloria dell'Ordine a cui egli è e mostrasi fiero di appartenere, anche infiorettando in modo banalmente spettacolare le sue *ciarle* come l'accenno ilare al dono dell'asinello che lo avrebbe aiutato nella questua? Proprio come un rappresentante viaggiatore che non manca naturalmente di vantare le qualità e i pregi della ditta a cui egli pensa di avere l'onore di appartenere. E il tutto a quale scopo? Certamente non solo quello di ottenere il maggior profitto possibile. Il "buon" fraticello dopo aver insaccato quella straordinaria quantità di noci, le uniche parole che dirà, dopo una trafila di sviscerati complimenti, ringraziamenti ed auguri, che ben s'intonano alla sua loquacità con atto di freddo burocrate cambierà registro ignorando del tutto l'ansia stracolmante dalle parole di Lucia per domandare «Non volete altro? Non passerà un'ora che il padre Cristoforo saprà il vostro desiderio». E qui nessuna manifestazione di compatimento o di espressione di preoccupazione nel sentire quell'appello di Lucia che avrebbe dovuto suonare almeno inquieto, e soprattutto quelle ultime parole: «perché non possiamo andar noi alla chiesa». Chiunque avrebbe chiesto preoccupato: "Perché, che è successo?". Lui no. Il narratore raffigura qui l'uomo, l'uomo ciarlone che non ama conversare ma parlare, cianciare. Un duttile chiacchierone, futile per sé, ben conosciuto anche dalla pur ritirata e schiva Lucia: *con le ciarle che avrebbe fatte e sentite*. Tutti quei bei discorsi del santo cappuccino che salvò il noce e donò al benefattore quintali di noci, per Lucia sono solo *ciarle*. Ella sa che il frate ha il vezzo di abbellire i suoi racconti con delle esagerazioni, tipiche di tutti i chiacchieroni che si beano alla vista delle meraviglie dell'ascoltatore e tendono sempre ad ingigantire le gesta che vanno raccontando. Esprime un vezzo quel bisogno di avere e sentire un riconoscimento o è un'esigenza naturale il bisogno di bearsi del suono della propria voce, delle parole che si infiltrano nello spirito di chi sta lì ad ascoltare comunicando una parte di quella gioia che intera può sentirla solo chi le profferisce?

Per frate Galdino la religione e la carità dei cappuccini è solo un mezzo per potersi meglio trattenere tra la gente che gli dà vista di stimarlo, di rispettarlo ed ossequiarlo per la sua appartenenza ad un Ordine così santo.

Nel secondo colloquio con Agnese dopo la sviolinata sui cappuccini che con grande correttezza servono il mondo in quanto vivono della carità di esso (ancora qui il tema caro a tutti i religiosi cattolici del romanzo del *do ut des*), e dopo la dichiarazione di totale disponibilità del convento «che è sempre qui che non si move» il frate un po' individualista in verità e un po' crudele non riesce a fare a meno di ricordare alla povera Agnese che presto si farà vedere per la questua dell'olio! Della tragedia che certo Agnese avrà avuto dipinta scavata sul volto, quel frate ciarlone non avverte il benché minimo segno! Ma se l'avesse avvertito, sarebbe stato quel singolare uomo, autonomo ed originalissimo quale la poesia dell'autore-creatore l'ha concepito?

Chi ha voluto erroneamente vedere in fra Galdino un mediocre pusillanime, fanfarone e futile ciarlatano col suo bagaglio di facili argomentazioni volte a sedurre un uditorio sempre poco generoso, batte nella stessa cantonata di chi gli addossa il ruolo di evidenziazione di

© ARMANDO EDITORE. La fotocopia non autorizzata è reato.

un altro personaggio a lui in opposizione per aumentarne la grandezza e la statura gigantesca, ad esempio, del padre Cristoforo. In padre Cristoforo c'è un dramma che non può esserci in fra Galdino, pago del proprio essere, con l'eventuale unica preoccupazione di non trovare chi possa comodamente prestargli ascolto. Un frate cercatore deve avere quelle doti. Non va egli in giro a raccogliere elemosina. Egli va in giro a raccontare le gesta sante del suo Ordine non tanto per trasformare quell'elemosina in un dovere, quanto per mettere in atto una sua intima, istintiva psicologica necessità. Se nonostante ciò la gente dona poco, non importa. La sua giornata gli ha dato quella gratificazione naturale che egli cerca per sopravvivere. Non viene messa in gioco la sopravvivenza del convento, che per lui non è un dramma.

Carlo Salinari, intento a ricostruire la struttura ideologica dei PS[250], riprende un giudizio di Momigliano e lo trova buono in quanto egli può spiegarne la struttura, appunto, ideologica. Il Momigliano aveva osservato che alcune esclamazioni parentetiche davano a fra Galdino una vivacità di maniera. Cosa che dà al Salinari la conferma della poca riuscita della figura del frate agli occhi della «generalità dei critici»[251]. E spiega che ciò è dovuto alle varie suggestioni ideologiche che Manzoni «non ha saputo fondere insieme»[252]. Quindi tutta una serie di suggestioni ideologiche: suggestioni esperienziali; di candore evangelico; dogmatiche ed infine illuministiche. «L'incertezza ideologica determina così l'incertezza della rappresentazione artistica, nella quale la semplicità diventa maniera»[253], conclude con sicurezza il critico. Come avrebbe dovuto essere rappresentato però non è detto. Non è detto perché non può essere detto. Perché il frate è già perfetto in sé. La semplicità del personaggio, abbiamo visto, non c'è. Il frate per sé ha la coscienza della interezza. È un uomo che sa il fatto suo e lo fa con piena soddisfazione. Pure la bonomia con la quale crede che tutti i cappuccini siano uguali fa parte della spiccata personalità di questo frate che esibisce una sicurezza indubbia materializzata nell'articolazione delle sue chiacchiere. Dal punto di vista artistico poi, per rispondere al Momigliano e al Salinari che l'ha appoggiato, oltre quello che abbiamo detto sulla autonomia del personaggio, possiamo aggiungere a

---

[250] In *Boccaccio, Manzoni, Pirandello,* Roma, Editori Riuniti, 1979, pp. 113-159 "La struttura ideologica dei *Promessi Sposi*".

[251] *Ibid.*, p. 108.

[252] *Ibid.*

[253] *Ibid.*

tutto merito dell'arte del Manzoni che la figura del frate può idealmente, se si ritiene destinatario il lettore, trovare un'integrazione spirituale in Agnese. E come? Fra Galdino aveva parlato di miracolo. Egli è isolato. Abbiamo visto che non c'è comunicabilità tra le due figure. Eppure nella mente di Agnese non si può immaginare altro in quel momento che la speranza di un miracolo nell'intervento di padre Cristoforo che si cerca di informare. Per Agnese il miracolo può venire solo da quella parte. Fra Galdino che esalta il potere miracolistico dei frati non può che infondere coraggio e speranza, del tutto involontariamente, si capisce, ad Agnese che cerca ed ha bisogno di questa fiducia e di questo coraggio e di questa speranza. Qui non c'è affatto nessuna mescolanza perfetta o imperfetta d'ideologia, c'è poesia allo stato puro: l'animo umano si apre come una rosa e diffonde nell'aria il profumo della sua multiforme infinità.

Fra Galdino, ripetiamo e concludiamo, non è veicolo di nessun sentimento religioso né tanto meno di nessun messaggio morale. Egli è un uomo ben delineato che rappresenta se stesso, la sua individualità svincolata da qualunque ruolo e funzione. Il personale godimento che rivela attraverso la sua oratoria dà il segno distintivo della sua personalità e contemporaneamente della sua unicità. È un parto dell'ispirazione poetica pura del Manzoni, che crea dei personaggi universali, non funzione di nulla se non di esprimere se stessi.

Egli entra in pieno con la massa della sua presenza esuberante nell'aspetto più caloroso del consorzio umano attraverso la voglia e l'attitudine a comunicare parlando e molto spesso solo parlando. Ben venga fra Galdino ciarlone amante della chiacchiera fine a se stessa, *ab-soluta*, quando essa attraverso la virtù della parola fatata ci trasmette la voglia di un sorriso.

AMBROGIO, IL SAGRESTANO: DEVIANZA E CASUALITÀ

Abbiamo detto nel corso di questa nostra indagine sul personaggio manzoniano dei *Promessi Sposi* che il cosiddetto concetto di provvidenza è molto vivo nel romanzo, ma solo a livello di credo del singolo personaggio. Mai il Manzoni si è pronunziato a favore o contro. Anzi, se vogliamo andare al di là del diretto comportamento del personaggio e consideriamo alcune specifiche situazioni, vediamo che proprio la Provvidenza non fa la sua buona figura come ci si sarebbe aspettato da un autore che tutti credono sostenitore e propugnatore della religione

© ARMANDO EDITORE. La fotocopia non autorizzata è reato.

cattolica. Spesso è proprio il contrario, come nel caso dell'apologia che don Abbondio farà della peste o i pensieri di Renzo appena entrato nel bergamasco, ecc. Si tratta più di predicazioni a livello del singolo personaggio che non di strutture che conseguono ad una precisa direttiva religiosa. Come che sia, ai fini della definizione dell'autonomia del personaggio e della sua autodeterminazione che si contrappone in modo decisivo alla predestinazione, il Manzoni è chiarissimo. Il suo continuo prendere le distanze dalle massime e dalle credenze del suo personaggio ne sono vivissima espressione.

Qui Ambrogio, il sagrestano, con la sua fortissima devianza, che noi abbiamo rimarcato in corsivo nel testo che segue, è un esempio limpido di autodeterminazione, di autonomia. E, guarda caso, nel prosieguo apparente dello sviluppo della *fabula* la salvezza di Lucia è dovuta solo all'azione del campanaro. La critica, stranamente, e lo si spiega solo pensando a pregiudizi ideologici, ignora l'azione dell'uomo Ambrogio e sottolinea la soffiata del vecchio servitore, che il Momigliano definirà «unico segno diretto dell'intervento della provvidenza»[254], quale causa del fallimento del piano di don Rodrigo! È proprio Ambrogio invece, che non segue nessuna ispirazione religiosa bensì il proprio umano e istintivo buon senso, a rovesciare la situazione.

> [Il sagrestano fu] riscosso da quel disordinato grido, fece un salto, scese il letto in furia, aprì l'impannata d'una sua finestrina [...] e disse: "cosa c'è?"
> "Correte, Ambrogio; aiuto! gente in casa", gridò verso lui don Abbondio. "Vengo subito", rispose quello; tirò indietro la testa, richiuse la sua impannata, e, quantunque mezzo tra 'l sonno, e più che mezzo sbigottito, *trovò su due piedi un espediente per dar più aiuto di quel che gli si chiedeva*, senza mettersi lui nel tafferuglio, quale si fosse. Dà di piglio alle brache [...] corre al campanile, afferra la corda della più grossa di due campanette che c'erano, e suona a martello[255] [corsivo mio]

Don Abbondio aveva gridato ad Ambrogio di *accorrere,* non di andare a suonare la campana, che anzi proprio questo era quello che don Abbondio non avrebbe voluto. Ed infatti ai primi soccorritori dirà: «Non c'è più nessuno: vi ringrazio: tornate pure a casa [...]». Perché Ambrogio non accorse subito al richiamo?

---

[254] Attilio Momigliano, *op. cit.*
[255] Cap. VIII come le successive citazioni dal testo.

Quando Ambrogio sentì una voce conosciuta lasciò andar la corda; e assicurato dal ronzìo, ch'era accorso molto popolo, rispose: "Vengo ad aprire".

Ambrogio francamente non se la sente di accorrere ad aiutare il suo parroco. Proprio il sentire che c'è *gente in casa* gli consiglia di non avvicinarsi. Ha comprensibile paura di rimetterci, se è il caso, la pelle. Il Caccia nota che in quanto a coraggio è degno del suo parroco[256]. Ma è una paura legittima la sua e la si potrebbe chiamare, meglio, prudenza. Sarebbe stato stupidamente eroico accorrere verso un pericolo ignoto. Certamente andare alla campana è stata un'idea intelligente: portare aiuto senza esporsi. Ma sarebbe stata cosa normale, se don Abbondio avesse chiesto aiuto e gridato *gente in casa* senza invocare: *correte*. Ci sembra molto singolare e significativo che il Manzoni accosti due atti istintivi che, isolati, risultano razionali, accostati invece sembrano contraddirsi. Chiunque abbia paura ed invochi aiuto, grida dalla finestra «correte» (o "accorrete") e chiunque sia campanaro per mestiere di fronte ad un pericolo di cui non conosce la portata ricorre alle campane. Ma i due atti in stretta successione ci presentano un Ambrogio trasgressore. La realtà degli eventi si espande. La reazione di Ambrogio legata al richiamo di don Abbondio rende molto più dinamica la sua figura, più della descrizione stessa: «*fece un salto, scese il letto in furia*».

La devianza di Ambrogio se da un lato è espressione di autonomia, dall'altro, a livello di ispirazione poetica, si connette strettamente e si integra con il principio di casualità dell'azione dell'uomo preposto allo svolgimento degli eventi umani assieme alla volontà. Gli improvvisi rintocchi di campana, sappiamo, misero il sale sulla coda ai bravi in casa di Lucia con la conseguenza immediata («Chi è in difetto è in sospetto»! – commenterà il narratore) che lasciarono libero Menico per darsela a gambe e abbandonare l'impresa. Sarebbero certamente riusciti a mettere le mani addosso a Lucia, la quale, sfumata la sorpresa a don Abbondio, ignara, sarebbe tornata alla svelta a casa assieme alla madre. Menico nelle mani dei briganti non avrebbe potuto certamente avvisare nessuno più.

Questo l'effetto immediato della devianza di Ambrogio. L'autonomia di un tale gesto, l'indipendenza dalla logica del richiamo di don Abbondio è resa ancor più evidente dal fastidio provato dal curato all'accorrere di tanta gente («*si ritirò e chiuse la finestra*») in seguito appunto

© ARMANDO EDITORE. La fotocopia non autorizzata è reato.

---

[256] Ettore Caccia, *op. cit.*, p. 368, nota 165.

ai rintocchi del campanaro. Don Abbondio se avesse visto il sagrestano, che con le brache sotto il braccio invece di correre da lui, correva al campanile, l'avrebbe senz'altro bloccato e l'intervento "provvidenziale" del vecchio servitore avrebbe sortito l'effetto opposto. Qui, attraverso la devianza del sagrestano, abbiamo la possibilità anche di entrare più a fondo nell'individuo-personaggio don Abbondio, in quell'essere dalle caratteristiche puramente umane, fatte di debolezza, di angoscia e di una buona dose di vigliaccheria e, come abbiamo visto, anche di amara purificatoria sofferenza.

Ma ci sovviene un'ultima osservazione. Ci chiediamo se non sia un caso o qualcos'altro il fatto che alla fine, ma proprio alla fine (cap. XXXVIII), quando ancora don Abbondio, "stretto collaboratore" di don Rodrigo, si mostrava «sordo da quell'orecchio»[257] il curato può cambiare umore e disposizione solo quando ha la conferma che la spada di Damocle non pende più sul suo capo: «Ah! è morto dunque! è proprio andato! – esclamò don Abbondio», con vera gioia liberatoria; conferma che gliela dà, deve dargliela, pensate un po!, Ambrogio, il sagrestano, quello che agisce non per via della Provvidenza ma per una convinta, calcolata e personale determinazione puramente umana!:

> "Al sagrestano gli crede?".
> "Perché?".
> "Perché l'ha veduto coi suoi occhi [...]. Lo vuol sentire, Ambrogio? L'ho fatto aspettar qui fuori apposta".
> "Sentiamo". [...]
> Questo confermò la cosa in tutto e per tutto, ci aggiunse altre circostanze, sciolse tutti i dubbi; e poi se ne andò.
> "Ah! è proprio morto [...]. Vedete, figlioli, se la Provvidenza arriva alla fine certa gente. Sapete che l'è una gran cosa! un gran respiro per questo povero paese! che non ci si poteva viver con colui. È stata un gran flagello questa peste; ma è stata anche una scopa" [...][258].

E via di seguito. Don Abbondio riacquista il suo antico, rilassato, umore. Ad Ambrogio tocca adesso anche di concludere la parabola discendente. Con quei rintocchi di campana salvò Lucia; con la sua dichiarazione, che don Abbondio accetta senza batter ciglio, mette adesso fine alle sue peripezie e contribuisce alla piccola gioia di lasciar sposa-

---

[257] ... perché non intendeva sposare i due promessi (!).
[259] Cap. XXXVIII.

re i due umili perseguitati nel loro paesello, nella loro terra, tra i loro monti. Gli affetti non si riesce a distruggerli e tanto son più forti, quanto son più puri.

IL CONTE ATTILIO E DON RODRIGO: SREGOLATEZZA E PAURA

Il conte Attilio viene comunemente annoverato tra i personaggi cosiddetti *minori* del romanzo.

Noi abbiamo già chiarito che la nostra tesi, sostenendo l'autonomia del personaggio dei PS tramite l'assenza di un qualche ruolo connessa direttamente all'individuazione di caratteristiche umane universali con cui il Manzoni ha raffigurato i suoi personaggi, non può di conseguenza ammettere l'esistenza di personaggi maggiori o minori o tanto meno di protagonisti. Il romanzo non insegue avventure. Non c'è quindi uno o più personaggi principali che conducono e portano avanti un'azione tesa allo sviluppo di un intrigo all'interno di un percorso ove altri personaggi, cosiddetti secondari, concorrano anche loro per la loro parte alla soluzione della *fabula*. Abbiamo già detto altrove che né Renzo fa ciò, né ancor di meno don Rodrigo, nonostante le apparenze.

L'esame del passaggio dal *Fermo e Lucia* ai *Promessi Sposi* mette in evidenza le diverse finalità che l'autore si proponeva. Lì predomina l'avventura e abbiamo di conseguenza un don Rodrigo le cui azioni e propositi sono descritti con ricchezza di particolari melodrammatici; qui predomina l'uomo e don Rodrigo perde il ruolo tipologico per acquistare un'individuale fisionomia umana precisa e autonoma. Sicché muta anche la figura del conte Attilio. Lì nel FL don Rodrigo era solo, era un vero protagonista, in base alla narrazione addirittura fatta per bocca di Lucia, qui nei PS la sua figura si sbiadisce per far posto al suo naturale interlocutore, il conte cugino Attilio. La presenza di costui e soltanto la sua presenza metterà in moto in don Rodrigo delle attribuzioni che nulla hanno a che fare con la libidine, maschera da cui l'interpretazione comune non riesce a scostarsi.

Noi condurremo il nostro discorso seguendo il conte Attilio che in PS, dati i nuovi fini artistici e poetici, esprime una personalità diversa e molto più definita che non quella vaga, da maschera, del FL.

Non è possibile pertanto nei PS trovare dei personaggi che siano principali, secondo la terminologia tradizionale, in quanto non c'è un ruolo principale. Anzi qui non ci sono affatto ruoli ma solo manifestazioni

© ARMANDO EDITORE. La fotocopia non autorizzata è reato.

reali del comportamento umano di fronte a determinate situazioni che possono emergere per caso o per la volontà momentanea e contingente dell'uomo, che interrompe il corso normale della vita introducendo un'espansione che tende verso un apice per poi distendersi e ritornare nella normalità banale della vita di tutti i giorni. A un di presso in quella cui accenna appunto il Manzoni alla fine del romanzo: «Una vita delle più tranquille [...], che se ve l'avessi a raccontare, vi seccherebbe a morte»[259].

Nel capitolo I, tomo II del FL Manzoni traccia un dialogo con un interlocutore ideale, un "personaggio ideale" come se volesse giustificare le proprie idee sui romanzi cosiddetti d'amore ed in generale sulla letteratura edonistica. Scrive:

> *Se le lettere dovessero aver per fine di divertire quella classe d'uomini che non fa quasi altro che divertirsi, sarebbero la più frivola, la più servile, l'ultima delle professioni.*

Salvatore S. Nigro[260] analizza questi passi parlando diffusamente delle intenzioni morali del romanzo e facendo del FL un vero e proprio libro a sé, autonomo attraverso cui si può interpretare e discutere il pensiero del Manzoni. Troviamo che sia un procedimento del tutto ozioso se la versione, chiamata poi dagli editori *Fermo e Lucia*, non ha, essendo una bozza, nessun valore probatorio, se non quello di illustrare tramite paralleli il romanzo vero e proprio, quello finale, a partire dal 1827, voluto dall'autore. I paralleli dovrebbero servire ad evidenziare l'evoluzione e il divenire delle finalità artistiche e poetiche, la loro maturità, il processo del pensiero creativo nel passaggio dalla bozza al lavoro finito. Il punto di partenza e di riferimento deve essere la versione del 1827. L'analisi isolata del FL è appunto un accademico "trastullo di oziosi", per usare le sue stesse parole[261].

Non è invece un trastullo di oziosi, ma un'operazione dissociata quella di estrapolare massime dal testo del FL per interpretare luoghi o personaggi corrispondenti di PS. Questo acrobatico ma ibrido salto mortale l'ha compiuto Bàrberi-Squarotti. Egli riprende lo stesso passo del

---

[259] Cap. XXXVIII.

[260] Nigro Salvatore Silvano, *I Promessi Sposi*, in *Letteratura italiana, Le Opere*, Vol. III, Torino, Einaudi, 1995, p. 434.

[261] *Ibid.*

FL che abbiamo testé citato e commenta: «Ora, nei *Promessi Sposi* c'è un personaggio che rimanda a tale classe e a tale concezione della vita e del mondo: ed è il conte Attilio»[262]. Nelle ventidue pagine di monografia su Attilio, dal titolo *Ritratto di un'anima frivola*, la figura del conte bighellone e spensierato dovrebbe attestare tale assunto, come se il Manzoni pensando al FL e temendo che qualcuno potesse dubitare dell'esistenza «*d'una classe d'uomini che non fa quasi altro che divertirsi*», avesse configurato questo personaggio, saltando nei PS (!), con l'intento funzionale di mostrare l'esistenza di una tale classe attraverso il comportamento di un personaggio di una bozza, al lettore ovviamente ignota, dipinto appunto *frivolo* dovendo esserne un suo rappresentante! E dietro a un tale andazzo il saggio, consumando e sprecando ingegno e acume critico, si disviluppa scontorcendo tutti i luoghi dei PS in cui il conte Attilio mostrerebbe la *frivoleria* della sua classe! Cosicché non vede nel di lui comportamento gli effettivi intenti di questo personaggio, che è sì frivolo e spensierato, ma non per dimostrare quel ridicolo assunto – cosa che per altro, detto a margine, costituirebbe un ruolo autoriale bello e buono! – bensì per ricavare, con patente autonomia, il proprio personale sollazzo mettendo in atto un gioco sadico tanto sagace quanto crudele nei confronti del cugino campagnolo. È un gioco fatto di astuzia e furberia strumento di intelligenza e segno di spiccata singolare ed inimitabile personalità, negativa e irresponsabile per quanto si voglia – è giudizio che non ci pertiene, ma certamente creata dal poeta per rappresentare null'altro che se stesso.

Più avanti nei singoli paragrafi vedremo nei dettagli le varie situazioni e le azioni e reazioni del conte Attilio. Vedremo in atto la sua personalità tanto brillante quanto malvagia ma sempre autonoma, e finalizzata sempre alla realizzazione di se stessa. Chiarissimo esempio a questo proposito è il suo diabolico colloquio con il conte zio, che se da un lato è finalizzato a rendere un servigio al cugino – questa è l'apparenza della *fabula* – dall'altro e soprattutto è teso alla realizzazione del suo proprio piacere edonistico di provare a se stesso l'efficacia delle proprie capacità istrioniche[263] e al cugino, con annesso smacco, la propria brillante superiorità. E qui giace l'intera universalità del personaggio per

© ARMANDO EDITORE. La fotocopia non autorizzata è reato.

---

[262] Bàrberi-Squarotti (1988), *op. cit.*, pp. 57-79.

[263] Cap. XI. Attilio ricorda a Rodrigo riferendosi al conte zio comune: «Quanto mi diverto ogni volta che lo posso far lavorare per me, un politicone di quel calibro!».

quanto cattivo e «demone istigatore», come l'ha definito, per altri versi, quel moralista di Luigi Nicoletti[264].

Adesso vogliamo solo notare il genere delle suggestioni che lo Squarotti trova nella sua "anima frivola". A p. 61-62 egli scrive: «Che il conte Attilio non cerchi altro che una distrazione nella disputa e un divertimento, appare anche dalla rapidità e dall'entusiasmo con cui accetta il deferire a padre Cristoforo la decisione intorno alla questioni di cavalleria, là dove, invece, il podestà resiste e si acconcia alla fine a malincuore». Il comportamento del conte invece non è affatto finalizzato a semplice e superficiale *distrazione* data dal divertimento che potrebbe provenire dall'assistere all'accendersi di una discussione. Per l'intelligenza del conte Attilio una tale sorta di *distrazione* sarebbe a dir poco banale e ne morirebbe certamente di noia.

Durante tutto il banchetto il cugino Attilio si diverte sì ma con ben altro. Il suo personale proposito è – e lo vedremo più avanti nei paragrafi dettagliati – di mettere sulle spine il cugino Rodrigo, che ha già commesso la marachella ed Attilio lo sa. Attilio ha ben notato quali occhi fa Rodrigo tutte le volte che vede irritarsi il podestà[265]; ed un modo superbo per irritare il podestà è quello di snobbare il tema sulla cavalleria, oggetto della disputa, di cui questi si ritiene un esperto, sottovalutandone la serietà con il passare la parola a un "incompetente" quale doveva essere il cappuccino lì presente. Il gioco "frivolo" del conte Attilio affonda le radici molto più in là della visuale dello Squarotti.

In tutto l'arco delle sue apparizioni nella scena della vita del romanzo Attilio e Rodrigo saranno al centro di un farsesco quanto macabro balletto fatto di sarcasmo da un lato e di orgogliosa stizza dall'altro dove le due figure volta per volta e sempre insieme delineeranno i loro biechi profili di sregolatezza l'uno, di paura l'altro.

La figura del conte Attilio è presente in sette contesti diversi e sempre coordinati con don Rodrigo sia direttamente che di riflesso. Noi li esamineremo secondo questo ordine:

---

[264] Nicoletti (1970), *op. cit.*, p. 60.

[265] Cap. V: «Ma don Rodrigo gli die' d'occhio [*sc.* al cugino Attilio], per fargli intendere che, per amor suo, cessasse di contraddire [*sc.* il podestà, che era quello ufficialmente preposto all'amministrazione della giustizia!]».

I. a colloquio col conte zio per conto di don Rodrigo;
II. con don Rodrigo nella passeggiata;
III. al convito nel palazzotto di don Rodrigo;
IV. con don Rodrigo dopo la visita di padre Cristoforo;
V. nei pensieri di don Rodrigo che attende l'esito della missione-rapimento;
VI. con don Rodrigo dopo il fallito rapimento;
VII. istigazione di don Rodrigo a rischiare l'ultimo atto.

In ognuno di essi il comportamento del conte Attilio è sempre adeguato alla situazione. Ma non è precedentemente programmato. Egli agisce di fronte ad ogni nuova situazione in modo del tutto inaspettato, cosa che costringerà il suo interlocutore a riproporsi sempre una nuova, imprevista e spesso indesiderata e arrischiata impresa. Ciò chiarisce come molti siano indotti a farne un tipo, e spiega anche le varie definizioni che si danno di lui, messe però tutte allo stesso piano con alla base il generico "istigatore".

Ma proprio come in una persona della realtà umana, nella quale tutti i vari aspetti in cui essa si manifesta esprimono le componenti di una stessa personalità, nel conte Attilio-personaggio vediamo una versatilità e capacità di cogliere qualunque situazione che la circostanza offre per convogliarla verso l'obiettivo prescelto. Ecco che in tutte e sette le situazioni potremo constatare la realizzazione in quest'uomo di quell'intento che lo rende parte del consorzio umano. L'universalità della concezione poetica del Manzoni fa di quest'uomo ignobile un capolavoro di psicologia umana.

Il personaggio viene esaminato nel bel mezzo del contesto e soprattutto in quei luoghi dove meno apparente è il tratteggio del suo scopo. Lì l'azione si farà più subdola e penetrante. Si tratta del comportamento e dell'atteggiamento tenuto dal conte Attilio nelle conversazioni durante il convito nel palazzotto del cugino (che vedremo al punto II).

Ma noi cominciamo qui invece con il colloquio con il conte zio, quello in cui il Nicoletti lo vide come «demone istigatore» e il Russo «un virtuoso della malizia»[266] che ci dà un taglio delle sue doti intellettive, la cui comprensione ci aiuterà a vedere meglio i reconditi fini che ogni sua parola nasconde dietro di sé in vista del raggiungimento dell'obiettivo primario. Che, non neghiamo, costituisce per il giovane nobile e scapestrato una *distrazione*, ma di che qualità!

---

[266] Luigi Russo, *op. cit.*, p. 218.

© ARMANDO EDITORE. La fotocopia non autorizzata è reato.

I. Il conte Attilio a colloquio con il conte zio per don Rodrigo (cap. XVIII)

Il conte zio è uno dei tredici membri del Consiglio segreto, da cui il governatore prendeva pareri. Il conte Attilio sa che lo zio detiene una carica prestigiosa; e sa anche che egli è un uomo tanto superbo quanto vuoto («come quelle scatole che si vedono in qualche bottega di speziale, con su certe parole arabe, e dentro non c'è nulla»[267]). Bisogna allora far leva sulla vanità per conseguire lo scopo. Metterà quindi in campo tutta quanta la sua malefica astuzia. Blandisce e nello stesso tempo aizza. La sua arma sarà:

1. la bugia diretta - non ipocrisia[268]:

    – "credo di fare il mio dovere, [...] avvertendo il signore zio,"[269]
    – "Rodrigo l'avrebbe scansato, se avesse potuto"
    – "[gli altri frati] non se ne impicciano, perché lo conoscono per una testa calda"
    – "ma queste son bazzecole da non trattenerne il signore zio"[270]
    – "Se lo sa! [che Rodrigo è vostro nipote] Anzi questo è quel che gli mette più il diavolo addosso"[271]

2. la bugia indiretta:

    a. la lusinga adulatrice:
    – "se lei non ci mette una mano"
    – "non c'è che il signore zio"
    – "[il frate] ci prova più gusto a farla vedere a Rodrigo, appunto perché questo ha un protettor naturale, di tanta autorità come vossignoria"
    – "sapendo quante brighe, quante cose ha per la testa il signore zio"
    – "il signore zio, che alla fine è il capo e la colonna della casa"
    – "il signore zio con la sua avvedutezza, con la sua autorità"

---

[267] Cap. XVIII.

[268] Che sia ipocrisia invece è l'opinione di Ettore Caccia, in *I Promessi Sposi*, a cura di, Brescia, Editrice La Scuola, 1986[8], p. 552, nota 321.

[269] Questa, come le successive citazioni di questo paragrafo, sono tutte tratte dal capitolo XVIII.

[270] È contemporaneamente anche una lusinga.

[271] Lusinga anche questa.

b. la verità travisata:
- "C'è da quelle parti un frate cappuccino che l'ha con Rodrigo"
- "È il frate che l'ha con lui"
- "Costui protegge, dirige, che so io?[272] una contadinotta di là"
- "Ora, da qualche tempo, [...] s'è cacciato in testa questo frate, che Rodrigo avesse non so che disegni sopra questa [...]"
- "è sempre stato di quell'umore costui [*sc.* padre Cristoforo]: si sa la sua vita: Era un plebeo che, trovandosi ad aver quattro soldi, voleva competere coi cavalieri"
- "così [Rodrigo] stucco delle villanie di quel frate"

3. la bugia tendenziosa:

- "Attilio, con un suo contegno serio, che sapeva prendere a tempo, disse [...]"
- "[il frate] va dicendo [che] [...] se la ride de' grandi e de' politici, e che il cordon di san Francesco tien legate anche le spade"
- "[Rodrigo, "stucco delle villanie di quel frate"] ha più voglia di farsi giustizia da sé"

E infine i tre soprastanti tipi di bugia (1., 2., 3.), coronati da subdola astuzia:

- "ma io andavo sperando che [...] il frate [...] se ne andrebbe da quel convento, come accade di questi frati, che ora sono qua, ora sono là; e allora sarebbe tutto finito"
- "so che il padre provinciale [...]; e se il signore zio crede che in questo caso il miglior ripiego sia di far cambiare aria al frate"

Il conte zio, istigato da Attilio, riuscirà a far allontanare padre Cristoforo, che è l'effetto immediato. Questo spiega come alcuni studiosi abbiano pensato che il rapporto tra i due cugini si basasse soprattutto su una complice amicizia[273]. E in effetti dal dialogo si evince un particolare interesse nell'indurre lo zio a intervenire a favore della causa di

---

[272] Bugia diretta.
[273] Karin Lizium, per esempio, nella sua opera citata a p. 42 scrive: «Die Beziehung zwischen den beiden Cousins scheint also doch vor allem duch eine komplizenhafte Freundschaft geprägt zu sein».

© ARMANDO EDITORE. La fotocopia non autorizzata è reato.

Rodrigo. In tutta la conversazione non c'è l'ombra di un qualche argomento sostenuto dialetticamente. Essa si basa su delle affermazioni false e tendenziose. Già l'atteggiamento stesso, iniziale, di apertura, di Attilio è finto e ingannevole («con un suo comportamento serio, che sapeva prendere a tempo»). Indossata la maschera del corruttore, egli mente e calunnia, blandisce e riverisce, insinua e adula, instilla nell'animo dell'altezzoso e borioso parente la necessità di intervenire contro un *plebeo* appunto per salvare l'onore non solo del nipote, ma anche il proprio e quello di tutta la casata. In apparenza sembra che voglia sinceramente aiutare il cugino sfruttando l'alterigia dell'influente zio, e questo è ciò che dovrà pensare don Rodrigo, al quale viene trasmessa anche indirettamente la connotazione della sua diabolica astuzia. Viene così delineata la personalità singolare di questo eccellente seminatore di guai e malefici intrighi a fini ludici, di corruttore dell'essere in quanto bene. È una "dote" umana con cui la natura rende variegato lo spettro della moltitudine degli uomini..

Attilio sa che l'arrogante zio non avrebbe mai verificato la corrispondenza delle sue affermazioni. Senza tema quindi d'essere smentito, lo incalza su tutti i fronti, lo magnetizza coi suoi occhi di brace, poi lo avvolge nelle sue spire stringenti come lingue di fuoco e infine lo fagocita trasformandolo in un incendio.

Qui finisce il suo compito di superficie, cioè disporre lo zio a operare per allontanare il frate e quindi servire e aiutare il cugino, e qui è concordemente ritenuto *virtuoso della malizia*. Qui si esaurisce anche l'implicito della sua azione nella soddisfazione intrinseca di vedere fattivamente giostrare lo zio potentato[274] sotto i colpi della sua lingua biforcuta, infiammarlo e farlo sua preda («Oh frate temerario! Come si chiama costui?»[275]). È l'appagamento del malvagio che si nutre della sua stessa malvagità fine a se stessa come un gioco perverso.

Questo suo godimento intimo, la soddisfazione della perversità che trova il suo sollazzo, si integra però e si perfeziona col raggiungimento di un obiettivo ben preciso, fine a se stesso, adornato di lucida autonomia: sconcertare e infuriare il cugino Rodrigo. Che non sa, né saprà quel che avrà detto Attilio, e chissà quali strategie dovrà immaginarsi («Fidatevi una volta, che vi servirò da parente e da amico»[276], gli aveva det-

---

[274] «Quanto mi diverto ogni volta che lo posso far lavorare per me, un politicone di quel calibro»: cap. XI.

[275] Cap. XI.

[276] *Ibid.*

to Attilio). Lui sa invece quale "pezzo grosso" si ritenga lo zio, e sarebbe poi venuto a sapere dell'allontanamento del frate, conseguenza del trionfo di Attilio. Qui il danno seminato dal malefico nella persona del conte zio, avrà la sua programmata risonanza: Attilio risulterà agli occhi del cugino l'idolo, il suo idolo onnipotente, per la soddisfazione del quale bisognerà immolare qualunque vittima. Rodrigo non potrà mai liberarsi dal fascino maliardo di questa formidabile irruente personalità. Qui sta nel profondo il tratto caratteriale che slega il conte Attilio da qualunque funzione elevandolo a personaggio-persona universale. Nel corso degli altri contesti che seguono, in cui ancora e sempre agisce il demoniaco Attilio, quasi una contro-immagine del *deus absconditus* presente nel Nibbio, vedremo come Rodrigo stesso esprima indirettamente l'effetto di tale fascino, in particolare durante l'attesa dell'esito della missione "rapimento Lucia" (v. *infra*, punto V).

II. Il conte Attilio con don Rodrigo nella passeggiata (cap. III)

A livello di origine e sviluppo dei *PS* sul piano della narrazione semplice è senza dubbio il conte Attilio una figura particolarmente determinante ma non solo già nella scintilla ma anche in relazione a quello che la tradizione indica erroneamente come il movente della *fabula*, il prepotente e donnaiolo don Rodrigo. Questo essere però all'interno di un continuo divenire delinea già la personalità autonoma del personaggio.

L'insorgere e lo sviluppo di tutte le azioni del conte Attilio in effetti portano a partire da questa passeggiata la sua firma di autore: egli agisce o sul palcoscenico, come nel dialogo col conte zio e durante il convito nel palazzotto di don Rodrigo, o dietro le quinte, come negli altri casi. Ma comunque sempre in qualità di istigatore e regista del cugino Rodrigo anche quando non sembra. A don Rodrigo toccherà credere di essere lui a prendere volta per volta l'iniziativa e al lettore che sia costui il persecutore e l'insidiatore di Lucia, e l'antagonista di Renzo, colui senza il quale *I Promessi Sposi* non sarebbero stati scritti. Certo, don Rodrigo è indubbiamente l'esecutore materiale. Ma l'ispiratore, giocoliere e giostratore di ogni atto e pensiero di don Rodrigo, è lui, il conte Attilio, quasi l'anima di quel corpo. Il baldanzoso e rozzo Rodrigo si scontra con la stravagante ma cinica burloneria del cugino.

Dunque fino a che punto Rodrigo avrebbe avuto il coraggio e lo

© ARMANDO EDITORE. La fotocopia non autorizzata è reato.

spirito di fare di propria iniziativa quello che ha fatto, senza la presenza del cugino?

Il suo primo atto *motu proprio*, dettato, apparentemente, da libidine, costituisce quell'interruzione che dà movimento alla *fabula*. Si sa che da questo primo atto è nata una scommessa, la quale poi si è trasformata in punto d'onore provocando la separazione, ovviamente disastrosa, dei due "protagonisti" – secondo l'apparente schema alessandrino – fino al loro ricongiungimento per virtù, si dice, della Provvidenza.

Noi vogliamo però vedere come e in che misura il conte Attilio, da vero e proprio irresponsabile bighellone, abbia reagito alle spavalde ostentazioni del cugino provocando la superbia monolitica di costui. Già in questo primo atto i due dispiegano la loro cristallina personalità. Da questo momento in poi Attilio sarà per don Rodrigo la sua ombra, il suo pensiero, la sua anima, la sua dannazione. Lucia è lo strumento ma nient'affatto il fine.

Qualunque atto del tracotante cugino campagnolo viene regolarmente schernito dallo spavaldo cugino di città. Le due personalità hanno in comune l'arroganza. Il primo cerca di mostrarla con convinzione e serietà. L'altro la trova nel deridergliela sistematicamente. Ma qui non c'è una situazione standard ove la frivoleria di Attilio trova il suo spassoso gusto. Attilio non «ride tutte le due volte che avviene l'incontro con Lucia» per cui Rodrigo «parla per opporsi all'ironia e al gioco del cugino», come pensa lo Squarotti[277] Il considerare il divertimento come semplice frivoleria del carattere del conte porta il critico a vedere in don Rodrigo «un impegno assoluto, totale, là dove il conte Attilio non giunge mai a fare il male davvero, restando nell'ambito di una vaga responsabilità»[278]. Questa interpretazione irrigidisce i personaggi all'interno di ruoli preconfezionati facendone delle maschere: da una parte c'è l'uno preposto a mettere in atto il suo "impegno assoluto" dall'altra parte c'è l'altro che ha il ruolo di ridere e deridere. Così lo Squarotti perviene automaticamente a considerare Attilio "anima frivola". Egli però avrebbe dovuto notare che sin dalla primissima manifestazione di questo personaggio c'è un continuo ed inarrestabile crescendo. Questo lo si vede osservando l'insieme come un arco di tutte le sue apparizioni dirette sulla scena o correlate nei pensieri di don Rodrigo. E infatti la citazione di partenza dello Squarotti è erronea. Non è vero che «Il conte Attilio *ride*

---

[277] Giorgio Bàrberi-Squarotti, *op. cit.*, p. 58, *passim*.
[278] *Ibid.*

tutte le due volte che avviene l'incontro». Non è così. Sarebbe un formato standard che non corrisponde alle finalità artistiche e poetiche dell'autore.

Il *flashback* indiretto di Lucia in apertura del capitolo III è illuminante e si riferisce al primo tentativo di don Rodrigo:

> [Lucia] raccontò come, pochi giorni prima, mentre tornava dalla filanda, ed era rimasta indietro dalle sue compagne, le era passato innanzi don Rodrigo, in compagnia d'un altro signore; che il primo aveva cercato di trattenerla con chiacchiere, com'ella diceva, non punto belle; ma essa, senza dargli retta, aveva affrettato il passo, e raggiunte le compagne; e intanto aveva sentito quell'altro signore *rider forte*, e don Rodrigo dire: *scommettiamo*[279] [corsivi miei]

Attraverso di esso – quell'*altro signore*, ce lo farà intendere l'autore al capitolo V, è il conte Attilio – possiamo agevolmente ricostruire quello che manca per conoscere i fatti e la loro dinamica e constateremo che si succederanno in uno sbalorditivo quanto significativo crescendo. Nel FL i dettagli sono di gran lunga più numerosi ed espliciti[280], e comunque diversi da quelli che qui mancano, perché, come si sa, si volevano dire altre cose.

I due cugini passeggiano volutamente o casualmente, non importa, nei dintorni della filanda. Lì le operaie si ritrovano ad uscire. Don Rodrigo vuol mostrare subito al cugino di città il suo fascinoso potere,

---

[279] Questa e le altre citazioni senza nota di questo paragrafo sono del cap. III.

[280] Nella versione originaria, dal titolo *Fermo e Lucia*, del 1821-23, il Manzoni aveva messo in bocca a Lucia (cap. I, 3) una relazione così dettagliata delle molestie sessuali nei confronti delle sue compagne di lavoro della filanda, e soprattutto nei suoi confronti, da rendere molto più verosimile l'incapricciamento "passionale" di don Rodrigo: «Quel tristo veniva talvolta con alcuni suoi amici, gente come lui. Un giorno mi trovò mentre io usciva e mi volle tirar in disparte e si prese con me più libertà; io gli sfuggii, ed egli mi disse in collera: - ci vedremo -: i suoi amici ridevano di lui, ed egli era ancor più arrabbiato. Allora io pensai di non andar più alla filanda [...]. Ma la persecuzione non finì: colui, mi aspettava quando io andava al mercato, [...] mi aspettava quando io andava a lavare, ad ogni passo [...]». Come si vede c'è molto più materiale che non nella versione *I Promessi Sposi*, e molto più realismo. Nonostante ciò questa versione deve avere solo il valore relativo di "bozza".

© ARMANDO EDITORE. La fotocopia non autorizzata è reato.

soprattutto con riferimento alle giovani fanciulle nubili[281], facendo precedere la sua azione da una frase esibizionistica tipica: - Adesso ti faccio vedere [...] ecc. ecc. La reazione indifferente e in contempo chiara e decisa («affrettato il passo») di Lucia e la conseguente brutta figura di don Rodrigo ha provocato il *rider forte* di Attilio ben sentito da Lucia e, nelle intenzioni di Attilio, anche dalle compagne di lei. Qui non solo c'è la canzonatura per il fiasco ma c'è il cinismo di mettere alla berlina il cugino sbruffone anche addirittura di fronte a delle contadine. Attilio sa, e mostra di conoscere bene il cugino, che il discredito pubblico lo avrebbe fatto infuriare come una bestia. Manzoni tratteggia inequivocabilmente due personalità dai chiarissimi tratti umani universali. Lucia riferisce poi solo di uno «scommettiamo». Se Lucia l'ha sentito sarà stato pronunziato a voce alta, ma non tanto perché indirizzato a Lucia, che si sarebbe spaventata, quanto perché Attilio l'avrà fatto precedere da un sarcastico «*con questa non ci riuscirai mai*», che ha fatto perdere il controllo a Rodrigo facendogli alzàre la voce con quello «scommettiamo», subitaneo quanto irriflesso e spontaneo.

Adesso la stringatissima successione "narrata" da Lucia così integrata per necessità logica ci presenta chiaramente un Attilio che non trae divertimento solo dall'assistere alle brutte figure degli altri. Il suo passatempo prediletto è quello di *creare* delle situazioni di attrito tanto più acute quanto maggiore è la possibilità di trarne divertimento.

E siamo ancora nel primo giorno, dove solo si colloca – tornando allo Squarotti – quel «*rider forte*» con il suo effetto già sortito.

La relazione di Lucia, rispetto allo stesso luogo nel FL, è molto contenuta. Abbiamo detto che i PS non sarebbero stati più un romanzo d'avventura pieno di forti tinte come voleva apparire il FL. Lucia nei PS deve avere ben altra configurazione e non può abbandonarsi alle particolareggiate informazioni sul traviato comportamento di don Rodrigo. Peraltro anche la figura di don Rodrigo nei PS non è quella del donnaiolo ma dello sbruffone. Il baricentro è spostato verso caratteristiche più profonde, costituenti la personalità, e più all'origine di quelli che possono essere solo atteggiamenti collaterali.

Se sottolineiamo che Lucia non ha assolutamente dato adito ad alcuno spiraglio di speranza, dobbiamo giudicare la pronta disponibilità di don Rodrigo a scommettere come segno non tanto di sicurezza o smar-

---

[281] È una supposizione non molto lontana dal vero, visto che la prima mossa di don Rodrigo sarà quella di congelare l'imminente data del matrimonio.

giassata quanto di debolezza e senso di inferiorità nei confronti del cugino che deride e così platealmente quell'*avance* fallita. Attilio accetterà ovviamente ben volentieri la scommessa, perché sicuro che saprà tramutarla facilmente in fonte di altri lazzi e sollazzi. Al sonoro e pubblico dileggio il cugino non ha resistito e si è sbilanciato. Compromesso già, si tuffa in un impegno scopertamente superiore alle sue possibilità. Il conte Attilio ha raggiunto il primo traguardo.

Il racconto sempre indiretto di Lucia continua con il giorno dopo, cui lo Squarotti non ha badato. Notiamo subito che sia nell'azione di Attilio che nella reazione di Rodrigo c'è già il segno dell'inizio di un *crescendo* (naturalmente parallelo ad un *"diminuendo"* da parte di Lucia):

> Il giorno dopo, coloro s'eran trovati ancora sulla strada; ma Lucia era nel mezzo delle compagne, con gli occhi bassi; e l'altro signore *sghignazzava*, e don Rodrigo diceva: vedremo, vedremo. [...] quel giorno era l'ultimo della filanda. [corsivo mio]

Lucia rispetto al giorno prima chiude ogni adito a fraintesi (*era nel mezzo delle compagne, a occhi bassi*). Attilio, per commentare i vani tentativi del cugino di attirare l'attenzione di Lucia – e probabilmente con parole ancor più galanti di quelle usate il giorno prima – e sapendo che l'ipersensibile Rodrigo non avrebbe potuto sopportare la pubblica vergogna di non riuscire a spuntarla con una semplice *contadinotta* – come la definirà Attilio innanzi al conte zio –, passa dalle *forti risate* alle *sghignazzate*, che Lucia e tutte le altre ragazze possono sentire.

Il secondo giorno Lucia quindi ci dice che *sghignazzava*. Nel secondo verbo c'è una crescita della situazione. Al "rider forte" la reazione di don Rodrigo è "scommettiamo", alla "sghignazzata" c'è un "vedremo, vedremo" che sono già inizio chiaro di una *escalation*. Il "rider forte" può essere provocato anche da un'innocua facezia. Lo "sghignazzare" è un «ridere sguaiatamente in segno di scherno o di presa in giro»[282]. Due verbi diversi per due fasi diverse.

Don Rodrigo, lo si può comprendere, è imbarazzato e stizzito, lui, il signore di tutta la contrada. Al cugino basta aggiungere, colorito di

---

[282] Devoto-Oli, *Dizionario della lingua italiana*, Firenze, Le Monnier, 1971, p. 2204.

© ARMANDO EDITORE. La fotocopia non autorizzata è reato.

penetrante ironia, un altro, come il giorno prima, «*questa te la puoi scordare*», per esempio, che Rodrigo scatta inopinatamente dalla scommessa ad un impegno formale e deciso: un «*vedremo*» marcato. Per Attilio, personaggio dinamicissimo, è già il secondo traguardo.

A questo punto l'*escalation* non si arresterà. Il bracconiere ha già bell'e disteso la sua pània, dalla quale il debole e sempre più succube Rodrigo non potrà staccarsi.

Ad Attilio non interesserà di sapere quello che farà Rodrigo per vincere la scommessa, la sua attenzione è rivolta al 'gioco' fine a se stesso, al *suo* gioco con il *suo* fine. Che ci fosse di mezzo una donna indifesa e innocente era pari per loro più o meno a scommettere a chi uccide più passeri con una schioppettata.

È legittima a questo punto una deduzione. Se il signorotto don Rodrigo non fosse stato in compagnia del cugino Attilio, scioperato demoniaco per mestiere, e spensierato soverchiatore e libertino[283] con spiccata tendenza all'egocentrismo[284] per hobby, normalmente abitante a Milano, che trovavasi in quel periodo per una villeggiatura ospite di Rodrigo, molto probabilmente non avrebbe avuto nessun motivo di continuare una molestia che si presentava del tutto infruttuosa e che sarebbe stata anche ardua e difficile, visto che la ragazza stava per sposarsi.

Don Rodrigo era un signorotto temuto e riverito nel circondario[285] e il fatto di essere noto per il suo libertinaggio, ci fa pensare che donne malleabili non gliene dovessero mancare. Poteva incapricciarsi di questa o di quella, ma alle prime resistenze, si sarebbe rivolto altrove. Non ha la tempra del lottatore o del passionale, visto che segue solo il richiamo dell'esibizionismo[286].

---

[283] Cfr. cap. V.

[284] [Tendenza]in virtù delle sue *forti risate* e delle *sghignazzate* e delle grida che vedremo e quasi sentiremo durante il convito dal cugino in presenza di altre "personalità" [...].

[285] Cap. VII:«I contadini, gli artigiani, al vederlo venire, si ritiravan rasente al muro, e di lì facevan scappellate e inchini profondi [...]. [...] in que' contorni non ce n'era uno che potesse, a mille miglia, competer con lui, di nome, di ricchezze, d'aderenze [...]».

[286] Se al cap. XI don Rodrigo dirà: «Come rimarrà Attilio, domattina! Vedrà, vedrà s'io fo ciarle o fatti». È qui d'uopo pensare che il suo primo atto nei riguardi di Lucia, non sia stato dettato tanto – come comunemente si crede – da libidine, che certo c'era pure, quanto dalla patologica voglia di mostrare al cugino di città – presente in tutti e due i tentativi di "agganciare" Lucia – di essere il padrone assoluto della contrada, irresistibile dongiovanni con *ius primae noctis*.

Qui finisce la seconda "passeggiata", quella del *vediamo*. A questa promessa segue nella *fabula* solo la nota intimazione a don Abbondio.

Dato che quel giorno, secondo il racconto, testé riportato, di Lucia, era *l'ultimo della filanda*, che cosa è successo in quei *pochi giorni*, prima che don Rodrigo si decidesse a mandare dal curato quei suoi due gaglioffi famigerati? Nel testo non c'è nulla in qualche modo riconducibile né a quei *pochi giorni*, né alla decisione di coinvolgere don Abbondio. Tra i due fatti possono correre solo delle ipotesi da basare esclusivamente su quel che si sa già.

Don Rodrigo, con la sua impegnativa *«vedremo, vedremo»* si mostra già tra le spire del cobra. È immaginabile, volendo pensare realisticamente a un essere umano nella stessa situazione, che abbia cercato il giorno successivo di incontrare ancora Lucia, ma invano. Lucia coerentemente alla sua reazione (*nel mezzo delle compagne* e *con gli occhi bassi*) non dovendo andare alla filanda si sarà tenuta chiusa in casa in attesa di sposarsi e sarà uscita solo una volta quella volta in compagnia della madre per andare a messa al convento, come riferisce la stessa Lucia (cap. III). Don Rodrigo è agitato. Se non può avvicinare in nessun modo la ragazza, la scommessa la vede già perduta. Ma non se la sente di accettare la realtà per non alterare la sua immagine. Mancano pochi giorni al matrimonio. Ormai è chiaro. Le sghignazzate di Attilio erano provocate dall'intenzione baldanzosa di Rodrigo di mostrare al cugino addirittura di poter disporre di una specie di *ius primae noctis*. Bisogna quindi tenere alla larga il promesso sposo. Non è un grosso ostacolo che potrebbe dargli fastidio visto il piccolo esercito di malviventi ai suoi ordini, ma è meglio tenersi lontano da eventuali guai aperti con la giustizia[287]. Cosa fare? Il tempo stringe. Attilio avrà già preparato qualche cerimonia per festeggiare e beffare il cugino "respinto" da Lucia e "sconfitto" da Renzo. Possiamo immaginare questo rozzo nobiluomo provinciale che, preso profondamente sul serio l'atteggiamento canzonatorio del cugino Attilio, si infiammi di rabbia e di vergogna e, vedendosi con l'acqua alla gola, decida, per prender tempo, di minacciare il curato. Gesto ben contemplato dalle gride!

Potrà don Rodrigo uscirne?

Il matrimonio non si fa. È già l'otto novembre. Mancano tre giorni

---

[287] Manderà qualcuno dei suoi per intimare il silenzio al console (cap. VIII) e dirà con Attilio del podestà: «Che diavolo, che un podestà non possa essere bestia e ostinato, quando nel rimanente è un galantuomo» (cap. XI).

© ARMANDO EDITORE. La fotocopia non autorizzata è reato.

alla scadenza della scommessa. Rodrigo crede ancora di riuscire in qualche modo ad avvicinare Lucia. Come? ancora non lo sa. Il giorno dopo lo troviamo a banchetto con degli invitati e naturalmente con il cugino Attilio, la sua ombra. Nel mezzo di quella sua idea fissa senza ancora una soluzione, il signor don Rodrigo riceve una visita inaspettata, di cui «*n'avrebbe* [volentieri] *fatto di meno*»[288]. Qui il conte Attilio, il nostro protagonista, dispiegherà tutto il suo potere e la sua abilità.

Nel quarto contesto Attilio gli suggerirà, in modo volutamente indiretto, la soluzione.

III. Il conte Attilio al convito nel palazzotto di don Rodrigo (cap. V)

Gli avvenimenti e gli atteggiamenti descritti durante questo convito debbono essere letti tenendo presente che il giorno avanti don Abbondio aveva ricevuto la nota intimazione e che pochi giorni prima don Rodrigo aveva fatto una *scommessa* con "qualcuno" che aveva riso forte prima e sghignazzato dopo. Da questo punto di vista essi si connettono con questi fatti in modo indissolubile e costituiscono un tutt'uno nello sviluppo della rappresentazione del personaggio concepita e voluta dall'autore. Il narratore non si è lasciato distrarre dalla narrazione intermedia[289]. Anzi, per sottolinearne lo stretto legame epico, la narrazione del convito in casa di don Rodrigo si apre, in modo sbalorditivamente sintomatico, non con il nome e l'azione del padrone di casa, ma, in mezzo ad un *gran frastono confuso*[290], con il nome e l'azione di *un certo conte Attilio*. Mentre il frastuono evidenzia molto bene la finalizzata teatralità egocentrica di Attilio, di costui l'autore ci informa subito che *abbiam già fatta menzione di lui senza nominarlo*: è, sappiamo, quell'*altro signore*, che aveva indotto, con le sue sarcastiche, spettacolari e innanzitutto pubbliche derisioni, il cugino Rodrigo a scommettere.

Questa informazione, buttata lì, quasi "per caso", è sì ufficialmente un richiamo per riallacciare il filo degli eventi, ma soprattutto è un segnale fortissimo del tratto comportamentale singolare, unitario e nello stesso tempo *in fieri* che mostrerà qui il conte Attilio e quello che egli ha mostrato finora e che mostrerà dopo. È come avvertire indirettamen-

---

[288] Cap. V.

[289] La visita di Renzo ad Azzeccagarbugli e la biografia di padre Cristoforo.

[290] Cap. V. Tutte le altre citazioni in corsivo di questo paragrafo sono pure del capitolo V quando non espressamente in nota.

te il lettore che il personaggio che ha istigato per puro proprio sollazzo don Rodrigo a cacciarsi nei guai adesso riprende e continua non solo l'azione ma anche e in primo luogo le intenzioni: istigherà don Rodrigo nel modo più sottile e lusinghevole, lo affascinerà con la sua personalità prevaricatoria, con la sua disinvolta improntitudine nel decidere in modo radicale questioni "d'onore" («*il bastone non isporca le mani a nessuno*») e l'arroganza con cui mostra di sapere bene il fatto suo e di esser pronto e disposto ad imporre con ogni mezzo le proprie ragioni. A Rodrigo dovrà apparire con il carisma dell'idolo e del simbolo non solo da imitare ma anche da rispettare. Il Manzoni ci vuol chiaramente avvertire che la spavalderia che il conte Attilio ostenterà durante tutte le discussioni di quella giornata deve essere intesa ad uso e consumo del cugino Rodrigo. Attilio durante tutto il convito, con il suo gridare, il suo contraddire, il suo lasciare intendere d'essere sempre disposto a bastonare, dà un saggio delle sue inimitabili spacconate. Tutto il resto è psicologicamente conseguente. Sarà tenuto in alta considerazione da Rodrigo, il quale, invidiando la disinvolta spavalderia del cugino, da quel momento in poi sarà sensibilissimo alle minacce di scherno e di canzonature che Attilio gli andrà promettendo e alle quali egli non potrà che reagire con sempre crescente e drammatico impegno. E il conte Attilio con apparente paradosso sarà anche nell'immaginativo di don Rodrigo un'eventuale àncora in caso di stato di necessità[291].

Qui traspaiono i netti contorni dell'autonomia del personaggio, i tratti fisionomici salienti per una ricostruzione caratteriale e psicologica univoca e inconfondibile. Quel che conosciamo è quanto basta per definire il personaggio che, per la sua forte e determinata volontà, nel crearsi il proprio mondo di spettacolo ove il nucleo e l'essenza della vita è un instancabile gioco, entra per diritto nel consorzio epico dell'universalità umana. E l'entrata in scena di una tale figura è l'incontro per la strada o per la piazza di un vecchio compagnone pur infingardo ed incosciente che gode di mettere alla berlina ogni nostro piccolo tentativo di prendere anche per un solo attimo la vita sul serio. La realtà danza nel vortice dell'arte trasformandosi in gioco, in pura illusione, non lasciandoci credere che sia quello che non è. La continua alternanza ruota all'infinito finché un conte Attilio ci prende per mano. Rodrigo non potrà non restare che impressionato da quella intraprendenza da mattatore

---

[291] Proprio a questo don Rodrigo penserà durante l'attesa dell'esito del tentato rapimento (v. *infra*, punto V) e ne avrà dimostrazione con la "missione" presso il conte zio.

© ARMANDO EDITORE. La fotocopia non autorizzata è reato.

del cugino: poco dopo il colloquio con padre Cristoforo, dal quale uscirà sconvolto, ha solo bisogno di lui: chiederà smarrito al servitore: «*e il conte Attilio?*»[292].

Non si può accettare quindi il discorso che fa Luigi Russo sul ruolo dei personaggi manzoniani. Qui è impossibile, assurdo supporre che il personaggio veicoli come che sia il sentimento dell'autore. L'autore è completamente assente ed estraneo. Egli ha creato la sua creatura, l'ha adagiata sul palcoscenico della vita ed è svanito. Né del Russo si può prendere per buona la sua osservazione, che vede nel conte Attilio un "bastonatore cordiale" per gli argomenti che aggiungeremo più giù in conclusione del paragrafo.

Adesso vediamo come Attilio, cosciente della sudditanza psicologica di Rodrigo, inizia il suo gioco spietato, ma divertente, del gatto col topo.

Osserviamo da vicino cosa succede durante il convito, come si comportano i presenti, in che modo risultano evidenti le doti istrionesche che il conte Attilio esibisce allo scopo di sedurre il cugino Rodrigo per vederlo giostrare tra le volute nebbiose della sua rabbia irrepressa e degustarla e infine godere di tanta sua personale raffinata controllatissima sregolatezza.

La *fabula* vuole che questo banchetto, a cui partecipava, fra gli altri, il podestà, «*quel medesimo a cui, in teoria, sarebbe toccato far giustizia a Renzo Tramaglino e a far star a dovere don Rodrigo*», sia messo in scena durante l'arrivo di padre Cristoforo, venuto per i motivi e con le intenzioni che si sanno.

Al primo apparire sulla soglia della sala di «*una testa rasa e una tonaca*» (espressioni di certo "pensate" da chi sta per reagire a quella vista), il conte Attilio, «*accortosi dell'intenzione modesta del buon frate*» (che voleva ritirarsi) esplode in un grido di richiamo, invitandolo platealmente a farsi avanti: un frate, in quell'ambiente, chissà, forse una grana per Rodrigo: è bene farlo avvicinare. E con la sua intraprendenza chiassosa e irrefrenabile s'arroga subito l'iniziativa di chiamare ad alta voce il frate e invitarlo ad entrare, pur sapendo di essere solo un ospite del cugino ovvero proprio per questo. È una mossa decisiva: vi si ricava il grado di indiscussa subordinazione in cui Rodrigo sta nei confronti di Attilio ed il controllo che di ciò questi detiene.

Don Rodrigo, «*senza indovinar precisamente il soggetto di quella visita, pure, per non so qual presentimento confuso, n'avrebbe fatto di*

---

[292] Cap. VII.

meno. Ma poiché lo spensierato d'Attilio aveva fatta quella gran chiamata, non conveniva a lui di tirarsene indietro». Il malcelato disagio con cui Rodrigo, facendo seguito alla *gran chiamata* del cugino, ha dovuto invitare a sua volta il frate ad entrare, non sfugge ad Attilio: – forse il cugino ne ha intrapresa qualche altra [...]. È certo che Rodrigo è agitato: dopo le molestie sulla strada lui sa di avere mandato i suoi sgherri dal curato. Lui più di Attilio può immaginarsi il motivo. Sicché l'astuto Attilio, che non può non gongolare di fronte a un imprevisto che può tornargli utile, queste informazioni al debole e suscettibile Rodrigo può leggergliele in faccia a chiare lettere.

E così Attilio inizia la sua danza:

"non ci scappi, padre riverito: avanti, avanti", gridò [...].

Da questo momento il cugino ospite finalizza il suo comportamento alla costituzione e al consolidamento di una subalternanza psicologica che irretirà irreparabilmente il provincialotto Rodrigo. In tutta la discussione tenutasi a tavola, o meglio, durante gli sproloqui di quel giorno, il conte Attilio è il protagonista assoluto: impone la sua voce e la sua personalità in tutti i dibattiti e soprattutto non si lascia sfuggire nessuna occasione per provocare il podestà – quel podestà, organo di polizia!, che, ricordiamo (cap. V), stava seduto alla mensa di don Rodrigo «con gran rispetto» sì, ma l'autore aggiunge che codesto "rispetto" era «temperato però d'una certa sicurezza», datagli appunto dalla consapevolezza di essere alla fin fine il podestà. E proprio al podestà che ostentava la propria indipendenza dal feudo di don Rodrigo, Attilio, cui tale atteggiamento non poteva sfuggire, rintuzzerà in malo modo con grida e impudenza ogni idea, al punto che durante la seconda disputa il cugino Rodrigo è costretto a «*dargli d'occhio, per fargli intendere che, per amor suo, cessasse di contraddire*». Questa "data d'occhio" comunica e conferma ad Attilio il timore che don Rodrigo ha del podestà. Per Attilio è uno stimolo ad aumentare la dose di villanie contro il podestà proprio per trascinare il cugino in una difficile e spinosa situazione. Per il lettore è un anticipo. Al cap. XI Rodrigo manifesterà apertamente al cugino la sua preoccupazione di non inimicarsi il podestà.

Delle tre dispute tenute durante il convito – di carattere cavalleresco, politico e sociale – riportiamo solo i passi che illustrano l'insolenza e l'improntitudine provocatoria del conte Attilio diretta al podestà, e il conseguente timore ansioso di don Rodrigo:

© ARMANDO EDITORE. La fotocopia non autorizzata è reato.

"L'autorità del Tasso non serve al suo assunto, signor podestà riverito; anzi è contro di lei"; riprese ad urlare il conte Attilio.

"Ma quando vorrà capire che quel messaggero era un asino temerario, che non conosceva le prime[...]?"

"Con buona licenza di lor signori", interruppe don Rodrigo, il quale non avrebbe voluto che la questione andasse troppo avanti.

Don Rodrigo interrompe cautelativamente quest'altra provocazione. Vuol moderare. Teme chiaramente il podestà. Attilio lo sa e incalza.

"Il fatto è questo", cominciava a gridare il conte Attilio.

– togliendo la parola al cugino Rodrigo:

"Ben date [le bastonate al portatore], ben applicate", gridò il conte Attilio. "Fu una vera ispirazione"

– interrompe di nuovo il conte Attilio e sempre, evidentemente, gridando.

"Sì, signore, [azione] da cavaliere [battere un ambasciatore]", gridò il conte [al podestà] [...] "il bastone non isporca le mani a nessuno. Quello che non posso capire è perché le premano le spalle d'un mascalzone"

– si chiede con pervicace insinuazione il conte Attilio.

"[...] è un temerario [il messo che consegna una sfida senza licenza], violabile violabilissimo, bastonabile bastonabilissimo..."

"Piano, piano, signor podestà. [...] Congedo che questo possa generalmente chiamarsi atto proditorio; ma appoggiar quattro bastonate ad un mascalzone! Sarebbe bella che si dovesse dirgli: guarda che ti bastono: come si direbbe ad un galantuomo: mano alla spada. – E lei, signor dottor riverito, invece di farmi dei sogghigni [...]".

Possiamo immaginare quale effetto faccia in don Rodrigo tale sconveniente (per Rodrigo) disinvoltura!

"Senza sfide! Senza bastonate! addio il punto d'onore: impunità per tutti i mascalzoni".

"Animo, dottore", scappò fuori don Rodrigo, che voleva sempre più divertire la disputa dai due primi contendenti.

Notiamo già l'aperta preoccupazione di Rodrigo di non irritare il podestà distraendo il tema verso un altro convitato. Don Rodrigo non è un anfitrione galantuomo aduso a trattare con raffinatezza i suoi commensali solo perché tiene alle buone maniere. Qui lui *sa* che bisogna non alienarsi il podestà.

Nella seconda discussione – iniziata da don Rodrigo per evitare liti – dopo un breve avvio relativamente quieto, abbiamo Attilio che attacca di nuovo il podestà:

"Mi vuole insegnare...?" riprendeva il conte, ma don Rodrigo gli diè d'occhio, per fargli intendere che, per amor suo, cessasse di contraddire.

Il gioco imbastito dal diabolico Attilio entra negli effetti da vicolo cieco «*per amor suo*»*!!*

Nella terza disputa, nonostante la tacita supplica, c'è subito lo scontro e sempre con il podestà!:

"E i fornai", diceva un altro: "che nascondono il grano. Impiccarli"
"Appunto; impiccarli, senza misericordia"
"De' buoni processi", gridava il podestà.
"Che processi?" gridava più forte il conte Attilio: "giustizia sommaria. Pigliarne tre o quattro o cinque o sei, di quelli che, per voce pubblica, sono conosciuti come i più ricchi e i più cani, e impiccarli"
[...]
Don Rodrigo intanto dava delle occhiate al solo che stava zitto. [...] l'avrebbe mandato a spasso volentieri e fatto a meno di quel colloquio. [...] Poiché la seccatura non si poteva scansare, si risolvette d'affrontarla subito.

Don Rodrigo, in ansia che non ci si inimicasse il podestà, intento a spiare quella figura immobile del frate dall'aria paziente ma decisa, e agitato dalla fascinosa spudoratezza del cugino, non riuscì a stare più sulle spine. Bisognava proprio cavarsi quel dente, «e s'alzò da tavola».

A tutta quanta la discussione don Rodrigo non aveva preso quasi nemmeno una volta parte attiva.

Per la tendenza a bastonare chiunque e comunque attraversi quelle che per lui sono buone ragioni, che Attilio mostra evidente durante il

© ARMANDO EDITORE. La fotocopia non autorizzata è reato.

convito, ma anche nella scena successiva quando Rodrigo gli racconterà che cosa gli ha fatto il frate, il Russo definisce il conte Attilio «bastonatore cordiale»[293]. Noi però riteniamo che un vero e proprio "manganellatore", come si direbbe oggi, non lo si possa definire. Per la sua natura di *demone istigatore* egli trae diletto con le sue "spensierate" – discutibili o indiscutibili, l'autore non lo lascia giustamente intendere – ragioni a indurre gli altri a bastonare, mentre lui se la godrebbe piuttosto nel vederli coinvolti nei guai! Per essere un bastonatore bisogna possedere capacità di aggredire, coraggio, motivazione e anche rabbia che implicano nell'uomo una partecipazione ed un moto dell'animo, una serietà di principi, ancorché negativi, che investono un'etica ben definita. Requisiti che il conte Attilio veramente non possiede. La sua è una specifica attività ludico-malefica finalizzata alla realizzazione di se stessa. Ed egli, il conte Attilio, quello che fa lo si deve prendere sul serio, non tanto perché è un gioco perverso ai danni di quella poverina di Lucia, quanto perché tale gioco materializza un carattere, una personalità che trova il senso del proprio riconoscimento e quindi della propria esistenza nel soddisfare l'intimo bisogno di godere del distruggimento del prossimo per opera sua.

La posa del bastonatore e il suo atteggiamento radicale serve non solo a rinforzare il proprio credito nella coscienza di Rodrigo, ma anche e soprattutto a comunicare a costui – molto più efficacemente che non le parole – che non può permettersi di sfigurare senza rischiare la catastrofe della sua "immagine" sociale. È, in altri termini, un modo molto sottile, più diabolico per trascinare Rodrigo sempre più nell'abisso del suo volere. Da dove Renzo, pur convinto nel perdono, più efficace a tranquillizzargli lo spirito semplice e fedele, non potrà trarlo.

Qui, a conclusione di questo paragrafo, che, sulla personalità del conte Attilio, rappresenta il modulo centrale, perché Attilio *demone giocherellone* agisce, come abbiamo visto, indirettamente, sulla coscienza del cugino Rodrigo, e quindi in modo più profondo ed efficace, vogliamo riproporre una osservazione del Petronio: «Per le azioni degli uomini Manzoni conserva sempre una diffidenza [...]. I propositi e i piani degli uomini, nel romanzo, falliscono tutti, chiunque li tessa, buono o malvagio»[294]. Non è vero. Primo, perché con questa frase egli vuol far intendere che il Manzoni predichi che sia dunque necessario non affidarsi agli uomini, ma alla provvidenza – cosa errata; secondo, perché il pia-

[293] Luigi Russo, *op. cit.*, p. 218.
[294] Giuseppe Petronio, *op. cit.*, p. 620.

no di Attilio non fallisce affatto. Petronio crede che fallisca col fallimento dell'impresa di don Rodrigo. Ma non è così. Dell'impresa di don Rodrigo ad Attilio non interessa granché. Il suo unico scopo è passare le giornate nel mettere nei guai il prossimo per divertirsi più che può e soprattutto se questo prossimo è uno sbruffone come Rodrigo. E il conte Attilio non può non essere concepito se non come un essere umano con caratteristiche singolarissime.

IV. Attilio con Rodrigo poco dopo la visita di padre Cristoforo (cap. VII)

A un certo punto del convito abbiamo visto che don Rodrigo, snervato dalla risoluta presenza di padre Cristoforo, la cui impassibilità non prometteva nulla di buono; sulle spine per l'incoscienza del conte Attilio che in tutti i modi cercava di provocare una lite col podestà; e irritato dal senso di inferiorità che il cugino con la sua chiassosa intraprendenza gli infondeva automaticamente e gli consolidava sempre più, non può far altro che alzarsi e affrontare il cappuccino. Il suo animo è già alterato. Conosciamo lo svolgimento dell'incontro. La minaccia della predizione finale gli aggiunse rabbia e un lontano e misterioso spavento. Rabbia e spavento insieme nutriti di se stessi si trasformano in ira e violenza fino a esplodere nel vituperio più smaccato (*villano temerario, poltrone incappucciato; villano rincivilito; mascalzone*[295]) che si conclude con una sfida: «*e la vedremo*»[296].

Questo "vedremo", pur pronunziato in un momento di esagitazione, non ci sembra proprio una minaccia (come il Caccia invece suggerisce[297]) verso padre Cristoforo – don Rodrigo non ha nessuna voglia di muovere guerra aperta ai cappuccini e perdere la tranquillità –, ma un rinforzo della promessa – sfida fatta al cugino un po' prima: ricordiamo gli altri due «vedremo, vedremo», rivolti al cugino Attilio, dopo il secondo vano tentativo di abbordare Lucia per la strada commentato dalle sghignazzate di Attilio.

Tuttavia don Rodrigo, per quanto fosse deliberato di far qualche cosa per riuscire nell'impresa, non sa ancora che cosa. Il cappuccino l'ha solo terrorizzato e umiliato: il signorotto è fuori di sé, ma senza idee. Le idee gliele farà venire suo cugino, che è lì apposta per questo. Anche il

---

[295] Cap. VI.
[296] *Ibid.*
[297] Ettore Caccia, *op. cit.*, p. 204, nota 117.

© ARMANDO EDITORE. La fotocopia non autorizzata è reato.

personaggio di don Rodrigo è come tutti gli altri in continuo divenire. Non c'è in costui né la maschera dell'orgoglio offeso né quella della paura. Sono atteggiamenti che maturano il loro stato man mano che corrono in parallelo con la situazione che come stiamo vedendo corre tra le note di un *crescendo* che fino alla fine non troverà quiete. Il personaggio è quell'essere vivente, unico responsabile del nascere e dello sviluppo delle proprie azione. Manzoni dal cantuccio della sua visuale è quel puro osservatore che si bea e anche si sorprende del gioco autonomo dei suoi *porcellini d'India*.

Andato via padre Cristoforo, don Rodrigo, pieno più di rabbia e che di paura, misura «*a passi infuriati, il campo di battaglia*»[298], e più avanti (cap. VII) aggiunge che le "misurazioni" della sala andavano «*innanzi e indietro, a passi lunghi*», cosa tipica di chi cerca affannosamente e con fretta di dare una forma ad una idea che ancora non c'è. Poco più avanti, dopo i faccia a faccia con i suoi antenati, apprendiamo che don Rodrigo «*formava un disegno di vendetta, l'abbandonava, [...] pensava come soddisfare insieme alla passione [...] l'onore. [...] Finalmente, per far qualche cosa, chiamò un servitore e [...]*». Questo «Per far qualche cosa» ci ribadisce che don Rodrigo non aveva ancora nessuna idea. Se ne avesse avuta una, avrebbe già con soddisfazione cominciato ad accarezzarne i particolari. È pur vero che in qualche modo vuol vendicarsi di quel cappuccino importuno, perché gli potrà rendere la vita difficile, dato lo scontro diretto, ma sa anche che l'unico modo per sopraffarlo è quello di raggiungere Lucia, che ormai sembra apertamente protetta da padre Cristoforo. Il pensiero di Lucia gli fa venire in mente il cugino Attilio. Adesso la scommessa bisogna vincerla ad ogni costo; indirettamente ci si vendicherà anche del cappuccino. È Attilio il chiodo fisso, la spina nel suo fianco. Appena saputo che gli ospiti nel frattempo erano andati via, domandò smarrito: «e il conte Attilio?». È sbalorditivo! Attilio per lui è tutto. È croce con le sue canzonature, ma è anche la delizia del porto sicuro con la sua invidiabile baldanzosa sicurezza. E in questo "porto sicuro" troverà rifugio, come vedremo, più avanti.

Gli intenti del conte Attilio e la recita ad uso e consumo di Rodrigo durante il convito, di cui già abbiamo dettagliatamente parlato, cominciano a dare concreti frutti.

Qui siamo in una fase centrale del comportamento di don Rodrigo. Lo stato d'animo successivo all'incontro con il frate, sarà quello che avrà la stessa sera a cena con il cugino Attilio, nonostante la passeggia-

---

[298] Cap. VI.

ta pomposa e la visita al ritrovo, a dir poco, equivoco[299] (data la cautissima reticenza del Manzoni), ma pieno di gente *cordiale e rispettosa*. È con questo stato d'animo che si deve leggere la "conversazione" tra i due cugini: non si può prescindere da esso nell'esaminare gli eventi di quel dopo cena. Soprattutto non si deve trascurare che subito dopo il va e vieni nella stanza degli antenati il narratore ci dice che:

[...] talvolta (vedete un poco!) sentendosi fischiare agli orecchi quel-l'esordio di profezia, si sentiva venir, come si dice, i bordoni, e stava quasi per deporre il pensiero delle due soddisfazioni.

Era quindi agitato e ancora smarrito. Quello stesso giorno a tavola durante la cena con il cugino, «*don Rodrigo fu sopra pensiero e parlò poco* e avrebbe deposto il *pensiero delle due soddisfazioni*, se, si badi!, se, *dopo sparecchiato e andati via i servitori*»[300], Attilio, cui certamente la faccia da funerale del cugino non poteva essere sfuggita e che aspettava il momento in cui fossero soli, non avesse esordito – quale arte magistrale di introspezione psicologica! – con un'inaspettata e incalzante battuta, che rimette in moto il cugino Rodrigo:

"Cugino, quando pagate questa scommessa?"

Ecco, non gli importa sapere perché sia venuto il frate! Gli importa aumentare la dose di rabbia che già cova nell'animo di don Rodrigo, di farlo scoppiare di furore, di indurlo alla reazione più disperata – non importa quale. Lui sa già che Rodrigo per debolezza e codardia potrebbe buttare la spugna e allora addio divertimento! Per questo il suo intervento è tanto necessario quanto decisivo. Il dialogo che segue è uno spietato gioco al massacro. Con quel micidiale

"quel frate in somma v'ha convertito [...] Convertito, cugino; convertito, vi dico"

---

[299] Cap. VII: «[...] per contrapporre all'immagine del frate che gli assediava la fantasia, immagini in tutto diverse». È proprio questo *in tutto diverse* che forse vuol suggerire l'idea di un don Rodrigo, peraltro non esente da particolare lussuria, che cerca a suo modo di "recuperare il morale" [...].

[300] Questa e le successive citazioni del presente paragrafo sono del capitolo VII.

© ARMANDO EDITORE. La fotocopia non autorizzata è reato.

seguito dall'implacabile canzonatura che imita il frate che propagherà il miracolo della "conversione" di don Rodrigo, Attilio supera se stesso, travolge con un impietoso crescendo da capogiro l'animo disturbato di Rodrigo, che, prendendo tutto sul serio, non può assolutamente sopportare l'idea di diventare lo zimbello di tutto il parentado. Non può più resistere, spezza ogni timore, quasi non ascoltando più i dileggi del cugino, crede di avere già l'asso nella manica e si tuffa:

"Basta, basta," interruppe don Rodrigo, mezzo sogghignando, e mezzo annoiato. "Se volete raddoppiar la scommessa son pronto anch'io"

.

Di più non dice, *rimettendosi al giorno della decisione, e non volendo comunicare alla parte avversa disegni che non erano incamminati, né assolutamente fissati.*

La feroce canzonatura di Attilio ha sortito il suo effetto: quel disegno che non era ancora *incamminato,* adesso prende le prime mosse in un fermo impegno d'onore. Rodrigo il giorno dopo, forte dell'intento di riuscire, corroborato dagli *inchini,* dalle *accoglienze* e dal *canzonare del cugino, che avevano contribuito non poco a rendergli l'animo antico,* ritrovato se stesso, chiama il Griso e dispone la scellerata impresa del rapimento.

Il conte Attilio ha compiuto il suo gioco. Aveva detto: «*Convertito, cugino; convertito, vi dico. Io per me ne godo*». In quest'ultima frase «Io per me ne godo» sta il succo della personalità del diabolico conte Attilio.

La *fabula* ci parla di questo personaggio come di quello che ha istigato don Rodrigo che per l'opinione comune è l'antagonista. Qui nei PS la figura di Attilio ha preso i contorni di un personaggio che ha tutte le caratteristiche ed il profilo netto d'un essere umano. A lui non interessa un bel niente di Lucia, né che il rozzo cugino Rodrigo riesca o non riesca.

Egli, espressione solo della propria personalità originale, unica ed inimitabile, esprime se stesso, la necessità, quasi il bisogno di beffarsi della sua stessa vittima e di goderne. «Io *per me* ne godo». Egli ha inscenato lo spettacolo che ha per fine solo la sua realizzazione. Ci sembra di sentire il suo ghigno infernale rintronare nelle orecchie del debole Rodrigo, accecargli la ragione, trascinarlo per una china dalla quale non potrà più tornare indietro e goderne.

V. Attilio "presente" in Rodrigo nell'attesa dell'esito del rapimento (cap. XI)

Al punto II di questo paragrafo dedicato al conte Attilio, avevamo visto come il "rapporto-incontro" tra Attilio e Rodrigo fosse iniziato col quel primo fatale *rider forte*. Avevamo detto che da lì codesto rapporto si sarebbe avviato verso una *escalation* irreversibile sia da parte di Attilio che attiva il suo crescendo man mano che le occasioni gli si presentano, sia, in corrispondenza, da parte di Rodrigo che reagisce puntualmente con azioni conseguenti, fino a progettare il rapimento dell'oggetto della scommessa.

Ora, prima di vedere che cosa Attilio abbia detto e che cosa abbia fatto per indurre il cugino Rodrigo ad arrischiare tanto, facciamo un breve salto in avanti per vedere a quale livello di fascinazione è salito l'effetto Attilio. Andiamo a trovare il signorotto don Rodrigo che ha già dato il via all'operazione rapimento, e che adesso, «*al buio, in una stanzaccia disabitata*»[301], attende. – Detto in parentesi, quell'*al buio* e quell'altro *in una stanzaccia* ci danno visivamente la dimensione della natura grigia e spregevole del signorotto prepotente e mascalzone[302].

È la sera inoltrata, quasi notte, del 10 novembre. L'indomani sarebbe scaduta la scommessa. Rodrigo avrebbe potuto mostrare non solo che Lucia aveva ceduto alle sue lusinghe (il "come" per lui non ha importanza!), ma che addirittura era già nel suo covile!

Don Rodrigo attende teso. Si rende conto d'averla fatta grossa. Ma la cosa è fatta. Adesso ha paura. Ha bisogno di passare in rassegna «*tutte le precauzioni prese*» per sentirsi alleggerito[303]. Ma non basta. Non si

---

[301] Cap. XI.

[302] Dobbiamo necessariamente divergere dall'interpretazione che il Caccia (cit., p. 361, nota 4) fa di quel *al buio*: «povera quella potenza, che non può accendere nemmeno la luce nella propria stanza. È il solito tirannello fallito». Ci sembra proprio inidonea, primo, perché un 'fallito' non può permettersi tanto di servitù, manovalanza e *pranzi che vincono le cene d'Eliogabalo* (cap. V); secondo, perché al cap. VII il Manzoni ci racconta che «in que' contorni, non ce n'era uno che potesse, a mille miglia, competer con lui [...] di ricchezze»; terzo, era assolutamente necessario stare dentro al buio per potere meglio scorgere fuori di notte l'arrivo della bussola.

[303] «[...] pieno d'impazienza e non privo d'inquietudine, non solo per l'incertezza della riuscita, ma anche per le conseguenze possibili; [...] S'andava però rassicurando col pensiero delle precauzioni prese per distrugger gl'indizi, se non i sospetti» (cap XI).

© ARMANDO EDITORE. La fotocopia non autorizzata è reato.

sente sicuro. Si immagina già una pendenza penale. Controlla se in effetti il podestà non possa essere impulsivo. Non lo è. E spera che non sia tanto forsennato[304] da rischiare di perdere l'amicizia di un così generoso signore (superfluo ricordare la sua presenza parassitaria al convito di don Rodrigo[305]). Non gli resta che esaminare se le autorità sovraordinate, quelle di Milano, possano nuocergli. E trova subito una risposta da par suo:

"Chi sa che ci siano? Son [*sc.* Lucia, Renzo, e gli altri 'contadini'] come gente perduta sulla terra; non hanno né anche un padrone: gente di nessuno[306]. Via, via, niente paura"[307].

Adesso la preda la vede già tra le sue fauci. Accantonati i timori, può sentirsi già di nuovo *padrone* e il pensiero gli corre spontaneo: Attilio! sbalordirlo subito col suo trofeo, mostrargli cosa sa fare:

"Come rimarrà Attilio, domattina! Vedrà, vedrà s'io fo ciarle o fatti"[308].

Certo, egli pensa ad Attilio perché voleva pur vincere la scommessa, ma questo «*vedrà, vedrà s'io fo ciarle o fatti*» è indice inequivocabile del suo timore, del suo assillo quasi infantile di mostrare al cugino che sa fare quello che dice, dando così anche atto della propria inettitudine e del condizionamento del cugino Attilio. Più avanti, dinanzi all'impresa fallita, dirà al cugino: «Pensavo di farvi rimanere!».

Quel *"con costei non ci riuscirai mai"*, che avevamo ipotizzato nell'analisi della *passeggiata* (punto II), sembra che gli si sia piantato nel cervello senza dargli un attimo di tregua. Attilio scorre ormai nelle vene di Rodrigo e l'ha posseduto. Ora Rodrigo non ha di suo più nulla. Il crescendo delle sue follie raggiunge una delle soglie più alte, se, subito dopo, per un improvviso, imponderabile pericolo:

---

[304] «La giustizia? Poh la giustizia! Il podestà non è un ragazzo né un matto» (Cap. XI).

[305] Cap. V.

[306] Se solo volessimo farci un'idea del realismo descrittivo con cui l'autore ci caratterizza il suo personaggio, con cui ci presenta un uomo della realtà universale umana, ci basterebbe solo questo.

[307] Cap. XI.

[308] *Ibid.*

"E poi [...] se mai nascesse qualche imbroglio [...] che so io? qualche nemico che volesse cogliere quest'occasione [...]"[309].

così si esprime:

"[...] anche Attilio saprà consigliarmi: c'è impegnato l'onore di tutto il parentado"[310].

È, a nostro avviso, una delle punte più drammatiche. Ci sembra di vedere codesto essere dagli occhi infocati e la pelle lucida di viscide squame scivolare con sorriso mellifluo tra le braccia di Rodrigo che lo guarda con tenero sguardo ansioso pieno di domande.

Attilio dunque è ormai l'unica ragione della sua esistenza. Potentemente presente durante l'attesa dell'esito della missione, rappresenterà la sua àncora dopo la notizia disastrosa dell'inaspettato fallimento. Di ciò vogliamo occuparci nel punto VI che segue.

Nel punto VII vedremo infine codesto concetto di "onore personale" quale ruolo giocherà. Il concetto di onore di tutto il parentado invece l'abbiamo visto all'opera durante il colloquio col conte zio nel punto I.

VI. Attilio con Rodrigo subito dopo il fallito rapimento (cap. XI)

Prima che don Rodrigo incontri il conte Attilio, vogliamo vedere in che stato e situazione si trovi il mandante del rapimento fallito. Sappiamo che alla decisione di rapire Lucia don Rodrigo era giunto durante le implacabili canzonature del cugino Attilio, che immaginava e/o temeva un don Rodrigo che avrebbe rinunziato a perseguire i suoi intenti grazie, o a causa – dipende dai punti di vista – dell'intervento persuasorio del frate cappuccino. Cosa intollerabile per Rodrigo che voleva apparire di tutt'altra lega. Egli, abituato alla gente della sua contrada, che lo riveriva e lo scappellava con rispetto e con timore[311]; abituato ai dottori e ai podestà che, celebrando i pranzi «dell'illustrissimo signor don Rodrigo che vincono le cene d'Eliogabalo»[312] anche durante la carestia (!), vendevano la propria onestà in cambio di banchetti a sbafo, si era modellato

---

[309] *Ibid.*
[310] *Ibid.*
[311] Cfr. cap. VII.
[312] Cap. V.

© ARMANDO EDITORE. La fotocopia non autorizzata è reato.

una opinione di sé tanto abnorme quanto pervicace, che tendeva ad assolutizzare qualunque cosa riguardasse la sua persona. Di essere addirittura ridicolizzato è quanto di più mostruoso gli possa capitare e proprio da quel cugino al quale egli, come ospitante, cerca di mostrare le meraviglie della sua casa e del suo padrone, in primo luogo la capacità di disporre di tutto e di tutti e non solo dell'ossequio. Con tutto quest'apparato si aspetta di sbalordire il cugino, cui, però, da quel bellimbusto cittadino qual mostravasi, non importa più di tanto e se ne fa beffe. La rabbia di Rodrigo aumenta, il dileggio di Attilio aumenta. Il gioco entra nella dimensione demoniaca perché c'è di mezzo la pelle di un'innocente. In questa situazione gli scherni di Attilio da una parte e la furia animalesca di Rodrigo dall'altra assumono volta per volta lineamenti tragici o grotteschi.

Don Rodrigo, accecato dall'intento di mostrare finalmente al cugino quanto egli valga, aspetta quindi il Griso e il risultato della sua missione con la trepidazione che possiamo immaginare. Fallire col cugino significa fallire con se stesso, vedere crollare i ponteggi su cui s'appoggia tutta la sua immagine, perdere il credito ed insieme il rispetto. Sicché, quando vide il Griso rientrare con i suoi scherani senza la bussola, ebbe un colpo:

"E la bussola? Diavolo! Dov'è la bussola? [...] Diavolo! [...] Diavolo!"[313];

Il terreno gli scivolò improvvisamente da sotto i piedi. Alla derisione inevitabile di Attilio si aggiunge adesso il sospetto cocente di una qualche spia temeraria che avrebbe ardito giocare il Griso ed il suo padrone messi insieme. Due cose che per don Rodrigo esorbitano da ogni razionale tolleranza e immaginazione. Si sente disperato e perduto: aveva osato un'azione a cui non avrebbe creduto di poter mettere mano, tanto era audace; ma l'aveva tentata, aveva rischiato, aveva cercato in tutti i modi anche di cancellare ogni indizio, ed adesso avrebbe, per tanti rischi, voluto almeno vedere qualche risultato, quasi lo pretendeva. Diavolo! E adesso?

Con questo stato d'animo trascorre la notte. La mattina seguente, come il naufrago s'aggrappa al legno che gli dà un po' di speranza pur vedendolo irto di chiodi arrugginiti, che gli faranno senza scampo sanguinare mani e braccia, cerca *subito* di Attilio. Incurante ormai del giu-

---

[313] Cap. XI.

bilo con cui Attilio gli grida «san Martino!»[314], don Rodrigo gli si avvicina, e con l'atto di chi, sprofondando su una poltrona, dà plasticamente l'idea d'essere finito, gli confessa distrutto:

"Non so cosa vi dire, [...] pagherò la scommessa; ma non è questo quel che più mi scotta. Non v'avevo detto nulla, perché, lo confesso, pensavo di farvi rimanere stamattina. Ma [...] basta, ora vi racconterò tutto";

In pratica don Rodrigo si consegna nelle mani del cugino. Accetta di umiliarsi di fronte a chi ha dileggiato la sua baldanza, pur di accattonare un qualunque suggerimento, se non proprio aiuto, che lo possa trarre fuori da quella disgraziata e disperata situazione. E qui Attilio, sornione, non aveva sperato altro («*ogni tanto non poteva tenersi di non rider sotto i baffi, di quella bella riuscita*»[315]). Non solo tirando in ballo il padre cappuccino e configurandolo come corresponsabile di tale fiasco rifonde coraggio al cugino Rodrigo, ma lo invoglia a perseverare a tutti i costi nell'impresa, prospettandogli la propria collaborazione per un intervento "in alto" che possa conseguire una messa fuori gioco del padre cappuccino. E si presenta come il solito gagliardo bastonatore che non avrebbe avuto la stessa *sofferenza*[316] nei riguardi di quel cappuccino "insolente", e si presenta anche come abile intrigante nel far pregustare al cugino Rodrigo i modi e le maniere con cui riuscirà ad abbindolare il conte zio per farlo lavorare per lui. E qui confessa che farlo lavorare per lui è un vero divertimento! E ci crediamo. Attilio ridà vigore a Rodrigo dimostrandogli di avere le idee molto chiare e offrendogli anche aiuti concreti, ma non esentandolo da beffardi provocatori esibizionismi che sono l'alimento della sua giornata:

"Sapete, cugino," disse guardandolo, meravigliato, il conte Attilio, "sapete, che comincio a credere che abbiate un po' di paura? Mi prendete sul serio anche il podestà [...]

[...]

Sapete cosa mi basta l'animo di far per voi? [...] [farò] visita al signor podestà [...]. Butterò poi là qualche parolina sul conte zio del Consiglio segreto [...] ci anderò, e ve lo lascerò meglio disposto che mai"

Attilio va via. Rodrigo resta ad aspettare il Griso con la relazione. Il

---

[314] *Ibid.*
[315] *Ibid.*
[316] *Ibid.*

© ARMANDO EDITORE. La fotocopia non autorizzata è reato.

suo cuore è già pieno di trepida attesa. La spiegazione del mistero della scomparsa di Lucia potrebbe dargli la possibilità di ritentare il colpo. La dimostrazione di abilità e di audacia, le promesse di aiuto, la ridicolizzazioni di eventuali paure, hanno messo don Rodrigo di nuovo in carreggiata, di nuovo incastrato in una situazione dalla quale non può uscire senza rendere pesantemente conto al cugino che così "generosamente" si è prestato ad aiutarlo.

Durante e dopo questo incontro Rodrigo è già pronto per il prossimo passo, fatale.

VII. Come Attilio istigò Rodrigo a rischiare il suo ultimo atto (cap. XVIII)

Siamo all'epilogo del "caso don Rodrigo".

Saputo che Lucia si era rifugiata a Monza separandosi da Renzo, diretto alla volta di Milano in un altro convento, don Rodrigo «sentì rinascere un po' di quella scellerata speranza d'arrivare nel suo intento»[317], e mandò di nuovo il Griso in cerca di dettagli. Mentre si attende il suo ritorno – siamo al capitolo XVIII e nel frattempo il narratore ci ha raccontato della carestia, dei tumulti di Milano, dell'ingenuo autocoinvolgimento in essi da parte di Renzo con conseguente ordine di cattura – Attilio, finita la sua villeggiatura presso il cugino don Rodrigo, prolungata fino ai primi segni che la rivolta s'era stemperata – non volendo, ci dice il Manzoni, «ricever bastonate»[318] (lui, il grande "bastonatore"!) da qualcuno che avesse voluto vendicarsi approfittando della sommossa –, partì per rientrare a Milano. Ma prima di partire continua a mantenere attivo il suo gioco, «animando il cugino a persister nell'impresa, a spuntar l'impegno, e promettendogli che, dal canto suo, metterebbe subito mano a sbrigarlo dal frate»[319].

La scommessa è già dimenticata. Ciò ci dice quanto ben poco essa contasse negli intenti di Attilio. Anzi è una conferma che il suo scopo era solo quello di cacciare il cugino sempre più dentro il vicolo cieco per scopi puramente ludici anche se cattivi. E adesso ritroviamo Attilio in un singolare atteggiamento, che potrebbe sorprenderci, se non lo conoscessimo già. A contatto di Rodrigo, per la prima volta non ci sono beffe né canzonature! Non ne ha bisogno più. Rodrigo era stato già lanciato poco prima, subito dopo il rapimento fallito. Adesso il diabolico bur-

---

[317] Cap. XI.
[318] Cap. XVIII.
[319] Ibid.

lone continua la sua farsa fingendosi amico e collaboratore. Mentre prima *animava* il cugino non scopertamente, perché allo scopo usava gli efficacissimi motteggi, adesso che don Rodrigo si è, come abbiamo visto, rimesso nelle sue mani, Attilio può agire allo scoperto. Rodrigo non potrà più tirarsi indietro. Ecco l'intimo motivo del «*rinascere della scellerata speranza*» (che lui dinanzi all'innominato chiamerà "onore"[320]).

Per tutto l'arco delle sue entrate in scena il comportamento di don Rodrigo è sempre in divenire: dopo ogni sua azione non avremmo potuto prevedere le mosse successive, né tanto meno che – *extrema ratio* – si sarebbe rivolto ad un criminale professionista come l'Innominato.

Se adesso troviamo don Rodrigo lanciato ciecamente verso il traguardo finale, è in seguito ad una *escalation* di azioni e reazioni, i cui gradi non sono percorsi all'interno di un processo personale fatto di iniziative, di movimenti spontanei della coscienza e dalla volontà, di un piano, di un programma che possa fare pensare che agisca all'interno di una trama, ma dal timore di perdere l'immagine prima, e dall'ansia di salvare l'onore – cosa per lui molto più ampia –, dopo. La trama, come abbiamo già detto nella prima parte è molto evanescente.

Si è sentita durante tutti i passaggi, durante il crescere dei moti dell'animo di don Rodrigo, la presenza di una regia invisibile, ma anch'essa improvvisata volta per volta, recitata a soggetto, implacabile, che ha fatto leva sulla crescente paura del clamore di un fiasco, di perdere la rispettabilità e quindi il comando (cosa tipica di tutti i boss). Si è sentita la presenza di un sentimento che agisce in modo penetrante, che sopraffà la vittima fino a provocarne la morte spirituale. Si è avvertita la sensazione di un fattore imponderabile, l'esistenza di un virus che vaga tra gli uomini alla ricerca del più debole da colpire. Potrebbe essere il corrispondente del *deus absconditus* che si conosce leggendo il paragrafo sul Nibbio?

Don Rodrigo, infettato da questo virus che gli corrode il sangue, riceve la notizia che Lucia trovasi al sicuro nel convento tal dei tali, sotto la protezione della signora monaca tal dei tali a Monza. Ed è in questo stato quando pensa di abbandonar tutto e di distrarsi con gli svaghi ed i sollazzi a Milano con i suoi amici per dimenticare l'impresa, resosi conto che il monastero di Monza «*era un osso troppo duro per i suoi denti*»[321]. Ma proprio il pensiero di questi amici e la prospettiva «*di trovar nella loro compagnia nuovi dispiaceri; perché Attilio certamente avrebbe già preso la tromba, e messo tutti in aspettativa*», aggiunti allo

---

[320] Cap. XX.
[321] Cap. XVIII.

© ARMANDO EDITORE. La fotocopia non autorizzata è reato.

«*sfregio d'un colpo fallito*»[322], come sarebbe stato inteso dai villani del suo paese, gli fanno trovare, senza più esitare, la soluzione al problema: l'Innominato, l'unico bandito in grado di espugnare quella fortezza assolutamente imprendibile per il provincialotto don Rodrigo.

Così, decide. Ma quasi contemporaneamente si pente! Andare da quell'uomo è troppo rischioso. Non solo ne resterebbe obbligato e fortemente vincolato, ma rischierebbe di perdere quella libertà di movimenti a cui non aveva voluto rinunziare. In fondo, ci informa il narratore

> Don Rodrigo voleva bensì fare il tiranno, ma non il tiranno salvatico: la professione era per lui un mezzo, non uno scopo: voleva dimorar liberamente in città, godere i comodi, gli spassi, gli onori della vita civile; perciò bisognava che usasse certi riguardi [...][323].

Don Rodrigo, quindi, non aveva mai avuto intenzione di vivere alla macchia perseguito dalla giustizia e perdere i piaceri della vita mondana. Come può improvvisamente avere ignorato tutto ciò? Sta quindi per pentirsi *in extremis*, quando gli arriva una lettera del cugino Attilio quasi contemporaneamente alla notizia del trasferimento di padre Cristoforo: la promessa di aiuto di Attilio! E la lettera «*faceva un gran coraggio e minacciava di gran canzonature*»[324]. Don Rodrigo è definitivamente conquistato, nonostante una piccola esitazione di chi ha veramente paura; quella paura di chi ci ha mostrato di avere il negativo di una personalità mentre il positivo veniva continuamente fornito, imposto dalla sua contro immagine, il cugino Attilio; quella paura, che nonostante le ultime minacce di *gran canzonature* che lo hanno irretito fino a questo punto, ci dà il segno della debolezza della condizione universale umana, della sua miseria, del suo infinitesimo microcosmo. Questa paura squisitamente umana, che sarebbe stata l'unica a poterlo salvare, è riuscito invece don Rodrigo sciaguratamente a credere di avere superato quando gli arriva la notizia che Agnese era tornata a casa sua: «*un impedimento di meno vicino a Lucia*»[325].

Don Rodrigo, in preda al furore demoniaco innescatogli dal conte Attilio, cieco negli occhi e nell'anima, compie il suo salto.

Il conte Attilio morirà di peste. Suo cugino due giorni dopo[326]. Sembra che don Rodrigo, orbo di cotanta anima, non sia riuscito a sopravvivergli più di tanto.

---

[322] *Ibid.*
[323] Cap. XIX.
[324] Cap. XVIII.
[325] *Ibid.*
[326] Cap. XXXIII.

CONSIDERAZIONI CONCLUSIVE

AUTONOMIA E UNIVERSALITÀ EPICA.
IL ROMANZO IMPOSSIBILE

Il discorso sui personaggi dei *Promessi Sposi* strettamente connesso, interdipendente, con quello del cattolicesimo del loro autore, o meglio con la connotazione religiosa con cui il Manzoni era conosciuto alla prima pubblicazione del romanzo (e con la quale viene identificato ancora oggi) ci ha condotto attraverso l'analisi del personaggio a una rideterminazione "religiosa/morale" del romanzo, del Manzoni e dei personaggi stessi, diversa da quella tradizionale, possiamo ben dire, a un capovolgimento di vedute.

Nella prima parte, esaminando e discutendo l'itinerario che la critica ha percorso a partire dalle prime reazioni alla pubblicazione della prima edizione del romanzo (1827), si è dovuto notare che il discorso critico si muoveva costantemente dietro il presupposto di *identità* ideologica tra autore e personaggio, facendo dei *Promessi Sposi* un romanzo di parenetica cattolica attraverso personaggi-veicolo del pensiero dell'autore. Questa posizione critica si è indurita lungo i decenni ed è arrivata fino ad oggi pressoché invariata. Alla pubblicazione del suo romanzo il Manzoni già era per tutti un cattolicissimo poeta, autore di notevoli opere di celebrazione religiosa. E considerato che alcuni personaggi del romanzo mostrano una religiosità indubitabile, fervida, aperta, intensa, impregnata di dottrina e di fede cattolica in perfetta consonanza con il clima di Controriforma che all'inizio del secolo XVII investiva la chiesa cattolica, è comprensibile come sia stato facile scambiare il romanzo per un'ulteriore opera parenetica.

Mettendo in evidenza e analizzando i passaggi salienti con cui la critica manzoniana ha voluto sottolineare l'intenzionalità dell'autore dei *Promessi Sposi* a fare del suo libro un mezzo di propaganda religiosa, si

© ARMANDO EDITORE. La fotocopia non autorizzata è reato.

è trovato che i risultati a cui essa man mano perveniva non avevano un così evidente riscontro oggettivo con la realtà del testo. Non solo. Ma si è rilevata invece un'attenta cura da parte dell'autore a rendere inequivocabile la propria estraneità agli atti, ai pensieri e alle parole di questo o quel personaggio e in modo particolare quando si è trattato di atteggiamenti o esternazioni di carattere religioso e/o morale.

L'identità tra personaggio ed autore, ostinatamente affermata dalla critica, è risultata immotivata e velleitaria e spesso ideologicamente tendenziosa. L'analisi dell'autonomia del personaggio ha rivelato che tra le opere del Manzoni precedenti il suo romanzo, che apertamente celebrano la religione e la morale cattolica, e i *Promessi Sposi* c'è un netto, inequivocabile e solido discrimine. La "connotazione religiosa" con cui era ed è conosciuto il romanzo ed il suo autore attraverso l'esame diretto del personaggio è risultata infondata ed errata.

Chiarissimo si è reso il piano della religione cattolica tradizionale dai religiosi predicata e dalla popolazione dei credenti abbracciata. E altrettanto chiaro il piano dell'autonomia. Si è ritrovato un personaggio libero di credere quello che vuole e un autore che non solo concede tale libertà ma la rispetta non interferendo nemmeno con giudizi personali extradiegetici. La fede religiosa cattolica professata da alcuni personaggi ruota attorno all'asse del concetto di Provvidenza, su cui non si può discutere. O si crede o non si crede. I personaggi religiosi e quelli pii ci credono. Se ci creda o non ci creda il Manzoni è un altro discorso che non si è comunque potuto evincere dal comportamento e dalle parole dei personaggi, nemmeno attraverso don Abbondio che addirittura fece un'apologia della peste quale strumento della Provvidenza per spazzar via la gramigna! E anche qui il Manzoni è estraneo a ogni conclusione più o meno soggettiva. Abbiamo visto Don Abbondio personaggio limpidamente autonomo, creato libero di credere quel che vuole anche che la Provvidenza si preoccupi del suo problema personale, e profondamente intriso di universalità epica allorché soffre e lo sentiamo soffrire della sua paura.

Attraverso l'affermazione dell'autonomia si è potuto implicitamente dedurre l'irrilevanza della Provvidenza al di fuori del semplice credo a fini consolatori del fedele, ove per quanto riguarda la definizione del senso della vita è notevole invece, proprio perché siamo in ambiente di autonomia, il quoziente di determinanza del fattore casualità, la quale, unita all'azione spontanea dell'uomo, costituisce il corso degli eventi.

L'autonomia che il poeta ha concesso al personaggio significa assenza di predeterminazione esattamente come ogni uomo della realtà umana che riceve dal suo Creatore-Natura oltre alla luce della vita anche quella della libera scelta del suo destino che comprende anche il credo, nonché la speranza a un prolungamento più o meno eterno della sua esistenza dopo quella terrena.

La raffigurazione del personaggio manzoniano accanto all'autonomia presenta una caratteristica che è connessa con essa ma che affonda le radici nelle peculiarità molteplici, individuali e universali della natura umana. L'autonomia del personaggio dei *Promessi Sposi* è direttamente legata alla sua universalità.

Il gesto di Renzo, che dà in elemosina gli ultimi suoi spiccioli insieme alla nota esclamazione «La c'è la Provvidenza!» da un lato evidenzia l'esternazione del suo credo personale, l'autonomia, dall'altro con questi sentimenti (*gli era venuto più di confidenza per l'avvenire*) gli consente di entrare nel mondo epico della rappresentazione universale. L'autore si è dissolto nel suo personaggio, l'ha vivificato con lo spirito della sua creatività poetica, e così facendo assieme all'autonomia gli ha donato anche le proprie umane, naturali caratteristiche universali. Renzo crede e vuole credere in quello che la chiesa gli predica, ma non si limita a fare solo una buona azione, egli, dopo la sua buona azione ed in conseguenza di ciò, sente anche una tenera fiducia nel domani pur incerto, ha l'ottimismo di chi crede di poter uscire dalle angustie di una vita dolorosa e breve proiettando la realizzazione del desiderio istintivo in una continuità infinita ultraterrena, e così facendo, con una tale «*confidenza per l'avvenire*» le angustie diventano meno stringenti. Il concetto di universalità è l'ispirazione poetica ben lontana dalla celebrazione dell'ideologia cattolica. Qui si può parlare senz'altro di *identificazione naturale* tra personaggio ed autore, il quale, *adattandosi al genio* dei suoi "porcellini d'India", ha concesso loro il riconoscimento totale dell'autonomia, che estende le radici nella natura stessa dell'uomo, obiettivo primario o ispirazione poetica e artistica di tutto quanto il romanzo.

Di rimando il nostro lavoro non poteva essere una galleria di personaggi, tantomeno di "tipi". Per il nostro esame abbiamo scelto quei personaggi che la critica ha strumentalizzato per dimostrare le sue posizioni ideologiche ovvero quelli del tutto ignorati. L'autonomia però rende ai personaggi pari dignità, artistica, poetica, narrativa e quindi epica. La suddivisione tradizionale in personaggi maggiori, minori o in protagonisti si è dissolta col dissolversi del personaggio conduttore di un ruolo come è in effetti nella volontà della natura umana.

Riprendiamo per un attimo *il barrocciaio*, per ritracciare in succinto tale significazione.

© ARMANDO EDITORE. La fotocopia non autorizzata è reato.

Dopo la sua dichiarazione di disinteressata carità, che corrisponde al primo livello, quello della descrizione del personaggio quale portatore delle credenze religiose tradizionali, questo barrocciaio tornando al suo paese racconta ad un amico la sua prodezza. Qui si è già in ambito di spirito epico del personaggio. Subito dopo l'espressione in proprio del credo religioso egli è passato involontariamente e istintivamente a testimoniare la porosità di quel credo fatto di consuetudini e di abitudini. Se la sua fosse stata convinta espressione di fede, avrebbe dovuto tacere, cosa che avrebbe richiesto un po' di sacrificio certamente più meritevole che non la rinunzia alla mancia. Ma proprio in quel punto e in quel momento è entrato in azione l'uomo, la sua debolezza, il suo desiderio intimo ed istintivo di avere un riconoscimento, di sentirsi ammirato come un mezzo eroe. La voglia di avere questo premio terreno immediato e sicuro è molto più forte di quell'altro lontano ed incerto che la fede gli "promette" soltanto. Manzoni vi ha trasferito la propria natura umana fatta di epos e di poesia e nella sua qualità di creatore l'ha fatto a immagine e somiglianza di se stesso. Il barrocciaio diventa un uomo autonomo, indipendente ed appartenente al consorzio universale cui tutti gli uomini appartengono. Egli è posto dall'autore sullo stesso piano epico di, per esempio, don Abbondio. A questo punto non ha senso parlare di questi come personaggio principale e di quegli come secondario. Qui la "cattolicità" del Manzoni è allo stato puro, è concezione universale.

Il nostro procedimento di evidenziazione delle modalità volte a stabilire l'autonomia del personaggio l'abbiamo esteso poi a personaggi presi tra quelli non appartenenti alla "verità storica" (trascurando quindi di proposito personaggi come Ferrer, il gran cancelliere o il principe padre di Gertrude) ma a quella "verità inventata" del romanzo. Potremmo esaminare *tutte* le figure, perverremmo agli stessi risultati data la presenza nel romanzo della rappresentanza epica di tutta la realtà umana. Detto procedimento di evidenziazione ci ha dato la possibilità di verificare induttivamente che l'estraneità dell'autore alle parole e quindi al comportamento ed al pensiero dei suoi personaggi è generale, e che si può quindi parlare di autonomia di tutti i personaggi dei *Promessi Sposi* e di conseguenza di universalità di ispirazione poetica.

La parte che esamina direttamente alcuni personaggi che presentano più o meno aspetti religiosi o connessioni con il libero arbitrio, ha messo in evidenza quei profondi aspetti umani che svincolano il personaggio da una qualunque trama del romanzo per assimilarlo all'uomo.

La descrizione del personaggio corre in conclusione su tre piani. Il primo è quello della sua appartenenza ad una *fabula* e sembra che abbia un ruolo, quando invece non fa altro che reagire ad un coinvolgimento più o meno lungo. Il personaggio, se è un religioso, si comporterà da religioso in perfetta armonia col proprio stato e con la propria epoca, come peraltro anche i laici. Il secondo piano è quello dell'autonomia. Il personaggio mostra degli atteggiamenti di sua esclusiva paternità svincolati da compiti di conduzione di una trama, che così risulta inesistente o quanto meno labile. Il terzo piano è quello dell'universalità. Il personaggio mostra delle peculiarità umane che lo assimilano all'uomo e gli danno l'identificazione di essere universale che esprime solo se stesso, anche con le sue debolezze e le sue pecche, ma sempre unico e inimitabile. Il Manzoni "cattolico" estende la sua visione del mondo e della vita al di là e al di sopra di qualunque limite ideologico dottrinario per espandersi sul terreno epico dell'animo umano, che è vasto, molteplice e sconfinato.

La mancanza di ruoli da parte del personaggio dà conseguentemente al romanzo il profilo di *romanzo impossibile*, come abbiamo anche per altri versi già sottolineato nel corso del nostro lavoro. Nessun personaggio tende in effetti allo sviluppo o svolgimento di una qualche trama, e proprio come nella vita umana l'azione dell'uomo è più determinata da casualità o dalla libera scelta, comunque ad essa connessa, e solo a scadenza così breve, che non si può parlare di finalità.

Il concetto di Provvidenza resta totalmente escluso dalla realtà attiva del romanzo ovvero dalla realtà della concezione artistica dell'autore. La vita risulta avere un senso solo nel microcosmo della coscienza di ogni individuo in assenza di una finalità esterna all'Io.

Ne consegue che la religiosità cattolica tradizionale fatta di fede e Provvidenza finisce nel Manzoni con la pubblicazione degli *Inni* Sacri, dell'*Adelchi* e delle *Osservazioni sulla Morale Cattolica* o meglio con il 24 aprile 1821, data di inizio della prima stesura di quel romanzo che nel 1827 prenderà il titolo di *I Promessi Sposi, Storia Milanese del secolo XVII*.

La trattazione dell'esame dei personaggi è stata alcune volte accompagnata da paralleli con il *Fermo e Lucia*. Il confronto spesso sinottico con questa bozza ci ha confermato l'attenzione minuta dell'autore alla rappresentazione di un personaggio identico alla reale vita dell'uomo, il quale vive la sua *fabula* ogni giorno, senza piani a lunga scadenza ed a maggior ragione senza predestinazione. L'avventura melodrammatica presente in *Fermo e Lucia* è svanita nei *Promessi Sposi* dove lo svolgimento di una *fabula* è solo apparente. Il "romanzo", ed anche "storico", è stato solo un pretesto. Non c'è nessun personaggio che intessa un'azione finalizzata allo svolgimento globale dell'evento. C'è una serie di segmenti che hanno un inizio ma che poco dopo si risolvono nel nulla.

© ARMANDO EDITORE. La fotocopia non autorizzata è reato.

La stessa famosa conversione dell'Innominato è la vicenda puramente personale di un criminale, di un uomo pentito.

La cura del personaggio così intensa è uno degli aspetti maggiormente rilevanti, evidenziata dal raffronto dei *Promessi Sposi* con il *Fermo e Lucia*. Essa scende nella profondità della natura umana, di ogni aspetto della natura umana attraverso un procedimento di scomposizione prismica all'infinito del proprio spirito e invade le miriadi di pieghe del personaggio, di ognuno dei suoi personaggi, da quello che appare solo quasi un attimo sulla scena della vita del "racconto" a quello che si vede più spesso, dal necroforo reietto ai porporati regnanti o ministri di Dio. Tutti ricevono dal Manzoni la stessa medesima dignità epica. In tutti scorre fluida l'anima della poesia.

C'è la materializzazione di quegli intendimenti che il Manzoni stesso aveva accennato nella lettera a M. Chauvet quando parlava di divinazione del poeta e in due lettere al Fauriel quando parlava di entrare dentro lo spirito del tempo e di considerare il modo di agire degli uomini nella loro realtà.

A questo punto risulta impropria e arbitraria la connotazione cattolica con cui il Manzoni dei *Promessi Sposi* è stato sempre oppresso. La concezione "religiosa" del Manzoni si svela e si dispiega, acquista un proprio volto, naturale, ove il senso e l'orientamento stesso della vita proviene dall'interno della volontà e dell'azione umana, cioè dalla propria autodeterminazione. Tra autore e personaggio c'è "identità" ove il personaggio, veicolando il sentimento dell'autore ne diviene lo strumento; nel nostro romanzo c'è invece limpida e indissolubile *identificazione naturale* ove l'autore donando al suo personaggio la propria universalità, lo rende libero e autonomo.

La libertà del personaggio di esprimere le proprie idee, la propria natura umana fatta di scelta autonoma del proprio destino e soprattutto di mancanza di predeterminazione – leggi "ruolo che un personaggio ha il compito di svolgere" – corrispondente in perfetto parallelo al concetto di predestinazione di fronte al libero arbitrio e ci dà la misura dell'ispirazione artistica e poetica del Manzoni.

PROVVIDENZA - CASUALITÀ - AZIONE DELL'UOMO

Padre Cristoforo – ritenuto dal Russo "figura ipostatica" del cosiddetto cattolicesimo del Manzoni, come dire che Manzoni si è servito di padre Cristoforo per esternare il suo proprio credo! – ha sempre predicato la fiducia nella Provvidenza, nei disegni benevoli del cielo che non lascia soffrire i suoi fedeli (anche i più pii!) se non per preparare loro una gioia più grande. Ma nella realtà della vita del romanzo la Provvidenza non gode dello stesso lustro delle parole predicate. L'azione del vecchio servitore – quello stesso che il Momigliano aveva definito vero e proprio segno della mano divina – ha fatto rischiare a Menico la vita e ha portato fra Cristoforo a organizzare una fuga che ha spedito Lucia invece dritta dritta nelle fauci del lupo e Renzo ad un passo dalla forca. Lucia è sfuggita al ratto solo grazie allo scampanio del tutto casuale del campanaro Ambrogio. Renzo è sfuggito alla morte grazie all'azione sua personale combinata con la casualità. Se l'Innominato si sia convertito per le parole, per quanto stracolme di fede, di Lucia e quindi per l'intervento della provvidenza, è opinabile perché il Manzoni ci lascia intendere [v. capitolo sul Nibbio] che sia stata la «*compassione*» di quel tagliagole del Nibbio a sconcertare ulteriormente quell'uomo in crisi «*già da tempo*». La presenza di Lucia e l'arrivo del cardinale nel paese dell'innominato proprio all'alba della famosa notte insonne del vecchio brigante che sfocia nella conversione devono essere attribuiti, secondo la logica testuale, al caso *e* al naturale sviluppo di un processo psicologico puramente umano. La Provvidenza viene ritenuta da don Abbondio autrice dell'arrivo della peste, che riceve dal pavido prete addirittura un'apologia per la sua funzione di *scopa* (!). La Provvidenza porterebbe anche il barocciaio da un lato ad esprimere la sua fiducia nel premio celeste in virtù della sua buona azione e del rifiuto della ricompensa, dall'altro lato a vantarsene e provocare una svolta catastrofica ai danni della stessa Lucia. Un "segno della Provvidenza" risulta il delitto di Lodovico – almeno nei pensieri di Lodovico stesso – che spinge l'omicida a farsi frate (!).

I "disegni divini" sono quindi palesemente fallimentari checché ne vogliano dire i seguaci del Momigliano e del Russo. Ma falliscono anche i piani e i disegni di quelle persone che agiscono non proprio all'interno della fiducia nella provvidenza: il piano di don Rodrigo, il progetto di Agnese di sorprendere il curato, l'intento di Renzo di trovare aiuto dal dottor Azzeccagarbugli ecc.

Ogni opera dell'uomo e ogni cosiddetto disegno divino sembra destinato a fallire[1].

Ora se noi ben consideriamo l'intessitura del romanzo non vi troviamo

---

[1] Giuseppe Petronio (1981), p. 620, invitando a non fidarsi dell'azione dell'uomo perché fallimentare, consiglia di affidarsi ai voleri divini, seguendo – secondo lui – l'insegnamento del Manzoni (!).

© ARMANDO EDITORE. La fotocopia non autorizzata è reato.

altro che l'assenza di una qualunque trama. Non c'è nessun personaggio che conduce un'azione in vista dello svolgimento di un'altra. Sembra che ogni movimento sia lì fine a se stesso. Renzo, definito anche dall'autore *quasi* il primo uomo della storia, è un granello di polvere trascinato dal soffio degli eventi. Padre Cristoforo dopo aver fallito viene anche neutralizzato. Don Abbondio è totalmente passivo. L'innominato ha i suoi problemi personali. Il cardinale è lì per caso. Lo stesso "movente" della *fabula*, comunemente attribuito alla voglìa libidinosa di don Rodrigo, è invece dovuto alla presenza casuale del cugino Attilio, che ha involontariamente provocato in don Rodrigo la voglia di esibirgli un saggio del suo strapotere in tutta la contrada. In pratica, se noi vogliamo ricostruire un filo conduttore, avremo dei problemi. Le azioni del romanzo sono degli spezzoni di vita e di eventi che si dissolvono nel trovare in sé entro limitatissimi confini la propria conclusione o che iniziano in un momento impreciso e poi si perdono nell'indeterminatezza dello scorrere del tempo, allorquando il personaggio che vi vive dentro se n'allontana. Il tradizionale intreccio strutturato e finalizzato alla soluzione di un problema è nei *Promessi Sposi* del tutto inesistente. Ed è logico che sia così in un romanzo in cui il personaggio non è portatore di ruoli proprio come l'uomo che nasce sulla terra senza un compito preconfezionato. L'unica logica che guida le azioni dell'uomo sembra costituita dalla presenza di eventi mossi soltanto da un'incalcolabile casualità. L'uomo è totalmente impotente dinanzi ad essa. I suoi programmi falliscono e passano senza rimedio. Non è possibile stabilire nessuna previsione, tanto meno è sensato affidarsi alla provvidenza, che è come dire, come abbiamo visto, affidarsi al caso. Il caso regna nelle vicende del romanzo come il caso regna nelle vicende dell'uomo. Senza ruolo sono i personaggi come senza predeterminazione è l'uomo.

Il romanzo, come tale, ribadiamo ancora, si configura come un non-romanzo, un *romanzo impossibile*.

FINALITÀ DEL ROMANZO O ISPIRAZIONE POETICA?

Se la casualità risulta l'elemento epico dominante nel romanzo cosa resta all'uomo che pur vuol credere nella propria azione (Agnese, Renzo, l'amico di Renzo, per es., o lo stesso padre Cristoforo)? È una domanda che adesso sinceramente vogliamo rivolgere al Manzoni. Una risposta esplicita diretta sembra che ce la dia alla fine del romanzo, al cap. XXXVIII, dedotta da Renzo e Lucia che hanno riflettuto sui loro casi:

Dopo un lungo dibattere e cercare insieme, conclusero [*sc.* Renzo e Lucia] che i guai [...] quando vengono o per colpa o senza colpa, la fiducia in Dio li raddolcisce, e li rende utili per una vita migliore. Questa conclusione, benché trovata da povera gente, c'è parsa così giusta, che abbiam pensato di metterla qui, come *il sugo di tutta la storia*. [corsivo nostro]

È in effetti *il sugo di tutta la storia*, quando per "storia" si intenda la *fabula* di Renzo e Lucia, cioè di due popolani che entrano *in toto* nella rappresentazione del personaggio laico compreso di religiosità cattolica tradizionale, di fede nella Provvidenza e fiducia nella magnificenza divina che non può non rendere grazia a chi in lei ha creduto, a chi ha nutrito e nutre *fiducia* in Dio. E questo è uno dei fondamenti della religione cattolica, espresso con una semplicità disarmante, con la stessa semplicità con cui Cristo parlava alla povera gente disperata indifesa e maltrattata che aveva bisogno di una parola di conforto e di speranza in un mondo dove la sopportazione dei mali sarà premiata e l'arroganza punita e perché questo mondo avvenga bisogna avere fiducia, appunto, fede, speranza, carità. Renzo e Lucia con questo loro senso religioso della vita esprimono la pienezza della predicazione cattolica di cui padre Cristoforo si faceva paladino e alfiere.

Tuttavia questa conclusione – sempre però sul piano della religione cattolica tradizionale –, nonostante fosse offerta dall'autore in persona, al Momigliano parve «una chiusa stanca», il quale invece si compiacque di sostenere che il "sugo" dei *Promessi Sposi* risiedesse nelle parole di fra Cristoforo che «esprimono la concezione manzoniana della vita e il suo ideale di felicità terrena»[2]:

"Ringraziate il cielo che v'ha condotti a questo stato, non per mezzo dell'allegrezze turbolente e passeggere, ma co' travagli e le miserie, per disporvi a un'allegrezza raccolta e tranquilla" (cap. XXXVI)

In queste parole il Momigliano oltre alla «concezione manzoniana della vita» trova «il senso cristiano del romanzo»[3]. Abbiamo già avuto modo di chiarire in quale stato di confusione si sia trovato il Momigliano nel prendere per opinione dell'autore le parole e le idee e i fatti dei personaggi. Poi non si capisce quale sia la diversità di vedute tra le parole di padre Cristoforo e le deduzioni di Renzo e Lucia testé citate, al

---

[2] Momigliano, *op. cit.*, p. 200.
[3] *Ibid.*

© ARMANDO EDITORE. La fotocopia non autorizzata è reato.

punto da risultargli queste ultime conclusioni *stanche*! Sono entrambe espressione di dottrina cattolica, almeno dell'epoca della controriforma, fatta di sopportazione e di speranza, di rassegnazione e di fede. Ma mentre il Manzoni, coerentemente con la sua ispirazione poetica del romanzo specchio di autonomia e di universalità epica del personaggio, si limita a riferire il sugo dedotto dai due ormai non più *Promessi Sposi* e ad adottarlo come «sugo di tutta la storia», allorché si corra, ripetiamo, sul piano della religione cattolica tradizionale rappresentata dai personaggi all'interno della loro *fabula*, il Momigliano si arroga la pretesa di "correggere" l'autore indicandogli che «*questo* è il senso cristiano del romanzo»[4] cioè quello contenuto nelle parole di fra Cristoforo!

Ma il Momigliano, oltre alla storpiatura di confondere le parole dei personaggi con il pensiero dell'autore, non ha neppure avvertito che andando alla ricerca di *sughi* della storia, ne ha, per rimanere in tema, sorvolato uno che molto di più potrebbe occorrere alla bisogna. Nello stesso capitolo XXXVIII, verso la fine, sembra che ci sia un'altra risposta alla nostra domanda. Ci viene offerta per bocca dell'*anonimo*. È la similitudine del letto dell'infermo:

> «L'uomo fin che sta in questo mondo, è un infermo che si trova su un letto scomodo più o meno, e vede intorno a sé altri letti, ben rifatti al di fuori, piani, a livello: e si figura che ci si deve star benone. Ma se gli riesce di cambiare, appena s'è accomodato nel nuovo, comincia, pigiando, a sentire, qui una lisca che lo punge, lì un bernoccolo che lo preme: siamo in somma, a un di presso, alla storia di prima. E per questo, soggiunge l'anonimo, *"si dovrebbe pensare più a far bene, che a star bene: e così si finirebbe anche a star meglio"*. È tirata un po' con gli argani, e proprio da secentista; ma *in fondo ha ragione*» [corsivo nostro]

Se andassimo anche noi in cerca di "sughi" del romanzo o, con altre parole, di "finalità", potremmo dire che anche questa chiusa del romanzo ha lo stesso diritto di essere presa in considerazione di quella di Renzo e Lucia, tanto più che è suffragata addirittura da quel *in fondo ha ragione*. Anzi è lecito dire che in quel *pensare a far bene* c'è da un lato l'esortazione a non dedicarsi con eccessiva e delegata fiducia alla Provvidenza, dall'altro l'assenza indiscutibile di un qualsiasi secondo obiettivo. Cosa che per la sua coerenza con tutto il modo di essere del personaggio, si è lì lì dall'assumerlo come particolarmente valido, dal momento che l'uomo non ha nessun potere nel fissare il proprio destino e dal momento che nessun destino è fissato per lui, oltre evidentemente

---

[4] *Ibid.*

alla morte naturale. *Pensare a far bene* significherebbe in fondo tutto quello che fra Cristoforo ha fatto senza però subordinarlo alla salvezza della sua anima. L'azione dell'uomo intesa al bene altrui è la condizione per raggiungere quello stato di serenità e di gioia interna che alcuni chiamano paradiso e che altri chiamano *star bene*. In questo senso si sta certamente *meglio*. Questa conclusione, dopo avere scartato *tout court* la "conclusione" del Momigliano perché ideologizzata, gratuita e infondata, ha due elementi intrinseci che la differenziano da quella di Renzo e Lucia e la rendono più concreta. Primo, non è espressa da un personaggio ma dall'*anonimo*, che spesso funge un po' come da *coro*, secondo contiene un elemento attivo, esorta a *fare* del bene, l'altra consiglierebbe di affidarsi fiduciosamente alla Provvidenza e sperare. Questa pertiene il personaggio religioso o il pio, quella costituisce il motore dell'azione dell'uomo esente da predeterminazione.

È una chiave di lettura che tocca da vicino l'interpretazione generale "religiosa" del personaggio e del romanzo stesso.

Con il suo personale avallo («*in fondo ha ragione*») non significa che il Manzoni conformi così i suoi personaggi e la struttura del suo racconto nell'intento giacobino di svalutare il credo nella Provvidenza – abbiamo visto che ciò riguarda l'obiettività della narrazione, la libertà dell'uomo di credere quel che vuole o di non crederci. Si vorrebbe invece sottolineare che la propria sicura salvazione l'uomo la troverebbe in gran parte nella fiducia nelle proprie opere, nell'intelligenza e nello spirito autonomo di intraprendenza svincolato da dogmi, dottrine e ruoli. E qui "*ci sarebbe*" la risposta alla nostra domanda al Manzoni.

Tuttavia né la conclusione di Renzo e Lucia né questa dell'*anonimo* possono essere considerate le "finalità" del libro. Quella di Renzo e Lucia può considerarsi "la morale della favola". E ci sta bene. Noi abbiamo visto nel corso del nostro lavoro che il personaggio si articola su più livelli, il piano dell'intreccio apparente, come nel caso per esempio del barrocciaio il cui vanto dinanzi all'amico serve per mantenere in gioco la *fabula*, e il piano della rappresentazione del personaggio, della sua personalità, delle sue singolari caratteristiche umane fatte di autonomia ed universalità, come appunto nell'esempio del barrocciaio ove si accosti la dichiarazione di fede con la debolezza umana dell'azione pratica che rende nullo l'atto di fede.

La conclusione dell'*anonimo* è certamente un adagio moraleggiante che, con quel consigliare che «si dovrebbe pensare più a far bene, che a star bene», ci induce a vivere in terra il nostro paradiso di gioia e serenità dell'animo prima ancora di ritrovarlo nella "realtà" ultraterrena. Ma

© ARMANDO EDITORE. La fotocopia non autorizzata è reato.

è rivolto, anche se a mo' di commento, all'insoddisfazione di Renzo poco prima narrata, ai suoi personali problemi del suo personale *ubi consistam*. Rientra quindi nel piano dello "sviluppo narrativo" della *fabula*. Ma se noi istituiamo un parallelo tra rappresentazione del personaggio e strutturazione del romanzo, vediamo che anche il romanzo ha l'esteriorità dell'intreccio apparente così come il personaggio aveva avuto l'esteriorità del suo ruolo apparente.

Per quanto concerne dunque l'esteriorità dell'intreccio apparente il romanzo presenta in entrambi i casi una "finalità", religiosa la prima, quella di Renzo e Lucia, morale la seconda, quella dell'*anonimo*. Se noi ci fermassimo a questo livello, come si è fermato il Momigliano e tutti coloro che sono andati alla ricerca di "finalità", ci ritroveremmo, tornando al Croce, dinanzi a un'opera veicolo funzionale. Ma che non sia così l'hanno dimostrato i personaggi con la loro autonomia certa ed evidente che costituiscono la struttura portante del romanzo, la significazione profonda. Non ci può essere un romanzo finalizzato a veicolare concetti di alcunché e, contemporaneamente, raffigurarne i personaggi nella loro autonomia. *Aut aut*. Pertanto anche quelle due conclusioni non possono estendersi a tutta l'opera, non possono, se sono "finalità" esserne anche l'ispirazione poetica, dal momento che questa, per la logica dei termini, non può essere funzionale. Allora dunque quel «*sugo della nostra storia*» si riferisce invero, come avevamo detto, al livello esteriore della *fabula* apparente, mentre l'apologo dell'ammalato riguarda effettivamente nella fattispecie l'insoddisfazione, di Renzo. La finalità profonda dell'opera sta invece nella sua ispirazione, ovvero nella narrazione epica dell'autonomia dell'uomo e nella totale assenza di predestinazione. Il caso domina dunque la vita dell'uomo, ma l'uomo con l'intelligenza e la ragione sa proiettare la propria azione verso la realizzazione del proprio essere da identificare con il raggiungimento di quella serenità spirituale e sentimentale paragonabile spesso a quel che si immagina paradiso e addirittura perfino in terra.

Si può parlare quindi e soltanto di "ispirazione poetica", che, ribadiamo, consiste, per quanto riguarda il personaggio dei *Promessi Sposi*, nell'universalità epica, nella concezione dell'uomo e della vita nella loro assoluta indipendenza e autodeterminazione.

Manzoni matura questo modo di sentire e di vivere la realtà artistica nel corso della stesura del suo romanzo, dal 1821 al 1827. In questi sei anni è riuscito efficacissimamente a liberarsi degli impiastri transeunti delle sue stesse opere parenetiche e, nel «*considérer dans la réalité la manière d'agir des hommes*», a creare pura e intramontabile poesia.

BIBLIOGRAFIA

AA.VV., *IL "Vegliardo" e gli "Anticristi"- Studi su Manzoni e la Scapigliatura*, a cura di Renzo Negri, Milano, Vita e Pensiero, 1978.

Alberti Guglielmo, *Alessandro Manzoni,* Milano, Garzanti, 1964.

Asor Rosa Alberto, *Storia e antologia della letteratura italiana,* vol. 15, *Alessandro Manzoni*, a cura di Riccardo Merolla, Firenze, La Nuova Italia, 1973.

Bàrberi-Squarotti Giorgio, *Il romanzo contro la storia, Studi sui "Promessi Sposi"*, Milano, Vita e Pensiero, 1980.

Bàrberi-Squarotti Giorgio, *Le delusioni della letteratura*, Rovito (CS), Marra Editore, 1988.

Belloni Antonio, *L'umano e il divino nei Promessi Sposi,* Torino, Paravia, 1932.

Berra Luigi, *Il Padre Cristoforo e il "parere di Perpetua"*, in «Convivium», vol. XX, 1951, pp. 872-882.

Bertacchini Renato, *Documenti e prefazioni del romanzo italiano dell'800*, Roma, Editrice Studium, 1969.

–, *Il romanzo italiano dell'Ottocento*, Roma, Editrice Studium, 1964.

Bobbio Accame, Aurelia, *Alessandro Manzoni – Segno di contraddizione*, Roma, Nuova Universale Studium, 1975.

Boldrini Bruna, *La formazione del pensiero etico-storico del Manzoni*, Firenze, Sansoni, 1954.

Bonora Ettore, *Manzoni: conclusioni e proposte*, Torino, Einaudi, 1976.

Bruscagli Riccardo e Turchi Roberta (a cura di), *Teorie del romanzo nel primo Ottocento*, Roma, Bulzoni, 1991.

Caccia Ettore (a cura di), *I Promessi Sposi,* Brescia, Editrice La Scuola, 1986[8].

Caretti Lanfranco (a cura di), *I Promessi Sposi,* due volumi, vol. I, Fermo e Lucia, Torino, Einaudi, 1971.

–, (a cura di), *Manzoni e gli scrittori da Goethe a Calvino*, Bari, Laterza, 1995.

Caretti Lanfranco, *Manzoni, Guida storica e critica*, Bari, Laterza, 1979.

–, *Manzoni: ideologia e stile*, Torino, Einaudi, 1974.

Chandler S. Bernard, *Saggi sul romanzo italiano dell'Ottocento*, Napoli, Federico & Ardia, 1989.

Chiari Alberto, *Manzoni, il credente,* Milano, Istituto di propaganda libraria, 1979.

Croce Benedetto, *Alessandro Manzoni,* Bari, Laterza, 1930.

–, *Poesia e non poesia,* Bari, Laterza, 1942.

–, *Tornando sul Manzoni,* p. 145-148 in *Alessandro Manzoni, Saggi e Discussioni,* Bari, Laterza, 1952, apud Binni-Scrivano, *Antologia della critica letteraria,* Milano, Principato, 1964, pp. 837-839.

De Castris Arcangelo Leone, *L'impegno del Manzoni,* Firenze, Sansoni, 1978.

De Feo Italo, *Manzoni, L'uomo e l'opera,* Milano, Mondadori, 1973[2].

De Robertis Domenico, *Il personaggio e il suo autore* in «Rivista di Letteratura Italiana», Giardini Editori e Stampatori in Pisa, 1988, VI, 1.

De Sanctis Francesco, *Manzoni,* a cura di Carlo Muscetta e Dario Puccini, Torino, Einaudi, 1983

Faggi Adolfo, *Il parere di Perpetua e la concezione dei "Promessi Sposi",* in «Giornale Storico della Letteratura Italiana», LXVII, pp. 76-97.

Fossi Piero, *La conversione di Alessandro Manzoni,* Bari, Laterza, 1933.

Getto Giovanni, *Letture Manzoniane,* Firenze, Sansoni, 1964.

Gherarducci Isabella e Ghidetti Enrico (a cura di), *I Promessi Sposi,* Scandicci-Firenze, La Nuova Italia, 1990.

Ginzburg Natalia, *La Famiglia Manzoni,* Torino, Einaudi, 1983.

Girardi Enzo Noè (a cura di), *Goethe e Manzoni, Rapporti tra Italia e Germania intorno al 1800,* Firenze, Leo S. Olschki, 1992.

Girardi Enzo Noè, *Struttura e Personaggi dei Promessi Sposi,* Milano, Jaca Book, 1994.

Ihring Peter, *Die beweinte Nation, Melodramatik und Patriotismus im "romanzo storico risorgimentale",* Tübingen, Niemeyer, 1999.

Jemolo Arturo Carlo, *Il dramma di Manzoni,* Firenze, Le Monnier, 1973.

Jenni Adolfo, *Dante e Manzoni,* Bologna, Pàtron, 1973.

Lizium Karin *Die Darstellung der historischen Wirklichkeit in Alessandro Manzonis "I Promessi Sposi",* Niemeyer, Tübingen, 1993;

Lukács Gyorgy, *Il romanzo storico,* Torino, Einaudi, 1965.

Macchia Giovanni, *Manzoni e la via del romanzo,* Milano, Adelphi, 1994.

Malagoli *et al., Civiltà Letteraria,* Milano, Signorelli, 1965, p. 428.

Manetti Giovanni (a cura di), *Leggere i Promessi Sposi,* Milano, Bompiani, 1990

Manzoni Alessandro, *Tutte le lettere,* a cura di Riccardo Bacchelli, Milano-Napoli, Riccardo Ricciardi Editore, 1953.

Marchese Angelo, *Come sono fatti i Promessi Sposi. Guida narratologica al romanzo,* Milano, Mondadori, 1987[2].

Marchese Angelo, *Manzoni in Purgatorio,* Firenze, Casa Editrice Le Lettere, 1982, p. 81.

Mattesini Francesco *et al., Manzoni tra due secoli,* Milano, Vita e Pensiero, Pubblicazioni della Università Cattolica, 1986.

Mazza Antonia, *Gli "umili" nei Promessi Sposi e nella letteratura russa del secondo Ottocento,* Milano, Celuc, 1972.

Meyer Matthias, *Struktur und Person im Artusroman,* in *Erzählstrukturen der Artusliteratur,* a cura di Friedrich Wolfzettel con la collaborazione di P. Ihring, Tübingen, Niemeyer Verlag, 1999.

Miccinesi Mario, *Invito alla lettura di Manzoni*, Milano, Mursia, 1985.

Momigliano Attilio, *Alessandro Manzoni*, Milano-Messina, Editrice Principato, 1955[5].

Morpurgo Tagliabue Guido, *Goethe e il romanzo*, Torino, Einaudi, 1991.

Nicoletti Luigi, *I Personaggi dei Promessi Sposi con uno studio sul mondo poetico, morale e religioso del Manzoni*, Firenze, Le Monnier, 1970.

Nicoletti Luigi, *Meditazioni Manzoniane*, Cosenza, Istituto Missionario Pia Società San Paolo, 1948.

Nigro Salvatore Silvano, *I Promessi Sposi*, in *Letteratura italiana, Le Opere*, Vol. III, Torino, Einaudi, 1995.

–, *Manzoni*, in *Letteratura Italiana*, §§ 32-41, Bari, Laterza, 1978.

–, *Manzoni*, Bari, Laterza, 1977.

Pautasso Sergio, *I Promessi Sposi, Appunti e ipotesi di lettura*, Milano, Arcipelago Edizioni, 1988.

Petronio Giuseppe, *L'attività letteraria in Italia. Storia della letteratura*, Firenze, Palumbo, 1981.

Puppo Mario, *Il Romanticismo*, Roma, Studium, 1981.

Raimondi Ezio, *La dissimulazione romanzesca: antropologia manzoniana*, Bologna, Il Mulino, 1990.

Raya Gino, *Storia dei generi letterari italiani, Il romanzo*, Milano, Editrice Vallardi, 1950.

Rigoli Leopoldo in *Momento di nascita dei "Promessi Sposi" entro un romanzo storico*, in *Atti dell'XI Congresso Nazionale di Studi Manzoniani*, Lecco 29 Settembre – 3 Ottobre 1976, a cura del Comune di Lecco, Novembre 1982.

Ruffini Francesco, *La vita religiosa di Alessandro Manzoni*, 2 voll., Bari, Laterza, 1931.

Russo Luigi, *Personaggi dei Promessi Sposi*, Bari, Editori Laterza, 1979[11].

Sala Di Felice Elena (a cura di), *Il punto su Manzoni*, Bari, Laterza, 1989.

Salinari Carlo, *Boccaccio, Manzoni, Pirandello*, Roma, Editori Riuniti, 1979

Salsano Roberto, *Ritrattistica e mimica nei Promessi Sposi*, Roma, Fratelli Palombi ed., 1979.

Sansone Mario, *Alessandro Manzoni*, in *I classici italiani nella storia della critica*, opera diretta da Walter Binni, vol. II, Firenze, La Nuova Italia, 1973, pp. 411-489.

Santarelli Giuseppe, *I cappuccini nel romanzo manzoniano*, Milano, Vita e Pensiero, 1970.

Sapegno Natalino, *Ritratto di Manzoni ed altri saggi*, Bari, Laterza, 1961.

Scalvini Giovita in *Foscolo, Manzoni, Goethe*, Torino, Einaudi, 1948. V. anche *supra* Bertacchini Renato, pp. 90-95.

Sforza Giovanni e Gallaresi Giuseppe (a cura di), *Carteggio di Alessandro Manzoni*, Milano, Hoepli, 1912.

Steiner Carlo (a cura di), *I Promessi Sposi*, Torino, Edizione SEI, 1933.

Toscani Guido *Come leggere i Promessi Sposi di Alessandro Manzoni*, Milano, Mursia, 1984.

Ulivi Ferruccio, *Figure e protagonisti dei Promessi Sposi*, Torino, ERI, 1967.

–, *Manzoni, Storia e Provvidenza,* Roma, Bonacci Editore, 1974.

Varese Claudio, *"Fermo e Lucia", un'esperienza manzoniana interrotta*, Firenze, La Nuova Italia, 1964.

–, *L'originale e il ritratto, Manzoni secondo Manzoni,* Firenze, La Nuova Italia, 1975.

–, *Manzoni uno e molteplice*, Roma, Bulzoni, 1992.

Venè G., *Le virtù borghesi nei personaggi di Manzoni* in *Letteratura della violenza e altri saggi*, Milano, Sugar, 1961.

Viti Gorizio, *Conoscere i Promessi Sposi*, Firenze, Le Monnier, 1982.

INDICE ANALITICO
di altri personaggi

© ARMANDO EDITORE. La fotocopia non autorizzata è reato.

Finito di stampare nel mese di settembre 2001 con i tipi del Centro Stampa s.r.l. - Via della Pisana, 1448 - Roma